Georg Lerner

Die Schule sei keine Tretmühle, sondern ein heiterer
Tummelplatz des Geistes
Gedanken und Erinnerungen

Georg Lerner

Die Schule sei keine Tretmühle, sondern ein heiterer Tummelplatz des Geistes

Gedanken und Erinnerungen

Rediroma-Verlag

Bibliografische Information der Deutschen
Nationalbibliothek:
Die Deutsche Nationalbibliothek verzeichnet diese
Publikation in der Deutschen Nationalbibliografie;
detaillierte bibliografische Daten sind im Internet über
http://portal.dnb.de abrufbar.

ISBN 978-3-96103-699-8

www.rediroma-verlag.de
14,95 Euro (D)

Inhaltsverzeichnis

Vorwort

September 1968. Meine letzten Tage bei der Bundeswehr. Noch immer weiß ich nicht, was ich studieren soll. Geschichte und Englisch, meine Lieblingsfächer, bieten sich an. Ich erinnere mich noch genau an unser Englischlehrbuch und die erste Lektion, die erste Seite, die ersten Zeilen: *It is eight o'clock in the morning. The boys are all in their tents.* Die Möglichkeit, eine fremde Sprache zu lernen und zu studieren, hat mich immer fasziniert. Und meine Leidenschaft für Geschichte begann früh, als ich Veit Valentins „Deutsche Geschichte" geschenkt bekam, dessen erster Satz lautete, dass keines Volkes Geschichte bei Null beginne.

Aber will ich wirklich Lehrer werden?

Was war das für eine Generation, die mir und meinen Mitschülern als Lehrkräfte begegnete? Welche Werte vertraten sie nach den Geschehnissen der NS-Zeit? Helmut Schelsky bezeichnet sie in einer Studie aus dem Jahre 1957 als „skeptische Generation", andere sprechen von einer „Haltung grundsätzlicher Reserviertheit". Klaus Heinrich attestiert ihnen eine „ölhäutige Gelassenheit", und Heinz Bude will eine lebenspraktische Dialektik von äußerem Mittun und innerer Distanz erkennen.

Wie kommt es, dass Lehrer in der Literatur, von Goethe bis Grass, fast durchweg als Diktatoren, Pauker und Steißtrommler oder, ebenso häufig, als Trottel dargestellt werden - als Lehrer, wie Hermann Hesse schreibt, die „wir entweder fürchteten und hassten, denen wir auswichen und die wir belogen oder die wir belächelten oder verachteten"?

An welche Lehrer erinnere ich mich? An solche, vor denen

ich Angst hatte, bei denen Respekt das Unterrichtsklima beherrschte? An jene, denen ich als Schüler gleichgültig war?

In guter Erinnerung bleiben die Lehrer, deren Unterricht auch bei großer Anspannung Spaß und nachhaltigen Eindruck machte und über die wir noch nach Jahrzehnten gerne sprechen. Oder erzählen wir nicht viel lieber von denjenigen Lehrern, die eher eine klägliche Figur abgaben? Schule ist auch ein Gespräch der Schüler über die Lehrer, aber nur, wenn sie Stoff für solche Vergleiche hergaben und den Schülern nicht egal waren.

Nicht vergessen habe ich einen Klassenlehrer, der auf einem winterlichen Wandertag mit seinem Spazierstock, den er schwungvoll bewegte, „KOREA" in den Schnee schrieb und uns Schüler der Obertertia fragte, was das bedeute, um nach einigem Zögern und Raten dann freudig zu verkünden: „Jungens, ganz einfach. Das heißt: Komm retour, Adolf!" Er war es auch, der uns auf Anfrage gern von seinen Abenteuern in Italien während des Krieges erzählte.

Jemand hat gesagt, Schulen gehörten zu einem der letzten Orte, seien eine der letzten Milieus des modernen Lebens, deren Erfahrung kollektiv geteilt werde. Was einen guten Lehrer auszeichne und woran man schwache erkenne, was es mit mündlichen Prüfungen auf sich habe, wieviel im Deutschunterricht gelernt werde und welche Ausreden für nicht gemachte Hausaufgaben akzeptabel seien, das alles müsse man niemandem groß erklären.

Von meinem 6. bis zum 70. Lebensjahr haben - mit Ausnahme meines Wehrdienstes - Schulzeit, Lehramtsstudium, Referendariat, Lehrerberuf an Gesamtschule und Oberstufengymnasium, Fachleitung für das Fach Englisch am Studienseminar und nach meiner Pensionierung noch einige Jahre Lehrauftragung an der Universität mein Leben in vielen Nuancen bestimmt.

Und daher wird es nicht verwundern, dass, um eine bekannte Metapher zu bemühen, mein „Gang durch die Institution Schule" mich geprägt und beeinflusst hat. Wie und mit welchen Auswirkungen, davon soll im Folgenden berichtet werden.

Ich versuche, diesen „Gang" zu rekonstruieren, indem ich Erlebnisse aus dem Schulalltag, Geschehnisse und Abläufe schulischen Lebens und Lernens erinnere, Meinungen und Gedanken zu Schule, Bildung und Erziehung rekapituliere. Gelegentliche Einblicke in meine bruchstückhaften, sehr subjektiven Tagebuchnotizen, dazu Leserbriefe, Texte mit Anmerkungen und Kommentierungen zu bildungspolitischen Entscheidungen haben mir dabei geholfen, auf dem ungewissen Weg der Erinnerungen nicht ganz die Orientierung zu verlieren und mich im Unterholz der alltäglichen schulischen Arbeitsabläufe zu verlieren.

Lange habe ich überlegt, eine geeignete Überschrift für meine Erinnerungen zu finden. Dass ich dabei einen Ausspruch von Comenius gewählt habe, möge dazu beitragen, meine Betrachtungen und Anmerkungen zu dem weiten und widersprüchlichen Feld „Schule und Bildung", denen ja bekanntlich in unserem Land immer ein gewisser Ernst innewohnt, ein wenig ironisch abzufedern. Geholfen hat mir dabei auch ein anderer Schulmann, Walter Kempowski, dessen Sichtweisen aus einigen seiner Tagebücher hier und da in den Text eingeflossen sind.

Einleitend habe ich mir erlaubt, einen Text einzufügen, der 1980 im vom Rowohlt-Verlag edierten „Jahrbuch für Lehrer 5" veröffentlicht wurde. Es sind Erinnerungen an meine Zeit in der Volksschule Lamerden, einem kleinen Dorf im nordhessischen Diemeltal, die ich von 1954 bis 1957 besucht habe. Es sind erste, unbeholfene Versuche, ein Lebensumfeld zu beschreiben, von dem ich als Kind nicht ahnen konnte, dass es wie kein anderes mein Leben bestimmen sollte.

Im Interesse einer besseren Lesbarkeit wird nicht ausdrücklich in geschlechtsspezifischen Personenbezeichnungen differenziert. Die gewählte männliche schließt eine adäquate weibliche Form gleichberechtigt ein.

Kassel, im November 2019

Teil 1

Wie alles anfing. Erinnerungen an eine Dorfschule 1954-1957

Das Dorf

Das Dorf, in dem ich aufgewachsen bin, liegt im nördlichsten Zipfel Hessens, an der Grenze zu Westfalen. Es hat ungefähr 350 Einwohner, vorwiegend protestantisch, einige Flüchtlingsfamilien, die mehr oder weniger gut integriert sind. Agrarische Struktur: Kleinbauern, daneben wenige Großbauern mit den besten Flurlagen, die Äcker noch nicht flurbereinigt; dazu Angestellte und Arbeiter, die in die nahgelegene Großstadt pendeln. Außerdem: ein Bäcker, ein Kaufmann, ein Müller, zwei Gastwirte. Fußball- und Gesangsverein, freiwillige Feuerwehr, die jedes Jahr ihre Feste feiern. Im Jahr 1954 hat das Dorf noch keine Kanalisation, die Straßen sind holprig und steinig. Autos gibt es so gut wie garnicht. Beim Lindenwirt im Hinterzimmer steht der einzige Fernseher des Dorfes. Viele Fachwerkhäuser und dampfende Misthaufen. Eine Bahnstation.

Man sagt, das Dorf liege landschaftlich schön: im Diemeltal, von bewaldeten Bergen umgeben, gebaut in der Form eines Kreuzes, die Dorfkirche mit dem alten Kirchhof in der Mitte. Neben der Kirche befindet sich die Schule.

Die Schule

Ein gekalktes Gebäude mit braun-rotem Ziegeldach, nahe dem Fluss und der Brücke gelegen. Klassenräume im Erdgeschoss. Unterm Dach die Dienstwohnung des Lehrers. Am Eingang steinerne Stufen mit eingelassenem Metallrost, um den Dreck von den Schuhen abzutreten. Im Flur Reihen

10

von Kleiderhaken. Bei kaltem Regenwetter dampfen unsere Mäntel und Anoraks. Im Klassenzimmer ein riesiger Kanonenofen, dahinter Holzscheite aufgestapelt. Fenster, die man hochschieben kann, der Holzfußboden knarrt. Gerüche, die sich einprägen: Bohnerwachs, Öl, Terpentin. An den Wänden sind Schülerzeichnungen aufgehängt. Blumen auf dem Lehrerpult und auf den Fensterbänken. Ein Sandkasten, an dem wir Heimatkundliches lernen, Berge modellieren, unser Dorf in kleinem Maßstab nachbauen: mit blauen, roten, gelben Klötzchen.

Links von der schwarzen Tafel führt eine Tür zu einem Nebenraum: dort hängen Karten, Bilder, Schautafeln, hocken ausgestopfte Vögel, häuft sich Sportgerät.

Die Lehrer

Zwei Lehrer unterrichten an der Schule. Der Schulleiter hat die „Oberstufe" (5.-8. Schuljahr), der Junglehrer, der die „Unterstufe" leitet, wohnt im Dorf zur Miete. Die Beziehung der Dorfbevölkerung zu beiden Lehrern ist respektvoll-zurückhaltend.

Von meinem Klassenlehrer sind mir besonders seine Augen in Erinnerung geblieben, die er bisweilen als Disziplinierungsmittel einsetzt. Wenn er uns mit weitgeöffneten Augen anstarrt, sind wir gebannt wie die Kaninchen vor der Schlange.

Der Leiter der Schule hat eine dunkle Stimme und raucht Pfeife. Sein Sohn, der im selben Schuljahr ist wie ich, besitzt ein eigenes Zimmer, in dem eine Modelleisenbahn aufgebaut ist. Wenn wir bei ihm spielen, ist - unausgesprochen - die Autorität seines Vaters anwesend und hemmt unsere Aktivitäten. Einmal, als ich dort zum Imbiss eingeladen bin, ermahnen mich die Eltern, mich besonders gut zu benehmen.

Erster Schultag

Ostern 1954 werden wir eingeschult. Wir stellen uns zu einem Gruppenbild auf: sechs Mädchen, acht Jungen. Die Mädchen, in der hinteren Reihe stehend, mit Schürzen und Schleifen im Haar, die Jungen hocken in kurzen Hosen und langen Wollstrümpfen, die mit Hilfe eines Strumpfbandhalters am Leibchen festgezurrt sind, alle mit kurzem Faconschnitt. Ich trage ein Spange im Haar. Die Blicke der Kinder verträumt, verschmitzt lächelnd, keck.

Links eine Tafel: Mein erster Schultag. Am Rücken drücken die Ranzen, die Zuckertüten sind beiseite gelegt.

Unterricht

Acht Schuljahre werden wir von zwei Lehrern unterrichtet, in zwei Räumen - wahre Meister der Binnendifferenzierung.

Morgens wird gebetet, oft ein Lied gesungen. Der Lehrer besitzt eine Stimmgabel, die er leicht aus dem Handgelenk an der Tischkante anschlägt und an sein Ohr hält.

Oft üben wir Schönschreiben. Dazu haben wir besondere Hefte mit dicken und dünnen Linien. Wir schreiben mit Feder und Tinte. An einer Wand hängt eine große Papptafel mit wundervoll geschwungenen Buchstaben.

Rechenstunde: ein Schüler aus der 4. Klasse hält schwarze Tafeln mit symmetrisch angeordneten weißen Punkten hoch. Die Punkte müssen wir addieren. Wer das Ergebnis als erster weiß, darf sich setzen. Im Buch müssen wir

12

„Kästchen" und „Päckchen" ausrechnen. Später schreiben wir Diktate und kleine Texte. Ein Thema lautet „Was ein Groschen erlebt."

Wir singen viele Lieder: Alle Vögel sind schon da, Im Märzen der Bauer, Jeden Morgen geht die Sonne auf, Die Gedanken sind frei. In unserer Fibel sind Bilder von Schmieden, Bauern, die hinterm Pflug schreiten und Frauen, die Wäsche aufhängen.

Im Ranzen die schöne saubere Schiefertafel mit Schwämmchen und Milchgriffel. Den Geruch aus meinem Griffelpennal habe ich bis heute nicht vergessen.

Lernen und Leben

Viele Unterrichtsstunden finden im Freien statt. Da werden Pflanzen bestimmt, Tiere beobachtet, Entfernungen geschätzt, Geologisches „begriffen" und Geschichten erzählt. Wir sammeln Blätter, Tannenzapfen, Vogelbeeren, Eicheln, tote Käfer.
Wir besuchen Bauern und schauen ihnen bei der Arbeit zu.
Wir sehen, wie der Bahnhofsvorsteher automatisch die Schranken hebt und senkt, Weichen stellt und Löcher in Fahrkarten knipst.
Einmal besichtigen wir die alte Dorfmühle und sind von dem glitschigen, moosbehangenen, langsam rotierenden Mühlrad fasziniert. Wir lernen, wie eine Dreschmaschine funktioniert und wie der Bäcker Brot backt. Die älteren Schüler helfen im Gemüsegarten des Lehrers, harken Beete, rupfen Unkraut. Der Lehrer hat Kaninchen, die wir streicheln dürfen und denen wir von zu Hause Löwenzahn mitbringen.

Innenansicht

Wir sitzen auf harten Bänken und schreiben auf Pulten, die man aufklappen kann. Auf der Deckplatte ist eine Vertiefung für das Schreibzeug, rechts ein Loch für das Tintenfass. In der Ecke steht ein Rohrstock, den der Lehrer aber selten benutzt. Er bevorzugt Kopfnüsse und Am-Ohr-Ziehen. Wenn wir etwas sagen wollen, melden wir uns, ohne zu schnipsen, warten, bis wir aufgerufen werden. An einem Haken an der Seite des Pults hängen die Ranzen mit Heften und einer Fibel mit bunten Zeichnungen. Zum Zeichenunterricht benutzen wir Zeichenblock, Tuschkasten mit 12 Farbtöpfchen und Pinsel.

Der Schulhof

Er ist mit Kies bedeckt. Zur Dorfstraße hin ein Zaun, davor Blumenrabatten. Zwei Bauernhöfe grenzen an, Mauern aus Ziegelsteinen. Zum Fluß hin ein Blumen- und Gemüsegarten mit Haselnußsträuchern. Neben dem Schulhof das alte Spritzenhaus, in dem die Feuerwehr ein mittelalterliches Löschgerät aufbewahrt und an dessen Wänden sich poröse Wasserschläuche winden.
In den Pausen toben wir, essen unsere Brote. Neben dem Taubenschlag lümmeln die älteren Schüler.

Leibeserziehung

Im Winter turnen wir in der Klasse, rollen Medizinbälle, spreizen Zehe, heben Arme, drehen Köpfe.
Im Sommer spielen Jungen und Mädchen Völkerball. Neben dem Sportplatz ist eine grasüberwachsene Sprunganlage mit hölzernem Sprungbrett und einer Grube, die mit Sand und Sägemehl gefüllt ist. Zwischen Maulwurfshügeln

und schnatternden Gänsen springen und rennen wir. Beliebt sind Staffelläufe und Tauziehen. Wir tragen schwarze Turnhosen und weiße Unterhemden.

Nach der Schule

Oft spielen die Jungen Fußball. Oder wir bauen Höhlen und Hütten, erkunden Berge, Wälder, Wiesen, klettern auf Bäume, durchstreifen Kornfelder. Ein beliebtes Spiel ist „Räuber und Gendarm". Die Mädchen spielen „Hinkelkästchen" und komplizierte Ballspiele, indem sie bunte Bälle von Hauswänden zurückprallen lassen. Im Sommer wird im Fluss gebadet. Ein Bach wird gestaut, Dämme aus Schlamm geformt.

Im Herbst, wenn Kartoffelkraut brennt, ziehen wir stockdurchbohrte Knollen aus dem Feuer: schwarz-knusprig aufgeplatzt. Schlachtefest im Februar, dampfende Tröge, auseinanderklaffende Schweinehälften, Würste und Fleischsuppe in Milchkannen.

Schlittenfahren und Schlittschuhlaufen im Winter. Beim Eishockey benutzen wir zerbeulte Milchdosen und Schläger aus Weißdorn. In der Dorfschmiede werden Pferde beschlagen und Wagenräder bezogen. Geblieben ist die Erinnerung an die Unruhe der Pferde, den Geruch verbrannten Horns, das Zischen, wenn Eisen rotglühend ins Wasser getaucht wird.

Einmal schwebt ein silberner Zeppelin über unser Dorf hinweg.

(erschienen in: J. Beck/H. Boehnecke (Hg.), Jahrbuch für Lehrer, Rowohlt, Nov. 1980)

Teil 2

Philippsuniversität Marburg
Studium des Lehramts an Gymnasien

Wintersemester 1968/69

An einem grauen Herbsttag Anfang Oktober 1968 läuft er im strömenden Regen vom Marburger Bahnhof in Richtung Innenstadt. In der Schwanallee hat er unterm Dach ein winziges Zimmer gemietet. Das Abenteuer „Studium" kann beginnen.

Er belegt Vorlesungen über „Shakespeares Tragödien" und „Amerikanische Prosaliteratur des 19. Jahrhunderts". Emsig notiert er, was ihm lehrreich erscheint, und das ist am Anfang fast alles, auf Zetteln, die er dann zu Hause fein säuberlich mit seiner Reiseschreibmaschine abtippt. Abends vertieft er sich in Romane von Hawthorne, Melville und Kurzgeschichten von Edgar Allan Poe.

Er langweilt sich im obligatorischen Proseminar „Altenglisch", lässt die Übungen zur englischen Philologie, Phonetik, Phonologie und Grammatik I über sich ergehen. Er erfährt manches über das englische Lautsystem, lernt den *glottal stop* kennen, erprobt, welche Töne und Laute an welchen Stellen in Rachen und Mund gebildet werden und wundert sich über seine Ausspracheprobleme. Unvergessen bleibt der Text *Dearest creature in creation*, bei dessen Vortrag die Absurditäten und dissonanten Abweichungen der englischen Aussprache ihm die Sprechwerkzeuge verbiegen.

Marburg, Wintersemester 1969/70

Inzwischen haben ihn die hochschulpolitischen Auseinan-

16

dersetzungen heftig in Beschlag genommen. Vollversammlungen, Demonstrationen, Diskussionen an allen Ecken. Das Studium wird ein wenig vernachlässigt. Immerhin belegt er im 3. Semester Vorlesungen über Charles Dickens, über die „Geschichte des amerikanischen Romans von Hawthorne bis James", dazu Vorlesungen in Englisch zum Thema *20th Century American Poetry* und Übungen zu *Practical Exercises I* und *Literary Discussion I*, die einmal mehr die Grenzen seines Schulenglisch vor allem im Bereich kommunikativer Kompetenz und Performanz aufzeigen.

In Geschichte widmet er sich gelehrten Vorlesungen etwa zum Thema „Antiker Staat und Staatstheorie," ohne sich die Frage zu stellen, wie er den „Kreislauf der Verfassungen" oder Platons „Idealstaat" für seinen zukünftigen Unterricht nutzen könnte. Das Proseminar „Einführung in die Alte Geschichte" sowie ein „Repetitorium zur römischen Geschichte" erweitern sicherlich seine bis dahin nur rudimentär ausgeprägten Kenntnisse, aber ob die Erarbeitung des Lebenslaufs des Gnaeus Domitius Corbulo didaktisch-methodisch später einmal für seine Klasse von Interesse sein wird, erscheint ihm mehr als fraglich. Auch das Hauptseminar „Quellen zum Königtum der Ottonen" bietet fachlich Neues, stellt dazu seine Lateinkenntnisse auf die Probe, aber der Nutzen im schulischen Kontext, so vermutet er, wird doch eher minimal sein.

Als er nach vielen Jahren Berufspraxis zufällig sein Studienbuch und die darin notierten Vorlesungen und Seminare wiederfindet, muss er sich belustigt eingestehen: Lehrer zu sein konnte man schon damals nicht an der Uni lernen.

17

Sommersemester 1970

Dass die aktuelle Bildungsreformdiskussion zu einer bis dahin beispiellosen Bildungsexpansion führt, die in gewisser Weise auch ihm nützen wird, ahnt er zu dieser Zeit nicht. Auch ist ihm nicht bekannt, dass Bildungsausgaben verdoppelt werden, neue Universitäten und Schulen aus dem Boden schießen, die Zahl der Lehrer, Abiturienten und Studenten erheblich gesteigert werden soll.

Sicherlich hätte die regelmäßige Lektüre einer Qualitätszeitung anstelle des Überfliegens unzähliger Flugblätter, die ihm jeden Tag auf dem Weg in die Mensa in die Hand gedrückt werden, dabei geholfen zu erfahren, wie Zwergschulen auf den Dörfern zu Mittelpunktschulen zusammengelegt, Gesamtschulen gebaut, Kultusbürokratie und Bildungsplanung modernisiert werden.

Im Juni 1970 absolviert er ein Praktikum an seinem alten Gymnasium. Morgens sitzt er in der letzten Bankreihe verschiedener Oberstufenklassen und hospitiert bei seinen ehemaligen Deutsch- und Englischlehrern. Fachlich und pädagogisch sinnvoll erscheint ihm die Sache nicht, zumal weder die Möglichkeit besteht, selbst zu unterrichten noch den erlebten Unterricht angemessen zu reflektieren.

Auf die Idee, dies einzufordern, kommt er nicht. Er ist froh, dieses erste unverbindliche Eintauchen in sein zukünftiges Berufsfeld möglichst schnell abhaken zu können. Angenehmer sind die Gespräche später im Café, wo man Erinnerungen an die Schulzeit austauscht und er mit Erstaunen hört, welch tolle Klasse die O1b gewesen sei und dass inzwischen das Niveau am Gymnasium immer weiter sinke.

Wintersemester 1971/72.

Studentenbewegte Zeiten. Die nach der Auflösung des SDS aus dem Boden schießenden verschiedenen linken Zirkel und Gruppierungen nimmt er nur am Rande wahr. Einige seiner Freunde sympathisieren mit dem MSB Spartakus, der in Marburg eine nicht unerhebliche Rolle spielt, dessen ideologischen Einseitigkeiten er aber mit Skepsis begegnet.

In diesen kalten Wintertagen nimmt er lieber an einem von den Studenten selbst organisierten Seminar über "Gruppendynamik" teil. In einer der ersten Sitzungen diskutieren sie über die für sie scheinbar bedeutende Frage, wie emanzipatorisches Bewußtsein im schulischen Kontext entstehen könne. Fernab jeglicher Praxis, aber mit großem theoretischen Impetus ergehen sie sich in hehren Gedankengängen und entwerfen mutige Strategien, wie man "schulinterne Konkurrenzprinzipien" sowie "Zensurensysteme" abschaffen und dafür "herrschaftsfreie Kommunikation" in zukünftigen Schulen etablieren könne.

In Anlehnung an Theoreme aus dem Kontext der Frankfurter Schule kritisieren sie den "restriktiven Charakter der bestehenden gesellschaftlichen Verhältnisse" und vergewissern sich, so entnimmt er dem Protokoll, das sie reihum führen, deren "Veränderbarkeit aufgrund kollektiver Aktionen".

Ihr Wortführer, in dessen von Räucherkerzen und Canabisdüften erfüllten Bude sie sich oft treffen, schwärmt davon, "Emotionalität frei verfügbar" zu machen und Spontaneität und Kreativität bei Schülern umfassend zu entfalten.

Intensiv diskutieren sie den "Emanzipationsbegriff" bei Marx. Emanzipationsziel, daran besteht für sie kein Zweifel, könne allein die klassenlose, sozialistische Gesellschaft

19

sein. Das Wissen um die materiellen Verhältnisse in der kapitalistischen Gesellschaft erlaube eine Veränderbarkeit nur durch "solidarische Aktionen etwa in Form von Lehrerkollektiven", so nachzulesen im Protokoll der sechsten Sitzung.

Etwa zur gleichen Zeit erscheint Friedrich H. Tenbrucks Bändchen "Zur Kritik der planenden Vernunft". Tenbruck warnt darin vor dem Glauben, immer mehr über unser Dasein verfügen und mittels Planwirtschaft Glück herstellen zu können. Vor allem sieht er mit Sorge, dass das Bildungssystem in einen "Zustand der Dauerplanung" gestürzt werde, der "Planungswahn" vor nichts mehr halt mache, der Mensch quasi ein zweites Mal erschaffen und die soziale Wirklichkeit einem *social engineering* als neuer Heilsreligion unterworfen werden solle.

Auch wenn ihnen dieser Text bekannt gewesen wäre, hätte er sie sicherlich nicht nachdenklich gestimmt oder ihre gruppendynamisch bewegten, weltfremden Gedankenspiele in Frage gestellt.

Sie diskutieren lieber einen im "Argument 50" erschienenen Aufsatz mit dem Titel "Politische und methodologische Aspekte gruppendynamischer Verfahren", dessen Autor der Meinung ist, Ziel von Gruppendynamik sei die Steigerung autonomen Urteilsvermögens. Sie schaffe Voraussetzungen für die Erziehung einer kritischen Öffentlichkeit, entkrampfe die "Verkehrsstile", breche autoritäre Traditionen auf und ermögliche inhaltliche Demokratisierung.

Als eines abends jemand auf die Gefahr hinweist, dass Gruppendynamik zur bloßen Sozialtechnik werden könne, hindert sie das keineswegs daran, weiterhin das Erstellen von Soziogrammen zu erproben, Pfeile an Personen zu verschicken, die sie mögen, was dann allmählich dazu führt, dass die Gruppe bald nur noch aus drei männlichen Kommilitonen besteht.

In einer der letzten Sitzungen beschreibt ein Studentin, die es fast bis zuletzt in der Gruppe ausgehalten hat, ihre augenblickliche Situation: bei ihr träten Widerstände bei der Verwendung marxistischer Terminologie auf. Sie erkläre das mit ihrer Erziehung im Elternhaus, sie interpretiere die linke Studentenbewegung als "Modeerscheinung".

Sommersemester 1973

Er schreibt eine Klausur in mittelalterlicher Geschichte über den Reichstag zu Besançon. Im Vorfeld untersucht er die entsprechende Quellenlage, beschäftigt sich mit der Entwicklung der Beziehungen zwischen Papsttum und Kaisertum seit 1152, interpretiert "164. Litterae Pontificis vom 20.9. 1157", analysiert den Begriff "beneficium" und versucht, die Beziehung zwischen "imperium" und "sacerdotium" für sich zu klären.

Wintersemester 1973/74

Im Freundeskreis - fast alles linke Lehramtsstudenten, einige der DKP nahestehend - diskutieren sie über die Rolle der Gesamtschule als Ort zukünftiger Berufspraxis. Ein zwangsläufiger Aspekt der integrierten Gesamtschule, so argumentiert Michael, sei es doch, gerade den sozial benachteiligten Kindern zu einer besseren Ausbildung zu verhelfen. Lehrer an Gesamtschulen hätten im Vergleich zu traditionellen Schulformen ein überdurchschnittliches Engagement zu erbringen, um mit Sprachbarrieren, Erziehungsdefiziten und Entwicklungsstörungen angemessen umzugehen. Es komme in Zukunft darauf an, Arbeiterkin-

21

der mehr als bisher höhere Schulabschlüsse erreichen zu lassen. Berndt, sich an Erkenntnisse aus seinem letzten Strukturalismusseminar erinnernd, verweist auf den "restringierten Code" als Faktum und Symbol für die schulische Benachteiligung der "unteren Klassen", als deren Avantgarde sich viele von ihnen bereits jetzt fühlen.

Mai 1974

Der „Bundeskongress Gesamtschule" tagt in Kassel. Die Lokalzeitung meint, es sei unbegreiflich, woher Kultusminister den Mut nähmen, eine „positive Bilanz" der Gesamtschulentwicklung zu ziehen, da die erfahrbare Wirklichkeit der Schulen dies nicht rechtfertige. Wenn die Kultusminister und die sie stützende Partei argumentierten, dass mehr Kinder zu mittleren und höheren Abschlüssen kämen als im traditionellen Schulsystem, müsse die Frage erlaubt sein, ob es dazu unbedingt der aufwendigen und teueren Gesamtschulen bedürfe.

Die Diskrepanz zwischen Anspruch und Wirklichkeit zeige die Fragwürdigkeit einer Bildungspolitik, die aus Mangel an glaubwürdigen Sachargumenten in einer Verketzerung der Gesamtschulkritiker Zuflucht nehme und trotz der erdrückenden Last widerlegter Zielvorstellungen weiterhin unbeirrt auf die Gesamtschule setze.

Diese Argumentation einer eher konservativen Zeitung vermag ihn nicht zu beeindrucken.

Herbst 1974

Letzte Monate in Marburg. Er schreibt seine Pädagogikarbeit zum Thema „Zur gesellschaftlichen Einschätzung der Lehrerrolle. Bedeutung für eine Demokratisierung der Schule." In diesem Text geht er u.a. auf die ökonomische

Funktion der Lehrerarbeit ein, untersucht Status und Prestige der Lehrer, befaßt sich besonders mit dem "Image des Studienrats bei Primanern". Weiterhin thematisiert er Elternerwartungen an den Lehrerberuf und beschäftigt sich mit Stereotypen wie etwa dem Negativbild des "Paukers". In der Einleitung schreibt er: "Eine demokratische Schule sollte ... im wesentlichen folgende Momente aufweisen: einen Unterrichtsablauf, in welchem der jeweilig fortgeschrittenste Stand der Wissenschaft rezipiert und im Interesse der realen Produzenten der Gesellschaft angewandt wird". Der begutachtende Professor kommentiert am Rand, das scheine ihm zumindest zu kurz formuliert zu sein und fragt, ob der Verfasser z.b. Unterschiede der Rezeption und Anwendung von Wissenschaft in Hochschule und Schule sähe und ob dieses Ziel auch für die Grundschule gelte?

November 1974

In einem Aufsatz zur „Reeducationpolitik der Siegermächte" hat er gelesen, dass ein wesentliches Leitmotiv der Erziehungswissenschaften nach 1945 gewesen sei, die vom Nazismus kontaminierte Gesellschaft durch „Umerziehung" zu läutern. Dieses Ziel, so notiert er am Rand, scheine ihm zu ambitioniert zu sein. Dem Gedanken der Umerziehung wohne etwas Überspanntes inne, und er vermute, dass Pädagogik und Erziehungswissenschaften gar nicht leisten könnten, was sie bisweilen großspurig versprächen.

23

Teil 3

Referendariat - Studienseminar für Gymnasien Kassel

„Zwei Erfindungen der Menschen kann man wohl als die schwersten ansehen: die der Regierungs- und die der Erziehungskunst nämlich, und doch ist man selbst in ihrer Idee noch streitig." (Kant)

1975

31.1. Bei winterlicher Kälte schließt er mit der letzten mündlichen Prüfung im Fach Geschichte sein Studium in Marburg ab, um schon einen Tag später das Referendariat am Studienseminar II in Kassel zu beginnen. Ein gespenstisch schneller Übergang von der Theorie in die Praxis. Zu dieser Zeit befindet sich das Seminar in einem alten Gebäude aus der Gründerzeit in der Humboldtstraße neben dem Friedrichsgymnasium. Hier ist die Bibliothek, hier findet die Vereidigung durch den stellvertretenden Seminarleiter statt, später dann auch die abschließende mündliche Prüfung.

Februar. Die Fachseminarsitzungen absolviert er an seiner Ausbildungsschule, manchmal auch im Seminar oder in der Wohnung seines Ausbilders im Fach Geschichte, wo ihn die umfangreiche Fachbibliothek beeindruckt. Sein allgemeindidaktischer Ausbilder ist ein schon älterer Herr, der, wie er schnell erkennt, ihm und den anderen Referendaren nicht viel abverlangen wird.

In den ersten Wochen wird er, damals noch als aktives Mitglied der „Gewerkschaft Erziehung und Wissenschaften" (GEW), in Personal- und Seminarrat gewählt, wo er, unter fachkundiger Leitung eines intimen Kenners des

Hessischen Personalvertretungsgesetzes, versucht, die Interessen der Referendare zu vertreten.

März. Die ersten Wochen an der neuen Schule bestehen aus Hospitationen bei den Fachleitern, bei anderen Fachlehrern oder schon älteren Referendaren. Er erinnert sich an eine Stunde im Fach Englisch bei einer Kollegin, die er in Marburg im Gruppendynamik-Seminar kennenlernte, in der es drunter und drüber geht und sie mehrfach mit Apfelsinenschalen beworfen wird. Erste Anzeichen von dem, was schon bald als "gestörter Unterricht" bezeichnet wird.

April. Ein Highlight in den ersten Monaten des Referendariats ist eine Studienfahrt nach England, organisiert von einem der Fachleiter. Nach einem Aufenthalt in London bekommen sie Einblicke in die englische Lehrerausbildung in York und Durham, wohnen privat bei Lehrerkollegen, die ihnen am Wochenende die Schönheiten des Lake District und die eindrucksvollen Ruinen des Hadrian Wall zeigen.

August. Die Sommerferien sind beendet. Nun wird es ernst, und er bekommt seine ersten Klassen: in Geschichte eine Obertertia, die, wie kolportiert wird, gerade einen Lehrer verschlissen habe, eine Obersekunda in Englisch. Mit der spätpubertären 9 kommt er sofort klar, sie akzeptieren ihn und der Unterricht läuft recht gut. In der 11 tut er sich schon schwerer.

Wenn an seiner Ausbildungsschule auch bereits einige Kollegen vorsichtig didaktisches und methodisches Neuland betreten haben, ist der Geist der Schule noch von herkömmlicher autoritärer Disziplin bestimmt. Lehrer tragen Anzüge mit Krawatte, nur wenige sind bereit, den Referendaren hilfreich zur Seite zu stehen und ihre Klassenräume für sie zu öffnen. Im Lehrerzimmer herrschen strenge Sitten. Wehe einer der Neulinge wagt es, sich auf einen Platz der alteingesessenen Oberstudienräte zu setzen! Frauen gibt es zu dieser Zeit auch kaum im Kollegium.

Abends beim Gespräch in der Kneipe ist man sich in einem Punkt schnell einig: das Studium hat sie wenig auf die Anforderungen des Lehrerberufs vorbereitet. Die Englischseminare und Vorlesungen waren eher philologische Veranstaltungen, in denen es in erster Linie um die werkimmanante Interpretation englischer und amerikanischer Literatur ging. Sie haben an keiner Stelle erfahren, wie man einen Unterrichtsentwurf schreibt, geschweige denn wissen sie etwas über Methodik oder Didaktik ihrer Fächer.

In Pädagogik, die in Marburg nur am Rand ein Rolle spielte, hat er eine Arbeit über die „Lehrerrolle aus bildungsökonomischer Sicht" geschrieben, dazu im Team etwas über Aggressionstheorien exzerpiert, alles in allem wenig Hilfreiches für die Praxis. Auch die von Studenten angebotenen Tutorien wiesen nur wenig Bezüge zu schulischer Praxis auf. Für die zeitaufwendigen und herausfordernden Aufgaben des Lehreralltags wie Notengebung, Leistungsmessung, Korrekturen, Unterrichtsplanung rechnete man wohl mit dem „Naturtalent" des Lehrers.

Was also tun? Als praktikabel erweist es sich, Unterrichtsentwürfe von älteren Referendaren zu sichten und diese entsprechend zu adaptieren, zumal Hilfestellung von den Fachleitern in dieser Sache kaum zu erwarten ist. Sein Fachleiter im Fach Englisch gibt ihm manchmal Tipps in den Nachbesprechungen, die oft im benachbarten Cafe stattfinden.

Als sehr hilfreich erweist sich dagegen ein Buch von Jochen Grell „Techniken des Lehrerverhaltens", das für ihn zu einer Art allgemeindidaktischen Orientierung wird und eine Fülle praktischer Tipps und Ideen enthält.

Um seine fachdidaktischen und methodischen Defizite im Fach Englisch zu verbessern, abonniert er sogleich die Zeitschrift „Praxis des Englischunterrichts"; aber sehr nützlich für die Bedrängnisse der Unterrichtsalltags sind die Aufsätze dort dann auch nicht.

1976

Januar. Dem Halbjahresbericht seines Ausbilders im Fach Geschichte entnimmt er, dass er in den Bereichen der Unterrichtsplanung, der Fachkompetenz, bei der Verfügbarkeit wissenschaftlicher Methoden sowie fachspezifischer Kenntnisse und Fähigkeiten positiv beurteilt wird. In der didaktischen Analyse erkenne er thematische Schwerpunkte, habe Verständnis für das Wesentliche und sei „verantwortungsbewußt um sinnvolle Lernzielfindung bemüht". Beim Einsatz von Unterrichtsmethoden sei er aufgeschlossen, die Sicherung und Kontrolle der Arbeitsergebnisse müsse jedoch weiter ausgebaut werden. Der Fachleiter hebt die „Flexibilität in der Lenkung des Unterrichtsprozesses" hervor, lobt sachgerechte Vermittlung, Problemverständnis und die Fähigkeit, sich in der Unterrichtssprache auf die Schülergruppen einzustellen; die Fragetechnik sei noch befriedigend, das Darstellungsvermögen dagegen gut. Im Verhalten gegenüber der Klasse als Gruppe von „natürlicher Sicherheit", „frei von jedem Krampf", besitze er die Fähigkeit, die Klasse dank „seiner natürlichen Unkompliziertheit" anzusprechen. Er beachte das Vorverständnis der Schüler, suche in „vorbildlicher Weise" die partnerschaftliche Zusammenarbeit und erziehe zur Kritik und Urteilsfähigkeit.

Besonders kennzeichnend sei seine „natürliche, die Zusammenarbeit entkrampfende Haltung, die etwas wie freudige Atmosphäre in die Schularbeit hineintrage und sein partnerschaftsbezogenes Rollenverständnis".

Die Beurteilung seines Ausbilders im Fach Englisch, dessen Kommunikationsstil von Distanz und sachlicher Kühle geprägt ist, fällt nicht ganz so gut aus. Er lobt zwar eine „ausführliche Lernzielbestimmung auf erfreulichem Niveau", eine eigenständige und problembewußte Planung des Methodenkonzepts, betont die aufgeschlossene Mitarbeit im Fachseminar und eine deutliche Lernbereitschaft. Er hebt einen sozial-integrativen Lehrstil bei gutem Kontakt zu der Lerngruppe, ein auf „Sachautorität gestütztes forderndes Verhalten" als auch „wendiges situatives Reagieren" hervor. Er lobt die konsequent strukturierte methodische Progression, eine geschickte Impulsgebung sowie Sicherheit in der Anwendung der wichtigsten Darbietungstechniken. Mängel sieht er in Einzelbereichen wie Fehlerkorrektur, Wortschatzvermittlung und Arbeitsanweisungen. Moniert werden die Zurückhaltung im Einsatz von audiovisuellen Medien und gelegentlich leichte Defizite in Bezug auf die zielsprachliche Kompetenz.

„Von der Universität bringt Herr Lerner eine gute fachliche Orientierung mit. Seinen Unterricht bereitet er umsichtig und überlegt vor und führt ihn pünktlich und gewissenhaft durch. Die Planung seiner Stunden läßt erkennen, daß er didaktische und methodische Entscheidungen sinnvoll zu treffen vermag. Mit den von ihm unterrichteten Schülern hat er ein kameradschaftliches Verhältnis. Seine Haltung vor der Klasse ist bestimmt, die Sprache präzise und der jeweiligen Unterrichtssituation angemessen, die Unterrichtsführung insgesamt straff, aber nicht autoritär. Sein

Interesse gilt aktuellen pädagogischen, auch schulpolitischen Fragen. Seine Diskussionsbeiträge erweisen sich für alle Teilnehmer als anregend und förderlich. Er hielt ein gut vorbereitetes Referat über „Techniken des Lehrerverhaltens". Es darf erwartet werden, daß er bei der bisherigen Zielstrebigkeit seine Ausbildung erfolgreich abschließen wird." Dies die Beurteilung seines allgemeindidaktischen Ausbilders.

26.4. Er hat seine Examensarbeit abgegeben. Sie trägt den Titel „Die Entwicklung der deutschen Arbeiterbewegung von 1830 bis 1890. Ein Beitrag zur Untersuchung von Verfahrensweisen im Geschichtsunterricht einer Klasse 10".

Das 2. Staatsexamen, einst von Wilhelm von Humboldt als „Sicherungsmittel gegen das Einschleichen mittelmäßiger oder schlechter Lehrer" empfohlen, findet verteilt an drei Tagen statt. Er absolviert seine Examenslehrproben, die ein Pädagogikprofessor einst wohl nicht zu unrecht als eine Art „circensischer Übungen" beschrieben hat. In Geschichte in einer Klasse 10 lautet das Thema der Stunde "Die Parteienlandschaft am Beginn der Weimarer Republik". In Englisch bearbeiten die Schüler der 11 einen Zeitungstext zum Thema *British School System* mit der leicht provokativen Überschrift *Blackboard Guerillas*. Wenn er ehrlich ist, sind ihm die Schüler dieser Klasse nicht selten als solche vorgekommen.

In der einstündigen mündliche Prüfung reproduziert er im Vorfeld erarbeitete Themen, und nach 18 Monaten Referendariat hat er das 2. Staatsexamen geschafft. Nun hofft er auf eine Anstellung. Die Zeiten dafür sind allerdings alles andere als günstig.

Als eine Art referendariatsspezifischer Nachwehe hat er

einmal einige „Überlegungen zur Praxis der Unterrichtsbesprechung" in einem spontanen Text so beschrieben:

„Die folgenden Überlegungen beziehen sich auf Praktiken der didaktischen Reflexion von Unterricht in der 2. Ausbildungsphase. Sie wollen auf bestehende Probleme aufmerksam machen und auf Bedingungen hinarbeiten, unter denen eine qualifizierte und effektive fachdidaktische und methodische Ausbildung der Referendare gewährleistet ist. Die folgenden Ausführungen sind als Diskussionsbeitrag zu verstehen und bedürfen gewiß weiterer Klärung und Präzisierung.

1. Die didaktische Reflexion von Unterricht sollte sich auf einige bewußt ausgewählte Gesichtspunkte beschränken. Dabei sollten Bereiche angesprochen werden, die sich innerhalb der Gesamtstruktur der Stunde als besonders funktional oder dysfunktional erwiesen. Oft werden Referendare durch den Umfang der angesprochenen Probleme verwirrt, bisweilen entmutigt, weil sie nicht mehr wissen, wie und wo sie beginnen sollen, Defizite aufzuarbeiten.

2. In Unterrichtsbesprechungen sind sachliche Informationen für die Einleitung von Lernprozessen geeigneter als Meinungen und Werturteile. Gespräche, in denen allein subjektive Überzeugungen über falsches und richtiges Lehrerverhalten vorherrschen, erfüllen kaum den Zweck sachlicher Information. Aufgabe der Fachleiter sollte es sein, den Referendaren Anregungen zur Selbstbeobachtung zu geben. Anmerkungen zum Unterricht sind umso hilfreicher, je konkreter sie formuliert sind.

3. Unterrichtsbesprechungen sollten nicht zu Fehlersuchspielen werden.

4. Besprechungen sollten generell in einer entspann-

ten Atmosphäre stattfinden und möglichst von vielen Referendaren gemeinsam durchgeführt werden.

5. Unterrichtsanalysen benötigen einen differenzierten Apparat von Begriffen zur Beschreibung und Analyse von Unterricht. Dies verlangt die Offenlegung eigener didaktischer und methodischer Positionen der Ausbilder. Oft behelfen sich Beobachter von Unterricht mit einer Sprache, deren Begriffe ungenau oder mehrdeutig sind und in ihrer mangelnden Schärfe vortheoretische Überzeugungen von Unterricht und Lehrerrolle transportieren - z.b. Begriffe wie Vertrauen, Anschaulichkeit, Lebensnähe, lustbetonter Unterricht. Feedback über Unterricht sollte Appetit auf mehr Feedback machen."

Er muss gestehen, dass dieses Papier die Schublade seines Schreibtisches nie verlassen hat.

Teil 4

Gesamtschule 1976 – 1987
Notizen aus meinem Tagebuch

„I wanted to be a good teacher. I wanted the approval that would come when I sent my students home stuffed with spelling and vocabulary and all that would lead to a better life but, mea culpa, I didn't know how". (Frank McCourt)

Alle Christlichen und wohlbestellten Schulen sind doch nichts anders als rechte Schleiffmühlen darinnen die groben Gesellen geschliffen und zur Höflichkeit und guten Sitten vermahnet und angehalten werden sollen. (Aus der Geschichte der Schuldisziplin, 1615)

1976

August. Nach dem 2. Staatsexamen bin ich nun Lehrer an einer Gesamtschule in Kassel. Wegen der prekären Einstellungssituation muss ich mich anfangs mit einem 2/3-Angestelltenvertrag zufriedengeben, der aber schon bald auf eine volle Stelle aufgestockt wird.

Als ich meinen Freunden erzähle, dass die neue Schule im Stadtteil Mattenberg liegt, bedauern sie mich, gilt der Mattenberg doch als sozialer Brennpunkt.

An einem Montag Anfang August erwarten mich dann erwartungsvoll 24 Schüler der G7a als ihren neuen Klassenlehrer in einem etwas muffig riechenden Raum eines erst vor kurzem errichteten Pavillons. Vier Jahre werde ich sie in Englisch und Geschichte, Sozialkunde und Erdkunde unterrichten.

Die Schule befindet sich in dieser Zeit im Umbruch. Als

32

additive Gesamtschule stellt sie das Kollegium - ältere Kollegen mit langer Berufserfahrung und junge, engagierte Befürworter der Gesamtschulidee - vor nicht geringe Herausforderungen. Auch die Schülerpopulation beginnt sich allmählich zu verändern: Umsiedlerschüler aus der Sowjetunion und aus Polen besuchen in den kommenden Jahren die Schule, dazu immer mehr türkische, später afghanische Schüler.

Welche Überlegungen und Ideen haben mich zu Beginn meines Berufsalltags geleitet? Es scheint mir ein eher wenig reflektiertes Nebeneinander unterschiedlicher Ziele und Vorstellungen zu sein: die Schüler gesellschaftskritisch zu erziehen, Bildungsdefizite auszugleichen, ihnen Wissen zu vermitteln. Der in diesen Zeiten mit viel Aufwand verfochtenen These, der Mensch werde einzig und allein durch Erziehung bestimmt und sei in jede gewünschte Richtung zu formen und zu lenken, nichts sei ihm angeboren, stehe ich skeptisch gegenüber. Die Gesamtschule, so mein Verständnis, soll eine Schule für Kinder aller Schichten und Begabungen sein. Wichtiger aber als viele der bereits politisch aufgeladenen Begriffe - Chancengleichheit, soziales Lernen, Demokratisierung, Partizipation - ist für mich in dieser Phase des Berufseinstiegs die Frage, ob die Schüler mich in meiner Lehrerrolle akzeptieren werden.

Wie viele meiner durch die Studentenbewegung geprägten Freunde und Kollegen - manche sind wie ich in der „Gewerkschaft Erziehung und Wissenschaft" und der SPD aktiv - glaube ich, Gesellschaft durch Schule verändern zu können. Dass die Einführung der Gesamtschule bildungspolitisch von Beginn an heftig umstritten ist, weckt meinen Widerspruchsgeist gegen nicht gerechtfertigte Kritik etwa der Kasseler CDU, die vor „sozialistischer Schulpolitik" warnt, welche den Eltern das Grundrecht auf freie

33

Schulwahl nähme.

Wie sich dieser Streit auch persönlich an der neuen Schule auswirkt, zeigt der Fall des Leiters der Förderstufe. Nachdem sein Sohn die Klassen 5 und 6 der Förderstufe erfolgreich durchlaufen und die Qualifikation zum Besuch eines Gymnasiums erhalten hat, wechselt er auf Wunsch der Eltern zu einem eigenständigen Gymnasium. Einige im Kollegium verurteilen dies heftig. Im Rahmen einer Gesamtkonferenz, in der diese Problematik thematisiert wird, erklärt ein Kollege, er sei froh, in einem Staat zu leben, in dem auch ein Lehrer frei entscheiden könne, welche Schule seine Kinder besuchten und erhält dafür starken Beifall.

6.9. Pausengespräch mit dem Deutschlehrer meiner Klasse über Unterrichtsinhalte. Als Anhänger der „Rahmenrichtlinien Deutsch" gehe es ihm in erster Linie um den „Umgang mit Texten". Schöne Literatur sei bei ihm nicht ganz „out", aber er lese mit den Schülern lieber die „Bottroper Protokolle" oder auch Artikel aus der *Frankfurter Rundschau* zu aktuellen politischen Themen.

Auf diese Weise hoffe er, die Schüler zu unterstützen, denen es nicht vergönnt sei, in einem Elternhaus mit Bücherei aufzuwachsen. Dass dies nicht meinen Vorstellungen eines auch die literarische Bildung fördernden Unterrichts entspricht, behalte ich vorerst für mich.

Einmal trägt dieser Kollege „Markus ist im Klassenzimmer" als Tadel ins Klassenbuch ein, und einige Wochen später lese ich „Karrikaturen" als Thema der Stunde. Das amüsiert mich einerseits, läßt mich aber auch ein wenig an der Kompetenz dieses Lehrers für das Fach Deutsch zweifeln.

Überhaupt der Deutschunterricht. Später habe ich in der

Mittel- und Oberstufe Lehrer kennengelernt, die ihre Arbeitsblätter zu „Kabale und Liebe", vor 30 Jahren auf ihrer Schreibmaschine auf Matrize getippt, immer erneut kopiert im Unterricht einsetzten. War es zu meiner Schulzeit anders? Schillers „Wilhelm Tell" lasen wir in der Untertertia. Ich erinnere mich an ödes Textstellenlesen, an eindimensionale Fragen des Lehrers und Versuche einer Interpretation, die eher Langeweile erzeugten. Auch das Auswendiglernen einzelner Textpassagen trug wenig zur Motivation bei.

Wie sehr hat sich doch in den Jahren danach die Behandlung von Texten im Deutschunterricht verändert. Heute werden außer Inhaltsangaben und Charakterisierungen, die auch wir anfertigen mussten, Lesetagebücher verfasst, kreatives Schreiben angeregt, innere Monologe geschrieben.

Nachsitzen 1: Fachkonferenz Gesellschaftslehre

In der Fachkonferenz des Fachbereichs „Gesellschaftslehre" diskutieren wir über den schulischen Lehrplan, der uns gewisse Freiräume in der Erstellung von Unterrichtseinheiten ermöglicht. Den Ton geben die jüngeren Kollegen, frisch von der Uni gekommen, an. Die älteren Lehrer schweigen, denken sich ihren Teil und hoffen auf ein baldiges Ende der Konferenz.
Leider muss ich schnell feststellen, dass dem Fach Geschichte nur ein Mindestmaß an Unterrichtszeit und -inhalten eingeräumt wird und Punktualität die Systematik des Faches zu ersetzen droht. Im Verständnis einiger Kollegen scheint ein zufälliges Gegenwartsereignis wichtiger

zu sein als das Erarbeiten historischer Hintergründe.

Bildungsreformer haben die chronologische Ordnung als Leitfaden des Geschichtsunterrichts durch Unterrichtseinheiten über die „mittelalterliche Burg" oder den „Reisanbau in Indien" ersetzt. Indem gegen die Paukerei von Jahreszahlen polemisiert wird, vergißt man, dass diese nicht einfach Zahlen sind, sondern Vergleichspunkte für weit Auseinanderliegendes, Markierungen für die Gliederung von Abschnitten, die den Weg der Geschichte erst ordnen. Auf diese Weise wird den Schülern der Sinn für Geschichte als Abfolge von Epochen weitgehend verlorengehen. Wenig erstaunt nehme ich ebenso zur Kenntnis, dass für meine linken Kollegen Geschichtsunterricht im Wesentlichen erst mit der Französischen Revolution beginnt.

Wichtig, so eine Kollegin emphatisch, sei ihr die Geschichte der deutschen Arbeiterbewegung und vor allem natürlich die Hitlerdiktatur. Dagegen ist ja nichts einzuwenden, würden auch andere Diktaturen nicht ausgeblendet. Stalin und die Sowjetunion? Fehlanzeige.

1988 bin ich zum Fachvorsteher „Gesellschaftlehre" gewählt oder besser „ernannt" worden, da keiner auf dieses Amt erpicht war. Bei der Besetzung der Fachvorsteher ist es ein verbreiteter Mißstand, diese Arbeit mit Vorliebe neuen Lehrern aufzubürden, die gerade in der Berufeinstiegsphase Zeit für die Planung und Durchführung ihres Unterrichts, für die Eingewöhnung ins Kollegium und für die sie vor ganz neue Herausforderungen stellende Zusammenarbeit mit den Eltern benötigen.

Die Fachkonferenz ist ein beliebter Ort, über Unterrichtsinhalte zu streiten. Einige meiner Kollegen sind der Meinung, je weniger Stoff, desto weniger „Daten- und Faktenhuberei" und desto mehr „Problembewußtsein". Gerade in diesem Fachbereich mit viel fachfremdem Unterrichtseinsatz mangelt es nicht selten an fachlicher Kompetenz und didaktisch-methodischem Geschick. Wie bemerkte der pädagogische Leiter neulich: Wer regelmäßig Zeitung lese, könne auch Gesellschaftslehre unterrichten. Und er meinte das nicht ironisch. Der Unterricht im Fach Sozialkunde, so mein Verdacht, ähnelt oftmals einem Herumrühren im Brei der unverbindlichen Meinungen zu diesem oder jenem gerade aktuellen Thema. Die Vernachlässigung des Geschichtsunterrichts nehme ich resignierend zur Kenntnis. Ich gehe allmählich den Kollegen auf die Nerven, wenn ich betone, dass die Chancen eines guten Geschichtsunterrichts doch darin lägen, dass er den Schülern Orientierungen in der Zeit ermögliche. Stattdessen werden sie in immer neuen Längs- und Querschnitten durch die Zeiten gehetzt. Im Geschichtsbuch, das vor kurzem angeschafft wurde und das als fortschrittlich gilt, stoße ich u.a. auf das Querschnittsthema „Kindheit". Darin geht es um „Kinder in Sparta" (mit der berüchtigten Blutsuppe), es folgen „Dörfliche Kindheit", „Kinder im Industriezeitalter" (Ausbeutung in englischen Kohlegruben), „Mädchen in der bürgerlichen Familie" (Unterdrückung) und weiter bis zur „Kindheit im 3. Reich" (hart wie Kruppstahl). Geschichte wird so zum Sammelsurium unterschiedlichster Phänomene, die man wohlportioniert den verschiedenen Jahrgangsstufen mit gutem Gewissen kredenzt.

1977

„Ein Schulmeister hat lieber zehn notorische Esel als ein Genie in der Klasse, und genau betrachtet, hat er ja recht, denn seine Aufgabe ist es nicht, extravagante Geister heranzubilden, sondern gute Lateiner, Rechner und Biedermänner. Wer aber mehr und Schwereres vom anderen leidet, der Lehrer vom Knaben oder umgekehrt, wer von beiden mehr Tyrann, mehr Quälgeist ist, und wer von beiden es ist, der dem anderen Teile seiner Seele und seines Lebens verdirbt und schändet, das kann man nicht untersuchen, ohne bitter zu werden." (Hesse, Unterm Rad)

Von diesem Jahr an nehme ich zusammen mit fünf Kollegen am Modellversuch „SUGZ" (Systematische Umsetzung gesamtschulspezifischer Zielsetzungen) des hessischen Kultusministeriums teil. Unsere Aufgabe besteht darin, Unterrichtsmaterialien in den Fächern Deutsch und Gesellschaftslehre für die Förderstufe zu entwickeln. Oft fahren wir zu Fortbildungen und Arbeitssitzungen nach Wetzlar oder Weilburg. Wir konzipieren mehrere angeblich fortschrittliche, inhaltlich doch recht dünne Unterrichtseinheiten etwa zum Thema „Die andere Rothaut" und erarbeiten eine Handreichung zum Projektunterricht.

Nach einem halben Jahr an meiner neuen Schule bemühe ich mich, eine Art erste Bilanz zu ziehen. Was habe ich bislang erfahren? Wie erlebe ich den schulischen Alltag? Wie beurteile ich meinen Unterricht? Ich glaube, dass die Schüler mich akzeptieren, vielleicht sogar meinen Unterricht schätzen. Ich gebe mir Mühe, gerecht zu sein, lasse mir nicht auf der Nase herumtanzen.

Im Englischunterricht meiner Klasse arbeitet das vorhandene Lehrwerk mit audio-visuellen Methoden, Kassettenrecorder und Diaprojektor kommen zum Einsatz. Bisweilen funktioniert die Technik nicht, was dann immer zu leichter

Unruhe führt. Eigentlich widerspricht dieser Ansatz meiner Vorstellung eines kommunikativen Fremdsprachenunterrichts, auch meiner Rolle als Englischlehrer, der durch Engagement dazu beitragen möchte, dass die Schüler dem Fach und seinen Herausforderungen mit Freude und Lerneifer begegnen.

Nach einigen Wochen verlasse ich das vorgegebene didaktisch-methodische Konzept und erprobe alternative Materialien, die es inzwischen auf dem Markt gibt. Großen Anklang bei der Lerngruppe finden sogenannte „Baukästen", die schülernahe Themen aufgreifen, authentisches Englisch präsentieren, dazu interessante Übungsformen bereitstellen. Gerade beim Übungsmaterial ist es mir wichtig, dass die Inhalte den Schülern vertraut und Themen in einem kommunikativ sinnvollen Zusammenhang zu bearbeiten sind. *Caroline, I love you* heißt einer dieser Baukästen, dessen Texte wir intensiv und mit Freude erarbeiten und die die Schüler im Rollenspiel den Eltern am Elternabend vortragen.

Eine Kollegin hat Materialien aus England mitgebracht. Der Einsatz von Realien erweist sich häufig als motivierend. Daher bemühe ich mich, Fahrkarten, Eintrittskarten, Stadtpläne, Speisekarten, Flug- und Fahrpläne, Formulare etc. zur Initiierung und Steuerung von dialogischer und multilogischer Kommunikation einzusetzen.

28.3. In der ersten Stunde der 9. Klasse des Realschulzweigs ist noch konzentriertes Arbeiten möglich. Bei der Rückgabe der sehnlichst erwarteten Englischarbeit erkläre ich die Fehler, die Punkteeinteilung, die Bewertungsmaßstäbe. Beim Austeilen der Hefte bemühe ich mich um individuelle Ansprache, lobe, versuche Mut zu machen, wenn es nicht ganz so gut gelaufen ist.

4.4. Nach der Fachkonferenz Englisch, die die meisten desinteressiert über sich ergehen lassen, unterhalten wir uns bei einer Tasse Kaffee über den Zusammenhang von Fachstudium und Unterrichtspraxis. Die junge Referendarin, noch ganz überzeugt von Theoriemodellen, meint, dass im Unterricht sich Wissen, das man lerne, mit einer Fertigkeit, die man einübe, verbinde. Das Wissen lerne man auf der Universität, die Fertigkeit übe man in der Schule. Ein Kollege bemerkt, und ich stimme ihm nicht zum ersten Mal zu, dass zu seiner Zeit vom universitären Wissen nur wenig für die Unterrichtspraxis geeignet gewesen sei. Der Hauptteil des Anglistikstudiums habe aus der Lektüre und Interpretation der Werke der englischen oder amerikanischen Literatur bestanden. Das mögen ja faszinierende Inhalte sein, in der Gesamtschule könne man mit all dem nur wenig anfangen. Eine Kollegin bezieht sich auf den Begriff der „kommunikativen Kompetenz" und erzählt von ihren Erfahrungen in ihrem C-Kurs. Sie habe enorme Probleme damit, ihre *slow learners*, so ihre Bezeichnung, zu motivieren. Die flotte Referendarin weiß da sofort Abhilfe. Ob sie es mal mit Methodenwechsel, mit mehr Partnerarbeit und dem Einsatz visueller Mittel, mit Liedern, Reimen, Rätseln, Spielen versucht habe? Anstelle einer Antwort bittet sie die junge Kollegin, mal in eine Stunde mitzukommen und Partnerarbeit zu erproben.

2.5. Es klingelt zur großen Pause. Ich habe Hofaufsicht und stelle mich bereits auf das laute Gerangel, Toben und Schreien ein, das mich draußen erwarten wird. Eine Kollegin will mit mir über den Film sprechen, den sie in der letzten Stunde in meiner Klasse gezeigt hat. Als es zur 3. Stunde klingelt, treffen wir uns auf dem Flur, in Eile, gehetzt. Kurzer Wortwechsel. Ich merke, dass ich garnicht richtig zuhöre, bin mit meinen Gedanken bereits in der nächsten Stunde.

Vor den Sommerferien. Noch bin ich Befürworter der Gesamtschule. Das zeigt sich nicht zuletzt in meinem schulischen Engagement, in der aktiven Mitarbeit auch in der GEW-Schulgruppe. Es zeigen sich aber im Schulalltag bereits erste Anzeichen von Irritation und Verunsicherung. Kann nicht jedes durchdachte Schulmodell die Schüler in ihren verschiedenen Begabungen fördern - ein mehrgliedriges Schulsystem ebenso wie die Gesamtschule? Wenn die Schulen dafür gut genug ausgestattet würden mit gut ausgebildeten Lehrern, mit ansprechenden Räumlichkeiten und Materialien, mit überschaubaren Klassen und mit einer Wochenstundenzahl, die für Vor- und Nachbereitung Zeit ließe?

8.10. Hausaufgaben: *never ending story.* Drei Schüler haben sie heute nicht gemacht, Entschuldigungen, Ausreden. Mitteilung an die Eltern? Einige erwarten das.

Nachsitzen 2: Stundenprotokoll

Als Mentor im Fachbereich Gesellschaftslehre eröffnet sich einem Lehrer die sonst seltene Möglichkeit der Unterrichtsbeobachtung. Einmal protokolliere ich eine Erdkundestunde in einer Klasse 6, gehalten von einem in seiner Rolle unglücklich und fachlich unbeholfen agierenden Referendar. Es ist, wenn man will, ein frühes Beispiel empirischer Unterrichtsforschung - oder auch, wie in diesem Fall, unfreiwilliger Realsatire.

„Lehrer (L): So … also … was kann der … Vielleicht fragen wir nochmal kurz … was ihr in der letzten Stunde gemacht habt. Kann jeder dazu was sagen … machen wir so: gibt einer dem anderen das Wort weiter, ne … kann dann jeder kurz dazu was sagen, ja?

Schüler (S) : Wir haben Erdteile aufgeschrieben.

L: Hm, ja. Erdteile aufgeschrieben. Denkt mal daran, wie wir das gemacht haben … Gib mal weiter!

S: Wir haben so Globen … da haben Sie gesagt, wir sollen verschiedene Länder suchen und die dann aufschreiben.

L: Dass jeder dann … Hatte denn jeder Schüler einen Globus?

S: Nee. Sie haben auch noch … wie heißt … was an die Tafel geschrieben … z.B. New York und Peking und Moskau.

S: … und London …

L: Denkmer doch mal an die Frage, da, jeder Schüler hat - also - wie war das noch mit den Globen?

S: Wie?

L: Wenn jeder Schüler einen Globus hätte? Da habt ihr, da habt ihr, da habt ihr in Einzelarbeit gearbeitet oder in Partnerarbeit?

S: In Partnerarbeit.

L: ...sagt in Partnerarbeit … das sind immer zwei …

S: In Gruppenarbeit …

L: Gut. Und … was haben wir da also gemacht? Wir haben die Länder oder … was hamwer denn festgestellt? Was hamwer denn untersucht? Das müßtet ihr eigentlich noch alle wissen! Bitte schön!

S: Also, wir haben ... die erste Frage war: wieviel Erdteile gibt es auf der Erde ... Da hatten wir, glaub ich, fünf. Die 2. war: vergleiche sie mit Europa ... (undeutlich) ...

L: Südpol, hm, Südpol ist unten. Da finds den sicher nicht ... Also ...

S: Da!! (große Unruhe)

L: So, ja ... (sehr große Unruhe) ... hier? So hoch??

S: Nein, ja ... ist zu hoch, kammer ja garnix lesen ...

L: Ja, für die hinteren ...

S: So, so ... so ists richtig ... sieht mer ja nur die ein Seite!? (starke Unruhe) ... das ist nämlich unten, so!

L: So! Also ... es tut mir leid ... ich kann nicht jedem hier ne Karte geben, aber wir können ja nun nochmal ... du ... kannstes vielleicht mal ... (laut). Hier vielleicht, ganz kurz ...äh, Moment mal ... äh... Kontinent oder Erdteil? Wie können wir den Kontinent oder Erdteil so ungefähr vergleichen? Ist fast wie ne ... tja ... n Kontinent isn großer Erdteil, im ... irgendeinem ... im Weltmeer. Und wie sieht das also aus? Wie ne große ... Insel. Da ist noch eine Insel oben im Norden. Guckt mal da hoch. Das ist ... kannst Du mal die Erdteile aufzählen? Was issn das fürn Kontinent? Hier ... zwar hier ... guck ... zwei Teile, habenmer schon genannt.

S: Nordamerika.

L: Eins hamwer noch vergessen. Denkt mal an äh... war son kleinerer Kontinent ... Kontinent heißt Erdteil. So im Meer, so ...der wurde zuletzt genannt ... ja?

S: Australien.

L: Australien, jawoll. Und ... vielleicht hamer noch ein Land vergessen? Und zwar... ist natürlich wieder hier schlecht gezeichnet … wir können … ich mach am besten mal die Karte jetzt hoch … und dann zeig ich euch das mal … Einen Kontinent hatten wir noch verschwitzt, war die Zeit zu knapp … (L hängt Karte auf). Also irgendwo müssenmer … auf die Nägel oder so …

S: …ja, das stimmt …

L: Laß mal …

S: oder hier vorn hinhalten …

S: … bei uns … bei uns in der Schule haben wir da oben immer son Ding, da konnte man das reinklemmen.

L: Hmm.

S: Bei uns auch …

L: Gesamtschule … mal mit einigen Nachteilen … ich hab heute morgen z.b. unseren Globus nicht gefunden, der war wieder weg …

S: Wir haben immer … für so Karten , so Kartenzettels … (Gemurmel)

L: Nord-Amerika, gut. Und jetzt guck mer mal … Stell mer das Ding mal … hier rüber. Was ist denn … äh … hier ist ein … also'n Erdteil, der vor allen Dingen aus zwei Teilen besteht …

S: Asien …

L: Asien und ? Hier?

S: Rußland.

L: Ja , also nee, welcher Erdteil ist das, wo Rußland …

S: Europa.

L: Ja, vielleicht mal'n Hinweis … fällt … hat einer von Euch mal vom Land gehört … äh … in dem leben … z.B. auch nicht nur Seehunde … sondern auch Eskimos. Was ist das denn? (Unruhe)

S: Grönland.

L: Nein, nein. Du, dass … dass … äh … kanste das vielleicht mal auf'm Globus zeigen? Gehste mal vor … versuch mal … (Unruhe)

Du, es gibt zwei Möglichkeiten … Es gibt … Du guckst …
Wo guckst Du denn hin? Du … ungefähr, kannste mal sagen, wo du eben gesucht hast?

S: Ich denke am Nordpol.

L: Ganz unten? Hmm … Ja welcher Pol ist denn da unten an der … unteren Ende der Erde … so wie wir den Globus jetzt vor uns sehen … (undeutlich) … geht die Erdachse hier hinten rum …

S: Südpol ist unten! …

L: Europa? Jo … so … (Unruhe). Ja … kannste mal zeigen den anderen … Hier!! Bitte!!! Das Ding ist viel zu klein, ne! Aber … guckt ma … es liegt hier oben … auf der oberen Hälfte …

Dankeschön. So, und jetzt brauchmer uns garnicht mehr um die fehlenden Globu … Globen da zu ärgern … äh … wir haben hier auch ne Karte. Wer zeigt da nochmal die verschiedenen Erdteile? Haben wir auch Zeigestock … irgendwo?

S: Da. Da oben … (Starke Unruhe).

L: Danke. Lineal tuts auch. So, wer möchte mal vorgehen und zeigt uns … vielleicht machenmers ma so: äh … hier … hallo … hier jemand von euch nennt mal einen Erdteil und der sucht ihn dort für uns. Bitte?!

S: Australien.

L: Australien. Was? Das geht ja schnell. Toll! Australien übrigens vielleichtn Hinweis, guckt mal …Hier sind noch ne ganze Menge kleinere Inseln, ne und das heißt also Australien und Ozeanien, also Ozeanien sind die kleinen Inseln ne … Ein weiterer Erdteil?

S. Brasilien.

L: Nee, du. Brasilien? Brasilien, was ist denn Brasilien?
S: Is doch kein Erdteil!!! Issn Land.
L: Ist Land. Ist klar.
L: Aha, aja, gut und äh, ja, wie gesagt. Wir haben jetzt äh. Was istn das übrigens … was ist das hier unten? Da ist doch auch noch sowas .. ist so weiß … kannst du mal vorlesen, was da draufsteht?
S: Antarktis.
L: Antarktis. Hmm. Äh … (geheimnisvoll). Das ganze ist so weiß gezeichnet.
S. Eismeer.
L: Eismeer? Ja … es ist also eine gefrorene Wasserfläche … im Wesentlichen. Und ich hab mal gehört, wenn der Süd … Südpol … Nordpol, Südpol … wenn der Südpol schmelzen würde … z. B. man würde ne Atombombe da drauf werfen und würde das Eis ja schmelzen. Was kann passieren? … Würdes ganze Weltmeer also um einige Meter höher sein … und viele Länder … hier nehmen wir mal Australien … zum Teil auch überschwemmt.
S: Und wir?
L: Beziehungsweise …
S: Und wir?
S: Unter dem Eis ist aber auch Land.
L: Unter dem Eis ist etwas Land … das stimmt, ja. In Grönland ist es ja genauso …

L: teilt Arbeitsblätter aus.
L: Welche … paß mal auf, die Sonne kommt jetzt also hier von rechts auf den Erdball. Welche Seite wird wohl bestrahlt werden? Ja?
S: Die rechte.
L: Ja. Und wie weit ungefähr?

S: (Gemurmel)

L: Also, vielleicht maln Hinweis. Wenn ich hier ne, ich meine, das müßte man wirklich vorführen. Wenn ich hier ne Scheibe hätte (L zeichnet an Tafel) - das ist hier so dargestellt - und hier ne Lichtquelle, ne Birne oder sowas, ist ja auch egal. So, und die Scheibe wird bestrahlt. Dann gehen die Strahlen hier (L zeigt an Tafel) rüber und hier nur so vorbei und die Hinterseite der Scheibe ist beleuchtet. Die Vorderseite ist dunkel … weil die Strahlen ja dran vorbeigehen. Und jetzt könnt ihr euch die Trennungslinie vielleicht vorstellen auf der Erde. Wo … welche Seite wird also … wo wird die Trennungslinie etwa verlaufen? Ist sogar schon eingezeichnet. Ja?

S: Wo die Trennungslinie ist, so in der Mitte.

L: In der Mitte, genau. Was schreiben wir also auf die - bei Bild 1 - in diesen Streifen hinein? Ja … welche Seite ist das? Das heißt bis zu dieser Trennungslinie in der Mitte … der Erdkugel verläuft. Hier schreiben wir … ist die ganze rechte Seite … welche Seite ist das?

S: Tag.

L: Die Tagseite. Schreibt da also rein: Tagseite. Wollens nochmal … also nur hier … angedeutet … ist zwar keins … macht ja nichts. Hier war die Trennungslinie, also die Mitte der Erde und hier war die … Zeile … und da schreiben wir also rein: Tages …

S: Ach darein schreiben …

L: …seite. Ja. Hmm. Und zwar nicht bei Bild 2, sondern erstmal bei Bild 1 bitte eintragen.

S: Bei Bild 2 ist doch auch Tag!!

L: Langsam … Meinste? Ich muss nochmal gucken. Also Bild 1 … Tagseite? Nee. So! Und du wolltest hier gerade was zu … wie siehts denn bei Bild 2 aus … hm? Du hat-

47

test … jetzt bei Bild 2.

S: Schhhhh …

L: Die Sonne kommt von der linken Seite. Scheint auf die Erde … kommt jetzt von links. Ist genauso einfach wie das erste Bild. Du hattest es schon gesagt, kannst du mal …

S: Ja.

L: Wo ist jetzt also … Die Tagseite ist auf der … ja … auf der linken oder rechten Erdhälfte … jetzt nach dem Bild? … Auf der linken! Klar, denn die Sonne kommt von links.

(Mentor unterbricht und verweist auf die Formulierung der Aufgaben)

L: Ja gut. Dann können wir … könnten wir vielleicht so machen, daß wir .. ja können wir uns ja einigen, machen wir also … Tagseite und …

S: Läßt sich ja leicht auswischen …

L: Ja, könnt ihr auf die … ach so, das stimmt ja … Das ist natürlich wieder blöd … Ja dann … wäre die Tagseite auch zugleich die Morgenseite, also morgen … Tagseite … Strich morgen … schreibt ihr vielleicht noch …

S: Tag drunter.

L: … Tag drunter

S: Geht nicht mehr.

L: Tag …

S: Geht nicht mehr!

L: Unter das … also neben das Feld … Tagseite … (chaotisch)

S: Unter? Das hab ich …

L: Morgen. Bei Bild 1 … kommt dazu noch Morgen.

S: Nur Morgen?

L: Ja. Denn ihr wißt ja, die Sonne geht …

S: … nur morgens …

48

L: Geht also von Osten nach Westen … und nun kann man das (undeutlich) … Also: Tagseite und Morgen. Also hier ist also der … ja, wie gehtn das jetzt? … und jetzt auf der … Bild 2 … Nachtseite oder … Schreiben wir also Bild 1 … das war Bild 1 … Bild 2 … wo die Strahlen also von hier kamen … könnt ihr dann hinschreiben: Nachtseite oder Abend … Ja, ich muß, da muß ich das nochmal in einem Versuch … vorführen. Das tut mit jetzt echt leid … aber … da war ja wieder … weil damals ja kein Globus da war. Dann könnt ihr das besser verstehen … das ist hier son bißchen schwierig gewesen, geb ich zu. So… das könnt ihr aber auch in bunt machen oder so … und jetzt halt!! Genau jetzt könnt ihr es vielleicht so machen, dass ihr die Nacht oder ja die Nachtseite dunkel … da heißt es hier: Zeichne jeweils die Nachtseite dunkel ein. Ihr nehmt also son ja einen Stift, der …

S: Schwarz ...

L: Nee, nicht schwarz, dann seht ihr gar kein … Ich würde einen Bleistift nehmen und schraffiert ihr die Nachtseite ganz schwach, damit wir die einzelnen Länder auch noch ein bißchen sehen, also die Nachtseite jeweils etwas schraffiert mitm Bleistift … schaut, so … Ja, aber das mußte, ja … Bei Bild 1 ist also die … hier … machen wirs mal so. Welche Seite ist denn bei Bild 1 dunkel zu schraffieren? Antje? Du? Welche Seite ist denn bei Bild 1 dunkel zu schraffieren? Rechts oder links?

S: Rechts.

L: Rech …

S: Äh links.

L: Links, und bei Bild 2 hier?

S: Rechts.

L: Rechts. Klar! So, dann macht das mal … Nee! Jetzt

49

noch nicht. Jetzt macht erstmal den ersten Teil hier fertig … So. Paß mal auf … ist das hier richtig gezeichnet? Guckt mal?

S: (Gemurmel)

L. He?

S: (Gemurmel)

L: Was ist das? Ja … bei Bild 2 ist also die … hier … bei Bild 2 ist die Nachseite … welche jetzt? Du, … entschuldige… du hast das auch falsch verstanden …! Hier ist doch die … Moment. Nee, nee … also hier bei Bild 1 hier … guckt bitte mal an die Tafel. Bei Bild 1 ist die Tagseite bzw. Morgen auf der rechten Kugelhälfte. Bei Bild 2 ist die Tagseite oder Morgen auf der linken Hälfte … nee … Moment mal. Jetzt blick ich überhaupt nicht mehr durch!! … Moment … Entschuldigung. Die Nachtseite ist auf der rechten Hälfte …

S: (Seufzen, stöhnen, bedauern)

L: Da müßten wir ins Kästchen … ja genau … dann stimmts Kästchen nicht. Da ist nämlich auch … Jetzt weiß ichs nämlich! Unser …

S: Falsch.

L: Hier, folgendes … auf dem Bild 2 diese Seite ist die Abendseite und … aber dunkel ist es ja auf der rechten Hälfte des Erdballs.

Ja … jetzt müssen wir nochmals sehen … also hier … im Bild 2 ist es auf der … so ist es richtig … rechten Hälfte der Erdkugel, ne? Diese Seite also schraffieren … Richtig.

S: Das haben wir doch schon!!

L: Mmmh Prima! Ah ja … So, schönen Dank. So und jetzt, Freunde, jetzt vielleicht mal folgendes. Das könnt ihr auch in Partnerarbeit machen. Guckt euch mal bitte …

(Klingelzeichen)

1978

Der Lehrer hat bei jedem Kind darauf zu sehen, ob Gesicht, Ohren, Hals und Hände rein gewaschen, ob die Haare glatt gekämmt, die Schuhe ordentlich und reinlich gehalten sind, ob die Kleidungsstücke rein und ganz sind. Die Schüler achten beim Eintritt ins Classenlocal, dass sie ihre Schuhe am Abkratzer reinigen, dass sie Mützen an den Haken hängen, dass sie sich sofort und still an ihren Platz begeben und sich ruhig verhalten. (Aus der Geschichte der Schuldisziplin, 1868)

18.1. Treffen im schönen Städtchen Weilburg zur, wie es so schön heißt, „systematischen Umsetzung gesamtschulspezifischer Zielsetzungen". Warum, so frage ich mich, nehmen an diesen Veranstaltungen immer nur linke Lehrer teil? In den Diskussionen erlebe ich sie nicht selten als eine Art kultureller Pioniere mit pädagogischem Rigorismus im Umgang mit ihren Schülern. Immer planen sie penetrant gutgemeinte Unterrichtseinheiten. Manche der sich fortschrittlich gebärdenden Kollegen zeichnen sich durch besonders effektive Formen des Moralisierens aus. Nicht zu vergessen jene, die ihre Schüler ihres vermeintlichen politischen Desinteresses wegen verachten und sie entsprechend traktieren.

„Unterrichtseinheiten, in denen das Leben der Familien (also auch das der Schüler) krass und schonungslos dargestellt wird, Unterrichtseinheiten, in denen die Abhängigkeit (also auch die der Schüler) von Massenmedien, Schlagerproduktion, Werbung, Mode, Konsum festgestellt wird oder in denen ironisch der Versuch der Imitation von Idolen bei den Schülern nachgewiesen wird, müssen auf Ablehnung und Aggression stoßen." (H. Kuhlmann, Klassengemeinschaft, 1976)

Klagen über den Unterricht in einigen Hauptschulklassen. Wenn es stimmt, dass Unterrichtsstörungen „strukturelle Störungen" (R. Winkel) sind, dann muss man nach Ursachen und Folgerungen für das Lernen in der Schule fragen. Aber entweder tun die Lehrer es nicht, oder wenn sie es tun, geraten sie sich schnell in die Haare.

Zeitungslektüre: Datenerhebungen unter Anfängern des Anglistikstudiums über einen Zeitraum von zehn Jahre hinweg ergeben, dass nur sechs von 100 Befragten die Frage beantworten können, wer Oliver Cromwell war und wann er gelebt hat. Und die Lebensdaten Shakespeares werden gerecht auf alle Epochen zwischen dem 12. und 19. Jahrhundert verteilt.

22.2. Hofaufsicht. Zwei Schüler prügeln sich, andere stehen johlend und feixend dabei. Etwas unsanft trenne ich die beiden Kampfhähne.

In der Gesamtkonferenz diskutieren wir mal wieder über Fragen der Disziplin, über Klassenkonferenzen und die Wirksamkeit der dort beschlossenen „pädagogischen Maßnahmen", über Sinn und Unsinn von Klassenbucheinträgen. In solchen Situationen verstärkt sich mein Eindruck, dass manche Kollegen zu leugnen versuchen, Lehrer zu sein und liebend gern die Ansicht vertreten, die Gesamtschule solle die Schüler nicht zu guten Schülern, sondern zu guten

Menschen erziehen.

3.3. Im Fach finde ich eine Einladung zu einer Fortbildung zum Thema „Waldsterben". Motto: Die Bildung ist fort, es lebe die Fortbildung!

24.3. 3. Stunde, die nette 8. Leider sind die Schüler bereits jetzt schon müde. Der Unterricht verläuft zäh, stockend. Nach der Stunde umringen sie mich - nun aufgekratzt und munter: wann geben Sie die Arbeit zurück? Wie stehe ich mündlich? Wissen Sie, ob Frau J. da ist?

Im Lehrerzimmer ein Blick in mein Fach. Ich überfliege die Hausmitteilungen: ein Hinweis auf eine Sitzung des Schulbuchausschusses nachmittags, eine Einladung zur Klassenkonferenz der F6b, eine Statistik über Grundschulbesuch ist auszufüllen, dazu entdecke ich noch eine Mahnkarte der Filmbildstelle, also morgen die Filmrolle nicht vergessen.

15.6. 5. Stunde Englisch in der 10. Klasse. Eine Referendarin hospitiert. Wir haben die Stunde gemeinsam geplant. Die Schüler tun sich schwer mit dem wohl etwas zu komplexen Text. Wie die junge Kollegin die Stunde wohl wahrnimmt?

Die kurzen Pausen, dazu drei weit auseinanderliegende Lehrerzimmer erschweren die schulinterne Kommunikation, die unterschwellig immer öfter von ideologisch und schulpolitisch kontroversen Sichtweisen geprägt ist. Als belastend erweisen sich die nicht offen artikulierten Unterschiede zwischen Gymnasiallehrern und den „Anderen", was in erheblichem Maße zu inneren Spannungen und Unzufriedenheit beiträgt: erteilt ein Oberstudienrat Sport- oder Musikunterricht, wird er nach A 14 bezahlt und hat die geringere Pflichtstundenzahl; erteilt ein Realschullehrer den gleichen Unterricht, wird er nach A 13 besoldet und muss dazu mehr Stunden unterrichten.

27.9. Heute erreicht mich ein Schreiben des Regierungspräsidiums mit der Ernennung zum Studienrat auf Zeit. Der erste Schritt in die Geruhsamkeit des Beamtendaseins ist getan.

4.10. Ein Schüler kommt nach der Stunde zu mir, 15 Jahre alt, kritisch, unangepasst, sucht das Gepräch. Er habe gelesen, dass schulische Erziehung Kreativität zerstöre und alle Schüler gleich zu machen versuche. Ich sage, dass wir darüber mal in Ruhe diskutieren sollten, lasse ihn dann stehen, weil die 6. Stunde bereits begonnen hat.

1979

Lehrer Johann Jakob Häberle war 51 Jahre und 7 Monate im Amt. In diesem Zeitraum verteilte er an die Schüler 911517 Stockschläge, 24010 Rutenhiebe, 20989 Klapse mit dem Lineal, 136715 Handschläge, 10235 Maulschellen, 7905 Ohrfeigen, 115800 Kopfnüsse, 12763 Schläge mit der Bibel, Katechismus, Gesangbuch und Grammatik, 777 mal hatte er Knaben auf Erbsen knien lassen, 613 mal auf ein Stück Holz. (Aus der Geschichte der Schuldisziplin, 1827)

Januar. Auf Bitten des Schulleiters erarbeite ich ein Curriculum für *slow learners* im Englischunterricht. Es wird wohl irgendwo im Schulamt verschwinden. Ein Versuch, meine fachlichen Kompetenzen zu testen?

27.1. Letzte Stunde Englisch im C-Kurs. Anstrengender Versuch, die Aufmerksamkeit der Schüler zu erhalten. Ich bin erschöpft, abgespannt, und während die Schüler mit Gebrüll die Klasse verlassen, haben sie auch heute vergessen, die Stühle hochzustellen. Wie gehe ich mit leistungsunwilligen Schülern um, hinter denen auch noch uneinsichtige Eltern stehen? Nichts weiter tun, als liebevoll mahnend den pädagogischen Zeigefinger zu heben?

Februar. Ich gewinne den Hauptpreis des GEW-Preisausschreibens zum Thema „Heute war es so ... Lehrer berichten aus ihrem Alltag" - dafür bekomme ich DM 750. Da hat es sich doch gelohnt, Gewerkschaftsmitglied zu werden!

5. - 10.2. Wochenseminar mit meiner Klasse zum Thema „Nationalsozialismus". Vier Teamer arbeiten mit den Schülern in Gruppen. Zum ersten Mal habe ich die Möglichkeit, die Schüler von außen zu beobachten. Ich bin ein bißchen neidisch, wenn ich merke, wie problemlos die Teamer mit der Klasse arbeiten.

12.2. Einbruch im Lehrerzimmer, Vandalismus. Auch dies leider ein wiederkehrendes Ereignis.

2.4. Beim Lesen in Jüngers Tagebuch „70 verweht" (Band 2) finde ich seine Aussage, dass „Akademikerwahn das pädagogische Handwerk" ausrotte. Und er fährt fort: „Der Erfolg? Unverständliche Schulbücher, oberflächliches

Wissen, Zunahme der Legastheniker und Sonderschüler, ständiger Wechsel der Lehrpläne, Anfälligkeit für jede Scharlatanerie. Die Alten wussten, dass die Wiederholung die Mutter des Wissens ist. Wie lange währt es, bis etwas 'sitzt'. Dazu gehören Liebe zur Sache, Bescheidenheit und unerschöpfliche Geduld." (S. 463 f.)

17.5. In Wetzlar mal wieder eine recht dröge SUGZ-Fortbildung. Ein Kollege aus Frankfurt meint, die Fähigkeit, reformerisch zu arbeiten sei "fast kaputt". Nur zehn Prozent aller hessischen Lehrer seien auf Fortbildungen zu sehen. Beim Mittagessen Gespräch über linke, „fortschrittliche" Lehrer: oft seien sie ohne Humor, zu kindischen Überreaktionen neigend.

„Heute tragen Lehrer normalerweise Blue Jeans, progressives Äußeres, Spitz- oder Vollbart." (W. Kempowski, O Gott, was macht der denn da? Spiegelinterview 2.4. 1979)

2.7. Abends beim Bier zusammen mit dem Leiter unserer Förderstufe über pädagogische Moden und Phrasen, über Schulen, die sich öffnen sollen, auf "Durchlässigkeit" zu achten hätten. Resigniert konstatiert er, dass "seine" Förderstufe sich langsam zu einem pädagogischen Versuchslabor entwickelt habe, wo reformpädagogisch orientierte Kollegen experimentierten, er aber nicht sicher sei, ob es dabei gelinge, Kinder individuell zu fördern und ihnen für die weitere Schullaufbahn angemessenes Wissen zu vermitteln.

13.10. Eine Kollegin berichtet im Lehrerzimmer über Schülerwünsche in ihrem 7. Schuljahr. Sie möchten Rolltreppen bis in die Klassenräume, mit Elektroautos in die Schule fahren, zur Schule reiten, denken an Hängematten für zwei Personen auf dem Hof, dazu Schlummerbänke, Eisstände, ein Teich mit Booten, Müllschlucker für Zeugnisse. Und was bieten wir stattdessen?

23.11. Am Elternabend erzählt eine Mutter, mit welchen Tricks Eltern heutzutage versuchten, ihre Kinder unbedingt an einem Gymnasium anzumelden, auch wenn eine Gesamtschule mit gleichem Angebot in der Nähe sei.

1980

Immer wieder bemühe ich mich, die Gesamtschule gegen ungerechtfertigte Kritik zu verteidigen, werde ich von Eltern, deren Kinder den Gymnasial-Zweig besuchen, gefragt, ob es stimme, dass das traditionelle Schulsystem bessere Bildungschancen garantiere als die Gesamtschule. Was soll ich darauf antworten? Überfordern wir uns nicht, wenn wir glauben, Schule müsse in erster Linie Ungleichheit und nicht Unwissenheit bekämpfen?

21.3. Nachdem mein Schulleiter mich auf die Ausschreibung einer A-14-Stelle im Amtsblatt aufmerksam gemacht hat, bewerbe ich mich um die Leitung des Gymnasial-Zweigs. Das Amtsblatt, auch so eine Institution, der ich bislang keine Aufmerksamkeit geschenkt habe.

30.6. Heute ist das Auswahlverfahren zur Besetzung der Funktionsstelle. Mit drei Mitbewerbern habe ich es zu tun. Wir müssen eine Deutschstunde, die freundlicherweise der Kollege der Parallelklasse hält, didaktisch-methodisch analysieren und beurteilen.

1.9. Schreiben des Regierungspräsidiums: ich werde kommissarisch mit der Leitung des Gymnasialzweigs beauftragt.

„Was soll ein Lehrer heute alles sein, du lieber Himmel. Er soll Menschenfreund sein, soll gut aussehen, sich sicher bewegen, gut sprechen können, und jung muß er sein und bleiben." (Walter Kempowski, Unser Herr Böckelmann)

Vielfältig sind die Stile und Routinen der Kollegen, ihren Unterricht zu planen. Im Referendariat habe ich wichtige Arbeitsanweisungen oder Frageimpulse im Wortlaut vorformuliert. Es gibt Kollegen, die nur mit wenig Notizen auf einer Karteikarte das Klassenzimmer betreten; andere Lehrer wiederum notieren wichtige Phasen der Stunde in ein Buch im DIN-A4-Format. Es soll auch solche geben, die gänzlich ohne Vorbereitung ihre Stunden bestreiten. Dann reden wir von „Schwellendidaktik".

Nachsitzen 3: Leserbriefe

Mein Leserbrief mit der Überschrift „Gesamtschule - von Krise bedroht" erscheint in der lokalen Presse. Indem ich mich auf einen vorher erschienenen Leserbrief zum Thema „Lernbedingungen an der Gesamtschule" beziehe, möchte ich verdeutlichen, unter welchen Rahmenbedingungen das Lernen in der Gesamtschule geschieht und welche Probleme dabei auftauchen können.

Gesamtschule von Krise bedroht

Die Ausführungen von Frau A.-Sch. (Hessisch-Niedersächsische Allgemeine vom 5.6. 1980) zum Thema „Lernbedingungen an der Gesamtschule", die zutreffende Beobachtungen und Erfahrungen aus dem schulischen Alltag enthalten, sollten um einige Aspekte ergänzt werden, um zu verdeutlichen, unter welchen Rahmenbedingungen das Lernen in der Gesamtschule geschieht und welche Probleme dabei auftauchen können.

Die Gesamtschule hat sich immer - das zeigt schon ihr Name - als Schule für alle Kinder aus allen gesellschaftlichen Schichten verstanden. In ihr sollen Schüler mit unterschiedlichen sozialen Biographien, Lernvoraussetzungen und Erfahrungshorizonten voneinander und miteinander lernen.

Die Erfahrungen der vergangenen Jahre aber zeigen, dass es nicht immer gelingt, alle Schüler für die im Einzugsgebiet liegende Gesamtschule zu gewinnen, dass ansatzweise manche Gesamtschule im Begriff ist, Teilschule zu werden für sogenannte lernlangsame Schüler und für solche, die andernfalls die Hauptschule besuchen würden. Eine solchermaßen reduzierte Schule repräsentiert dann weder alle sozialen Schichten der Bevölkerung noch das ganze vorstellbare Neigungs- und Leistungsspektrum.

Dies zeigt, dass die von Beginn der Gesamtschulentwicklung an existierende Konkurrenz zum traditionellen System, zur Realschule und besonders zum Gymnasium, die in erster Linie durch die Forderung nach der Vergleichbarkeit der Schulabschlüsse verursacht wird, die Gesamtschule belastet und ihre pädagogische Identiät in Frage gestellt hat.

So sehr es zu begrüßen ist, daß die Gesamtschule endlich

als Regelschule anerkannt wird, so darf nicht verschwiegen werden, daß die Einrichtung der Gesamtschule als 4. Angebotsschule bei gleichzeitiger Bestandsgarantie für das traditionelle System die Probleme nicht beseitigen wird. Es ist abzusehen, daß weiterhin Schüler, die gut lernen, zur Realschule und zum Gymnasium geschickt werden, während die Gesamtschulen eher die „Problemschüler" bzw. die sogenannten „Hoffnungsschüler", deren Eltern von der Gesamtschule eine adäquate, d.h. primär leistungsorientierte Förderung erwarten, zugewiesen bekommen. Dieser Effekt des „Absahnens" der guten Schüler durch das traditionelle Schulsystem wird bisweilen durch einseitige, weil vorurteilsbehaftete Empfehlungen der abgebenden Grundschulen verstärkt.

Dennoch, wenn die Gesamtschule in eine Krise zu geraten droht, ist dies letztlich einer halbherzig betriebenen, auf halbem Weg stehengebliebenen Gesamtschulpolitik zuzuschreiben, einer Politik, die, in Abkehr einstiger reformerischer Zielsetzungen, in Anpassung an „Sachzwänge", in Konfliktvermeidung gegenüber konservativer Schulpolitik, in demonstrativer Zuwenddung zu angeblich erfolgversprechenderen gesellschaftlichen Bereichen, es von Beginn an versäumt hat, die Gesamtschule als überzeugende Alternative zum herkömmlichen System zu profilieren.

Georg Lerner, Kassel (abgedruckt in der HNA am 11.6. 80)

Einige Tager später finde ich in der Post den Brief eines Kollegen. Er habe meinen Leserbrief mit besonderem Interesse gelesen. Er sei einst ein sehr entschiedener Befürworter der Gesamtschulidee gewesen und Ende der 60er Jahre „über Land" gezogen, um in abendlichen Veranstaltungen für Eltern und Lehrer für diese große Idee zu werben. Die meisten in dieser Gruppe seien Mitglied der SPD gewesen, er „nur" ein entschiedener Anhänger der damaligen SPD-Schulpolitik. Heute stünden diese Kollegen fast alle ebenso isoliert wie schwer enttäuscht in ihrer Partei; ihr Wort gelte da kaum noch etwas ...

Er sei zum besorgten Skeptiker gegenüber der weithin fatalen Art von Gesamtschulverwirklichung geworden. Seit es die Gesamtschule gebe, befinde sie sich in enormen Schwierigkeiten. Eine der Ursachen dafür sei die Gesamtschulpolitik, die nicht nur „halbherzig", sondern auch „halbhirnig" betrieben werde. Während sich z.b. Psychologen aller Art darin einig seien, daß eine auf das Individuum und seine Bildung ausgerichtete Schule bestimmte Massenansammlungen meiden sollte, würden die zur besonderen individuellen Förderung des einzelnen Schülers beauftragten Schulen Mammutschulen ganz besonderer Art. Je reichhaltiger ihr differenzierendes Lern- und Förderungsangebot sei, desto mehr müsse sie von Anbeginn als sehr große Schule angelegt sein.

Große Schulen hätten dazu große Lehrerkollegien, von beamteten, von angestellten, von vollbeschäftigten, von mit halber Stundenzahl beschäftigten, von stundenweise beschäftigten Lehrern aller Art, die sich z.T. kaum persönlich kennten. Der Plan zur Verteilung der Unterrichtsstunden auf ganz bestimmte Räume und ganz bestimmte Lehrer erhöhe die Kompliziertheit schon im rein Organisatorischen in bedrohlichem Ausmaße: Unruhe und Unübersichtlichkeit gehörten zur Alltagswirklichkeit einer Gesamtschule.

Das System leide besonders unter der Misere der Lehrerbildung, des häufigen Lehrerwechsels und der Lehrer(nicht)einstellung. Auch die relativ hohe Zahl von Lehrererkrankungen greife besonders schwerwiegend in das komplizierte Plangebilde einer Gesamtschule.

Eine andere Folge der komplizierten Binnenstruktur sei die Notwendigkeit der immer wiederkehrenden Koordinations-, Fach-, Stufen- und Gesamtkonferenzen. Überarbeitung, Überbelastung wirkten auch bei Lehrern nur selten als motivationsfördernd.

Der Brief endet mit der Feststellung, dem Schreiber selber sei längst jede „Lust" abhanden gekommen, irgendwo am Streit um Schulformen teilzunehmen, auch deshalb habe er die GEW verlassen. Er könne nur noch die Kinder und Jugendlichen, auch deren Eltern und deren Lehrer beglückwünschen, die tagtäglich mindestens einem unverdrossenen, vollengagierten, tatsächlich gebildeten Lehrer begegneten.

(Der Brief befindet sich im Archiv des Autors.)

20.6. Mein Leserbrief erfährt auch eine Erwiderung in der Lokalzeitung. Unter dem Titel „Ein Traum und die Realität" argumentiert die Autorin, der Leserbrief von Herrn Lerner enthalte neben einigen häufig wiederholten, aber dennoch falschen Behauptungen dem mehrgliedrigen Schulsystem gegenüber den typischen Pädagogentraum von vorgestern, dass in den Gesamtschulen „Schüler unterschiedlicher sozialer Herkunft, verschiedener Begabung und Interessen in trautem Miteinander voneinander lernen könnten."

Die Realität habe aus diesem Traum Mammutschulen entstehen lassen, eingepfercht in seelenlose Betonklötze, erdrückt von einer ausufernden Verwaltung der Kultusbürokratie. Hier entwickele sich im besten Falle ein unpersönliches Nebeneinander, oft jedoch ein komplexbeladenes Ge-

geneinander von Schülern und Lehrern.

Als empörend müsse man die Behauptung empfinden, daß das dreigliedrige Schulsystem die „guten" Schüler abgesahnt habe: Junge Menschen in „gute" und „schlechte" Schüler einzuteilen, das habe nun wahrlich erst die Gesamtschule vermocht.

Abschließend argumentiert die Verfasserin, die Krise der Gesamtschule resultiere aus dem Widerspruch zwischen pädagogischem Traum und schulischer Wirklichkeit. Daher gelte es, in der Schulpolitik eine Phase der Ruhe einzuschalten, in der alle Schulformen sich kontinuierlich entwickeln könnten.
(Leserbrief, abgedruckt in der HNA)

1981

„Vom Erziehen habe ich niemals sehr viel gehalten, das heißt, ich habe stets starke Zweifel daran gehabt, ob der Mensch durch Erziehung überhaupt irgendwie geändert, gebessert werden könne. Statt dessen hatte ich ein gewisses Vertrauen zu der sanften Überzeugungskraft des Schönen, der Kunst, der Dichtung. Ich selbst war in meiner Jugend durch sie mehr gebildet und auf die geistige Welt neugierig gemacht worden als durch alle offiziellen oder privaten Erziehungen".
(aus: Hesse, Ausgewählte Briefe)

1.4. Ernennung zum Oberstudienrat. Nun, in meiner Rolle als Mitglied der Schulleitung, fällt es schwerer, die Anfeindungen gegen die Gesamtschule entspannt zur Kenntnis zu nehmen. Erst kürzlich hat der „Philologenverband" festgestellt, dass die Kinder auf Gesamtschulen weniger lernten,

Egoismus, Aggression und Gewalt gegen Personen und Sachen gefördert würden und das erzieherische Klima „kalt" sei. Schade, dass es keine wissenschaftlichen Gutachten über das erzieherische Klima in unseren Gymnasien gibt. Wie viele Kinder finden dort Wärme und Geborgenheit? Hat sich schon jemand überlegt, welch schwere Aufgabe gerade ein Gesamtschullehrer zu bewältigen hat? Er kann sich die Kinder nicht aussuchen, muss sich auch um solche kümmern, die die deutsche Sprache oft nur mangelhaft beherrschen. Und viele tun dies mit großem Einsatz. Aber wie lange noch?

Es gibt Untersuchungen, die nachweisen, dass ein Lehrer während einer Unterrichtsstunde unzählige Entscheidungen treffen muss und rund 15 erzieherische Konflikte durchzustehen hat.

21.6. Vor dem Hintergrund der Diskussion über „Schulsozialarbeit", die nun eingeführt werden soll, lege ich ein Thesenpapier für die Dienstbesprechung vor, in der ich Schulsozialarbeit und Bildungsberatung kritisch, zugegeben recht polemisch, betrachte. So behaupte ich, es seien in erster Linie Arbeitsbeschaffungsmaßnahmen für Diplompädagogen und Sozialarbeiter, des weiteren auch Folge negativer Veränderungen des „Lernumfeldes Schule", was sich nicht zuletzt in einer schüler- und lehrerfeindlichen Schularchitektur zeige, die Schulen enträumlicht und zu einem Unort gemacht habe, wo man in „Orientierungsstufen" die Orientierung verliere und der Beratungslehrer zum neuen Beruf werde.
Lehrer interpretierten Schulsozialarbeit nicht in erster Linie als mögliche Hilfestellung im schwieriger werdenden Be-

rufsalltag sondern als Eingriff in ihr spezifisches Arbeitsgebiet, ja als Infragestellung ihrer pädagogischen Kompetenzen.

2.7. Mal wieder ein sprachlich und inhaltlich verschwurbelter Artikel in der „betrifft:erziehung". Dazu verfasse ich einen Leserbrief, der auch abgedruckt wird: „Mit Erstaunen habe ich die Ausführungen „Kindheit im Wandel" zur Kenntnis genommen. Erwartete ich neben Anregungen für einen Alltag mit „menschlichen Dimensionen" auch Hilfen für die eigene Arbeit in der Schule (für eine „neue pädagogische Praxis", so der bescheidene Verfasser), so mußte ich leider feststellen, daß der Aufsatz gerade dort aufhört, wo es eigentlich erst interessant wird. Der Hinweis auf „kleine Produktionsgemeinschaften"und„Handwerkskooperativen" hilft mir da nur wenig, und eine Gruppe, „die freibeuterisch Kultur selber macht", läßt sich auch nicht so schnell finden. Aber, so erfahre ich, erhebt der Verfasser auch keinen „Anspruch auf Vollständigkeit" und schießlich, wer will das leugnen, hat er auf eine Reihe völlig neuer Erscheinungen aufmerksam gemacht. Und das alles in stilvoller Sprache, in geschliffenen Sentenzen („um mich herum insbesondere") und anregenden Bildern („Und dieser Alltag kroch in den letzten Winkel unseres Alltags.")"

22.8. Interview einer Journalistin der *Frankfurter Rundschau* mit Lehrern und Schülern unserer Schule zum Sinn von Hausaufgaben. Ich argumentiere, dass Hausaufgaben sinnvoll seien, wenn sie in einem Zusammenhang zu dem, was im Unterricht passiert, stünden. Sie dienten der Vertiefung und Übung.

Anfang September. Beobachtungen in meinem Englisch-A-Kurs Klasse 6. 26 Schüler sitzen in beengtem Raum. Heute kommt ein neuer Schüler, über dessen Herkunft und Gründe des verspäteten Eintreffens ich nicht informiert bin. Folge des kleckerweisen Ankommens von weiteren Schülern in den nächsten Tagen ist eine permanente Unruhe: ein neuer Sitzplatz wird gesucht, Umsetzungen sind notwendig, Stühle und Tische aus der Nachbarklasse werden herantransportiert. Heute fehlt ein Teil der Klasse, warum weiß ich nicht. Dies erschwert eine kontinuierliche Arbeit, die gerade im Englischunterricht so wichtig ist. Einigen Schülern fällt es schwer, sich in die neue Phase der Differenzierung einzugewöhnen. Im Übungsdiktat vermögen nur drei Schüler den Satz *„There is a white horse on it."* richtig zu schreiben. Dennoch: alle sagen, es mache ihnen Spaß eine Fremdsprache zu lernen. Die Schriftbilder einzelner Schüler an der Grenze der Lesbarkeit.

1982

Ehemaligen Schülern zu begegnen, ist immer peinlich. Auf der Straße erkenne ich sie zwar, kann mich aber oft nicht an Namen erinnern, was sie natürlich von einem ehemaligen Lehrer erwarten.

Dienstbesprechung des Schulleitungsteams. Dem Vorschlag, die Förderstufe räumlich und administrativ von den höheren Klassen distanziert zu führen, wird nach kontroverser Diskussion mehrheitlich zugestimmt. Wieder sind die Rollen klar verteilt: der Schulleiter laviert, zwei Kollegen argumentieren gewerkschaftsorientiert, einer hält sich zurück, ich polemisiere ein wenig. Wir alle spielen Theater, nehmen unsere jeweiligen Rollen als Direktor, stellvertretender Schulleiter, Zweigleiter, pädagogischer Leiter mehr oder weniger überzeugend wahr.

21.4. Unterrichtsgespräch 10. Klasse. Referendar zu den Schülern: „Ist die Bücherverbrennung schlimm? Ja? Findet ihr das auch so schlimm?" Ich stelle mir vor, sie hätten mit „nein" geantwortet. Wie der wohl reagiert hätte!?

Kritik des Elternbeirats am schlechten Image der Schule. Es gehe darum, „das beobachtbare Leistungsdefizit aufzuarbeiten und Leistungsanforderungen zu forcieren".

Mai. Mein Artikel zum Thema „Konferenzprotokolle der Schule Oberzwehren 1914 - 1945" erscheint in „betrifft:erziehung".
Beim Recherchieren in den verstaubten Schulakten und alten Protokollen erfahre ich, dass in der ersten Hälfte des 19. Jahrhunderts die Oberzwehrener Kinder in der Wohnung des „Schulmeisters" lernten. Er musste nicht nur dem Nachwuchs Lesen und Schreiben beibringen, sondern auch die Glocken läuten. Dafür bekam er unter anderem einen „Klafter Holz forstfrei" und „freie Waldmast für ein Schwein". Er unterrichtete eine einklassige Schule mit 110 Schülern. Parallel zum Unterricht dokumentierte der Pädagoge das Schulleben in der Schulchronik. 1885 registrierte der Chronist 40 bis 50 Schüler, „die vom Zuckerrübenbau stark in Anspruch genommen wurden". Dort seien sie „täglich bis abends beschäftigt" und kämen ermüdet und „ohne Vorbereitung" zur Schule.

1983

Die Schrift vieler Schüler, besonders der Jungen, wird immer unleserlicher. In meiner Schulzeit gehörten die Schönschreibstunden zu den angenehmen Veranstaltungen des Schulalltags. Man schrieb in Extrahefte mit mehreren Linien. In den siebziger Jahren wurde das alles weggefegt, Folgen der 68er, meint Kempowski. Wer am schlechtesten schrieb, hatte gewonnen.

6.6. Pausenaufsicht. Beim Gang durchs Gelände gilt es heute, die Raucher aufzuspüren.

Kempowski ist der Meinung, Pestalozzis Unterricht müsse katastrophal gewesen sein. Bei Neill sei es ja auch chaotisch zugegangen. Man gestattete Kindern, auf Klaviertasten herumzuspazieren und sich gegenseitig an den Pipihahn zu fassen. Junge Menschen, die nach Autoritäten suchten, fänden in der antiautoritären Idee keine. Eine Pädagogik, die Sozialisation anstelle von Erziehung setze, sei ohne Angebot.

Erstrebenswert erscheint mir eine Dialektik von Distanz und Nähe, die Freiräume gewährt, in denen man als Lehrer gesprächsbereit ist, beratungsoffen, eben „in der Nähe". Freilich, diese Nähe darf nicht penetrant durch Anbiederung erzeugt werden.

Mangelnde Frustrationstoleranz, Leistungsverweigerung von Schülern, so neulich der Leiter des Hauptschulzweigs, seien auch auf unsere Softwelle und Liebespädagogik zurückzuführen. Manch sich progressiv gebender Lehrer habe sich auf ein infantil pubertäres Spiel eingelassen, dessen Züge nicht er, sondern die angeblich so schwachen Schüler virtuos beherrschten.

Nachsitzen 4: Klassenfahrten

Bei der organisatorischen Vorbereitung einer Klassenfahrt in die Rhön - Eltern müssen informiert, Kontakte zur Jugendherberge hergestellt, Bahn- und Busverbindungen geklärt werden - erinnere ich mich an die Klassenfahrt als Schüler in die Rhön in der Obertertia. Das war 1962. In eindrücklicher Erinnerung ist mir der Besuch des Klosters Kreuzberg geblieben, der Genuss des dort gebrauten dunklen Bieres, dem wir alle kräftig zusprachen. Wanderungen führten hoch zur Wasserkuppe und auf die Milseburg. Nachts hockten wir vorm Transistor-Radio und verfolgten die Spiele der deutschen Nationalmannschaft bei der WM in Chile.

Beeindruckend auch die Abschlussfahrt am Ende der Untersekunda ein Jahr später. Sie führte nach Trier, Bonn, Koblenz, zum Niederwalddenkmal, auf die Burg Stahleck und abschließend zur Saalburg. In Bonn besuchten wir den Bundestag und das Ernst-Moritz-Arndt-Haus, in Trier bewunderten wir die Porta Nigra, das Amphitheater, die Thermen, die Basilika.

Im Frühsommer 1964 in der Obersekunda fuhren wir an den Bodensee, übernachteten in zwei Jugendherbergen, einmal in Friedrichshafen ganz nahe am See, dann in Konstanz in einem Turm. Wir besichtigten die Insel Mainau, unternahmen eine Tagestour an den Vierwaldstätter See. In Bregenz ging es mit der Seilbahn hoch zum Pfänder. Auch das Pfahldorf in Unteruhldingen besuchten wir.

Im Juni 1965, ein Jahr vorm Abitur, als Höhepunkt die Frankreichfahrt. Sie führte über Aachen, Verdun, Paris in die Normandie. In Verdun besuchten wir die Schlachtfelder des 1. Weltkriegs, standen vorm Gebeinhaus am Douaumont. Dann Paris - die 17 Unterprimaner aus Kassel zum ersten Mal in der Weltstadt. Nachts zogen wir vom Hotel los in das Viertel rund um die Hallen, die es damals noch gab. Um uns herum mit Karotten, Auberginen, Artischocken beladene Kisten.

Mit klapprigem Bus eine Stadtrundfahrt: Arc de Triomphe, Notre Dame, Palais Luxembourg mit springender Fontäne. Spaziergang durch die Tuilerien, vorbei am Carrousel.

Wir besichtigten die Abschnitte der Invasion an den Küsten der Normandie, besuchten Caen, den Mont St. Michel, bestaunten den Teppich von Bayeux. „Paule", unser Klassenlehrer, mit dicker Aktentasche, in der er seine Reiseunterlagen verstaut hatte. Wir besuchten Kriegsgräberfriedhöfe, und "Paule" als aktives Mitglied des VdK forderte uns dann auf, etwas mehr Pietät zu zeigen angesichts der vielen Grabkreuze. Das nervte uns etwas.

Auf den Photos fast alle mit Pfeife und Sonnenbrille - damals eine modische Marotte.

Viele Jahre später, nun selbst auf Klassenfahrten, komme ich nicht umhin, die großartigen organisatorischen Leistungen unserer damaligen Klassenlehrer, anzuerkennen, die ohne Internet, ohne Google Earth, E-mails, GPS und Faxgeräte auskommen mussten.

1984

24.1. Entspanntes Gespräch abends bei Käse und Rotwein mit Kollegen vom benachbarten Oberstufengymnasium, das einige unserer Gymnasialschüler nach der 10. Klasse besuchen werden. Die Gesamtschule habe nicht gehalten, was man sich von ihr versprach. Leistungsvergleiche bewiesen, dass Gesamtschüler schlechter abschnitten als Schüler der Gymnasien und sogar als Realschüler vergleichbarer Stufen. Auch eine Überlegenheit in sozialen Kompetenzen habe sich nicht erfüllt. Mir fallen nur wenig Gegenargumente ein.

Lernen bedarf der Sammlung und Konzentration, der Muße. Sinnvolles Lernen beinhaltet auch Gedächtnisschulung, Lernen von Fakten und beharrliches Üben. Eine pädagogische Praxis, die Lernen zum Amüsement verklärt, habe ich immer abgelehnt. Wer von Schülern nichts erwartet oder fordert, nimmt sie nicht ernst und wird von ihnen nicht ernst genommen. Lernen bedeutet Anstrengung, die man oft gegen momentane Gefühle und Bedürfnisse durchsetzen muss. Lehrer geben leider allzu leicht den Unmutsäußerungen der Schüler nach. Die Versuchung, aus der Notengebung dann ein Tauschgeschäft zu machen und sich für Wohlverhalten im Unterricht durch den Verzicht auf Härten bei der Benotung zu revanchieren, ist groß.

22.2. In der Dienstbesprechung diskutieren wir mein Papier „Perspektiven für den Gymnasial-Zweig". Darin möchte ich auf Probleme aufmerksam machen, ohne Lösungen anbieten zu können. Inhaltlich geht es um Auswirkungen des „Creaming-Effekts", die Herausforderung, sich auf eine spezifische stadtteilorientierte Schülerschaft einzustellen und gleichzeitig für leistungsstärkere Schüler attraktiv zu sein. Eltern, deren Kinder unseren Gymnasial-Zweig besuchen, fordern typisch gymnasiale Angebote ein: anspruchsvolle Kunst- und Musikprojekte, einen Chor, eine Theater-AG - aber auch eine fachlich gute Vorbereitung auf die Arbeit in der Oberstufe.

Einmal, bei der Durchsicht der Klassenbücher, habe ich mir die Mühe gemacht, Einträge der Kollegen zu notieren: Da kommt ein kurzweiliger Text zusammen. Hier ein kleiner Ausschnitt:
"...wurde getadelt, weil er beim Vorlesen Süßigkeiten in den Mund schob und mit vollem Mund weiteraß. ...kaut Kaugummi, ...zieht einem anderen Schüler den Stuhl weg, ...schießt trotz Ermahnung im Unterricht mit Zwillen, ...kaut trotz Aufforderung im Unterricht, ... zeigt Fehlverhalten hinsichtlich seiner Eßgewohnheiten, ... liest im Unterricht Comic-Hefte, ... prügeln sich in der Klasse, ...benimmt sich unflätig., ... stört, indem er Mitschülern Jacken wegnimmt, ... schlägt auf dem Weg zum Altbau völlig unmotiviert einem älteren Passanten den Hut vom Kopf, ... bringen bewußt keinen Strich zu Papier, ...formt trotz zweier Ermahnungen einen dritten Schneeball, ... holen Gestühl aus der Klasse und türmen es vor der Klassentür auf, ... kriecht auf dem Boden herum, statt zu arbeiten, ... schneiden sich gegenseitig die Haare ab, ... läßt sich mit Absicht vom Stuhl fallen, melden sich wie verrückt, ... schreiben Briefchen, ... schießen mit Gummi, ... werfen mit Schwamm, ... zertreten Kreide, ... machen Hausaufgaben, ... werfen Stinkbomben, ... verstreuen Niespulver, ... gehen aufs Klo".

Zeigen sich hier neben Beispielen unfreiwilligen Humors nicht tiefe Einblicke in unseren heimlichen Lehrplan?

Veränderungen im Schulalltag: Da gibt es Kollegen, die sich gemütlich in pädagogischen Enklaven eingerichtet haben, während andere sich im Zynismus der eigenen Arbeit, den Schülern, der Gesamtschule gegenüber ergehen. Eigentliche Bewährungsprobe für die Gymnasialkollegen, so die Meinung vieler, sei ihr Einsatz in Klassen des Haupt- und Realschulzweigs. Ein guter Lehrer bewähre sich, so die unausgesprochene Überzeugung, erst in der schwierigsten Hauptschulklasse. Das ist ja auch nicht ganz von der Hand zu weisen.

März. Am Stammtisch abends mal wieder Gesamtschulreflexionen. Alle sind überzeugt, dass in zu kurzer Zeit zu viele Gesamtschulstandorte aus dem Boden gestampft wurden, dass es mittlerweile eine Abstimmung mit den Füßen gegen die Gesamtschule gebe, einen Run auf „Offene Schulen", Waldorfschulen und weitere Varianten für das neue grün-alternative Klientel.

7.5. Mein Leserbrief „Lehrer und Schulsozialarbeiter" erscheint in der *Frankfurter Rundschau*:
„Zugegeben, es ist kein leichtes Unterfangen, über eine so diffizile und zerbrechliche Beziehung wie die zwischen Lehrern und Schulsozialarbeitern angemessen zu berichten. Aber so unangemessen loszuplaudern wie in dem Bericht „Wir brauchen keinen, der auch noch reinkommt *(FR* vom 26.4. 84), dazu gehört schon eine gehörige Portion Unverfrorenheit.

Nach dem Motto „Viel Lärm um nichts" und gemäß der Parole „Der Berg kreißt, und ein Mäuslein kommt hervor" werden Binsenweisheiten verkündet, Stereotype aneinandergereiht, wird mit Worthülsen geklimpert („das Eigentliche") und grotesk zwischen Banalitäten und Trivialem herumgehüpft. Was erfährt der geneigte Leser nun über das Thema? Da sind einmal die Lehrer. Sie „nehmen nur widerwillig zur Kenntnis", handeln „standesgemäß", neigen dazu, Sozialarbeiter als „Zubringer-Instanz" „ihrer Konzepte" anzusehen. Die Schulsozialarbeiter sind zwar „konzeptionell noch tastend", fühlen sich „verschulmeistert" oder gar „verschreckt", aber in Wirklichkeit geht es ihnen um „sinnstiftendes Handeln", um den „vernünftigen Umgang mit Drogen" (logo!) und die „Auseinandersetzung mit dem Gegenüber" und - natürlich - um ein „Aushandeln über die Sinnhaftigkeit von Normen".
Wer jetzt den Unterschied noch nicht kapiert hat, ist selbst daran schuld! Zumal die Autoren sich wirklich Mühe geben, ihre Botschaft „rüberzubringen". Wer weiß schon, daß Radikalität etwas mit Wurzeln zu tun hat, was eine „peer group" ist, daß Alkohol als Droge „gesellschaftlich anerkannt ist", es eine „harte Version des Aussteigens" gibt, ja sogar eine „Müllhalde ungelöster gesellschaftlicher Probleme"? Garnicht zu reden von ihren tiefschürfenden Vorüberlegungen zu einer Phänomenologie der Langeweile („Langeweile ist ein Produkt großstädtisch-entfremdeter Lebensbedingungen ..."). Was trägt der geneigte Leser am Ende an wichtiger Erkenntnis nach Hause? Ganz einfach. Daß Schulsozialarbeit „etwas Diffuses, endlos schmuddelige Praxis" ist und daß Konzepte, um wirksam zu werden, „erfahrungsgesättigt" sein müssen! Dankeschön."

Vor den Sommerferien. Die Motivationslage in den Klassen ist klar: die Noten sind eingetragen. Und immer mal wieder Vertretungsunterricht: mir sitzt eine fremde, völlig lustlose Klasse gegenüber, die am liebsten sonst wo wäre - im Freibad, im Bett. Und mit denen soll ich Algebra machen? Dabei bin ich Englischlehrer.

Es gibt sie, die Angst des Lehrers vor der Schule, vor den Eltern - besonders vor Zeugniskonferenzen, wenn Lehrer massiv unter Druck gesetzt werden und viele bei begründeten schlechten Noten dann doch einknicken. Das hat die Schule bisweilen zu einem Markt gemacht, auf dem Zensuren gehandelt werden und die Schüler mit den Lehrern um Prozentpunkte feilschen.

Gesamtkonferenzen sind Orte, an denen oft Langeweile und gut kaschiertes Desinteresse vorherrschen, Treffpunkte in einem Arbeitsfeld, das nicht selten von Aktionismus, Hektik und bürokratischen Eingriffen bestimmt ist. Jemand hat Schule mal als Regelmaschine definiert, die trotz Hochtourigkeit immer stärker leerlaufe.

In den Ferien habe ich ein Buch von Stubenrauch mit dem ironischen Titel „Von der Idee zur Planstelle" gelesen. Ab und an stoße ich dabei auf amüsante Aperçus, erkenne eine Art tragischer Zustandsbeschreibung meines Berufsstandes, wenn der Autor z. B. prognostiziert, dass in einigen Jahren 50% der Lehrer in therapeutischer Behandlung seien, während der Rest sich als eine Art Yuppi-Mittelklasse in immer stärkerem Maße dem Luxuskonsumrausch hingebe.

Stubenrauch unterscheidet Lehrer in drei Kategorien. Der

Konservative, bei dem Tee, Kaffee und Gebäck gereicht werden, der Alternative begnügt sich mit Pellkartoffeln und Quark samt selbstgebackenem Brot, und beim individualistischen „Franzosen" gibt es Rotwein, Calvados und Käse. Welcher Kategorie fühle ich mich zugehörig?

Lehrerzimmer sind Orte des Klagens: ein Kollege jammert über seinen gestörten Musikunterricht, ein anderer über die vielen Rechtschreibfehler, die Schmiererei in den Heften, dass Ränder nicht beachtet würden. Lehrer vermeiden es eigentlich, ungeschminkt über ihren Erziehungsalltag Auskunft zu geben. Wenn sie es tun, dann wird nicht selten eine notorische Überforderung sichtbar.

Was interessiert den 13jährigen Fußballfan der Konjunktiv in der indirekten Rede? Wie kann man die beiden hübsch geschminkten Mädchen, die sich ständig unterhalten, für ein Gedicht interessieren?

An einer Stelle schreibt Stubenrauch, und ich stimme ihm spontan zu, dass Lehrer leiden, weil die Idee, die Gesellschaft peu a peu verändern zu können, sich als trügerische Theorie erwiesen habe.

Seit einiger Zeit wird über die Einführung eines „Team-Kleingruppen-Modells" an der Schule diskutiert. Ich erinnere mich dabei an einen Satz von Nabukov: Nichts verabscheue er mehr, als im Team zu arbeiten. Ein Team, die kollektive Aktivität - „diese öffentliche Badeanstalt, wo sich die Behaarten und die Glitschigen zu einer Multiplizierung der Mittelmäßigkeit treffen."

Stubenrauch: Lehrer litten am Widerspruch der Priviligiertheit ihres Berufs und dem schlechten Gewissen daran. Von der Idee, Schule zu verändern, es besser zu machen als ihre eigenen Lehrer, bleibe ihnen heute eine Planstelle und das Gefühl, die Schule mache sie kaputt. Beamtenstatus, das binde und beruhige: monatlicher Scheck, fast dreimonatiger Urlaub, krisensicherer Arbeitsplatz, Aussicht auf eine gute Pension.

In den Herbstferien organisieren meine Frau und ich eine Kollegiumsfahrt nach Ungarn. Wir besuchen Schulen, besichtigen Budapest, machen eine Fahrt in die Puszta und besichtigen eine LPG.

1985

1.1. Ein Gedanke zum Jahresbeginn drängt sich mir erneut auf: dass eine Schule scheitern muss, die alles mögliche bitterernst nimmt, nur nicht sich selbst als Schule. Lehrern, die Schülern das „Du" anbieten, sind albern. Sie sind nicht nur albern, sie fügen auch den Schülern Schaden zu. Junge Menschen erwarten gerade vom Lehrer eine Persönlichkeit, die sie respektieren, auf die sie sich stützen können, die Autorität vermittelt. Sind die beklagten desolaten Zustände an unseren Schulen eine Antwort auf die Selbstpreisgabe der Lehrer? Andererseits: Seit wann fragt man Lehrer, wenn es um Schule geht? Man fragt Kultusminister und Verbandsvertreter, denen auch nichts anderes einfällt, als ihre ideologischen Programme herunterzubeten.

16.1. In der Sitzung der GEW-Schulgruppe, an der ich eher aus Pflichterfüllung teilnehme, gibt es Verärgerung wegen meiner Rolle als Mitglied der Schulleitung und meiner Freundschaft mit dem Vorsitzenden des Personalrats. Unterschwellig kommen mal wieder Ressentiments einiger Wadenbeißer gegen die Gymnasiallehrer zum Vorschein. Hinzu treten aktuelle Konflikte wegen der Zuteilung von Kollegen zum Unterricht in den G-Klassen.

18.1. Auf der heutigen Konferenz beklagt ein Kollege, dass die Jungs im Unterricht ihre Baseballcaps aufbehielten. Ein Drittel des Kollegiums stört das ebenfalls, ein Drittel meint, dass dies die Lernfähigkeit nicht beeinflusse, dem letzten Drittel ist es eigentlich egal. Ergebnislos bleibt auch die Debatte darüber, ob Schülern das Essen und Trinken im Unterricht erlaubt sein soll. Ebenso ob in den Pausen die Schüler - wegen allzu vieler Randale - auf den Hof geschickt werden. Aber gerade dieses „Sich nicht einigen können" erschwert die tägliche Arbeit. Schüler stehen ohne zu fragen auf, um z.B. den Bleistift zu spitzen, etwas aus der Jacke zu holen, auf Toilette zu gehen, mit einem Mitschüler sich für die Pause zu verabreden. Spricht der Lehrer den Schüler auf sein Verhalten an, rechtfertigt sich dieser: „Man darf ja wohl noch ..." oder „Ich will doch nur ...".

„Schule ist unvermeidlich eine Mittelklasseinstitution. Sie begünstigt deshalb notwendigerweise diejenigen Kinder, die aus diesem Milieu kommen. Nicht nur sind sie mit einem besseren sozialen und kulturellen Startkapital ausgestattet, ihre Schulerfahrungen und Schulerfolge werden auch zu Hause selbstverständlicher sozial akzeptiert und unterstützt. "Subjektorientierung" etwa, wie sie durch die psychologisch fundierte Schulreformpädagogik propagiert wird, ist ein Projekt der Mittelschicht, in den unteren Schichten hat sie keinen rechten sozialen Resonanzboden und gilt deshalb von Hause aus wenig. "Lebensweltorientierung" des Unterrichts meint das bürgerliche, nicht das depravierte Ambiente - davon versteht die Schule außer der Vermutung von materieller oder kommunikativer Armut nichts. In diesem Milieu ist man auch nicht "intrinsisch" motiviert - das kann man sich gar nicht leisten. Andererseits ist diese Form der Motivation Voraussetzung für allgemeinbildende, vor allem höhere Schulkarrieren." (H. Giesecke in: Neue Sammlung H. 2/2003, S. 255)

Nachsitzen 5: Von Avantgarden und Querulanten - seltsamer Besuch an einer hessischen Gesamtschule

Vorbemerkung: Eine Delegation von Bildungspolitikern der Insel Aitutaki, auf der vor kurzem reformorientierte Kräfte einer längst überfälligen Häuptlingsherrschaft ein unblutiges Ende bereiteten, hat einer hessischen Gesamtschule einen Besuch abgestattet, um sich vor Ort über zukunftsweisende pädagogische Entwicklungen zu informieren. Wir zitieren im Folgenden Auszüge aus einem vorläufigen Bericht der Delegation. Gewisse verkürzte Sichtweisen und ein bisweilen antiquierter Sprachgebrauch ergeben sich aus spezifischen nicht nur kulturellen Ungleichzeitigkeiten.

„Uns drängt sich der Eindruck auf, dass dieser Schultyp sehr arbeitsame Lehrer benötigt. Angeblich verbreitete Rückzugsweisen - in exzentrische Hobbies, einen exzessiven Hausbau oder exotische Reisen bzw. das Warten auf das Erreichen der Pensionsberechtigung - sind hier nicht anzutreffen.

Es ist interessant zu erleben, wie in bestimmten Abständen eine Avantgarde nimmermüder Pädagogen in Erscheinung tritt, um - wie man hier zu sagen pflegt - „neuen Schwung in die Bude zu bringen". Die Avantgarde zeichnet sich durch Sendungsbewußtsein, Unternehmungslust und eine gehörige Portion Chuzpe aus. Die Avantgarde, die diskret von der Schulleitung unterstützt wird, ist bemüht, sehr demokratische Mechanismen in Gang zu setzen: Einberufung von Gremien und Arbeitsgruppen, Formulierung von Antragstexten und Resolutionen, Abstimmung in Konferenzen, Erstellung von Tischvorlagen usw.

Uns überraschte, dass sich in diesen Konferenzen in erstaunlicher Offenheit Rede und Gegenrede entfalten. Die Avantgarde argumentiert mit moralischem Impetus, und nur eine Minderheit von Querulanten und notorischen Miesmachern bemüht sich, Sand ins Getriebe zu streuen.

Wir sind dabei immer wieder Lehrern begegnet, die Innovationen aus Neigung, Überzeugung, ja aus Leidenschaft betreiben. Allerdings - viele dieser Erneuerer unterrichten nur mit halber Stelle. Den Rest verbringen sie in der Lehrerfortbildung oder an anderen Orten, wo sie Kraft für die nächste Neuerung tanken.

Eine muntere Schar professioneller Muntermacher und uneigennütziger Helfer hat sich Einlaß in die Schule verschafft: Sozialarbeiter, Drogen- und Bildungsberater, Diplompädagogen und -psychologen, Supervisoren, Spezialisten für Schullaufbahnberatung, Evaluationsexperten. Bunt mischen sich diverse Jargons und Wertesysteme, und in aufwendigen Modellversuchen werden Gelder, Materialien und Geräte bereitgestellt. Im Inneren des System herrscht somit nicht selten ein Zustand hektischer Betriebsamkeit, eine Neigung auf zu vielen Hochzeiten zu tanzen.

Noch unklar sind uns die Gründe für bestimmte Kommunikationsweisen im Lehrerzimmer - gewisse Zynismen, moralische Schuldzuweisungen, ideologisches Schubladendenken und unangenehme Formen eines gewissen Pharisäertums.

In vielen Gesprächen sind wir einem Begriff begegnet, dem geradezu magische Qualität anzuhaften scheint und der als eine Art pädagogisches Passepartout in aller Munde ist. Es handelt sich um eine Arbeitsweise, bei dem lernlangsame und lernschnelle Schüler (die Bezeichnungen 'gut' 'bzw. 'schlecht' sind hier verpönt) gleichermaßen gefördert werden. Einen Unterricht ohne „Binnendifferenzierung" - so lautet der Begriff - sei langweilig, unpädagogisch und überholt, schlichtweg schlecht. Leider ist uns die Möglichkeit, dieses fortschrittliche und phantasievolle Verfahren einmal in der Praxis zu erleben, bisher nicht vergönnt gewesen.

Gewaltig ist das Verlangen, schulisches Lernen projektorientiert zu planen. Daher so viele Projekttage, Workshops, Schulgärten und Ökoteiche, Wandzeitungen und Ausstellungen.

Keine Antwort erhielten wir auf unsere Nachfrage, ob diese Aktivitäten nicht ein wenig zu Effekthascherei verführten, nicht selten bloß aus Gründen einer oberflächlichen, vermeintlich öffentlichkeitswirksamen Verwertbarkeit erfolge, dass die Verpackung wichtiger als der Inhalt sei.

Aussagen, dass bestimmte Eltern die Schule scheuten wie der Teufel das Weihwasser, wurden als böswillige Unterstellungen oder vom politischen Gegner lancierte Falschmeldungen gedeutet.

81

1986

Januar. Wenn ich Arbeiten korrigiere, befinde ich mich oft in einem fiktiven Dialog mit den Schülern. Gute Schüler dienen mir dann als eine Art Leithammel für die Benotung und werden als erste korrigiert. Zensuren sind Vergleichsmaßstäbe; wie Geld machen sie Unvergleichbares vergleichbar. Schüler haben den Wunsch sich zu vergleichen. Versuche, die Zensierung und das Notensystem abzuschaffen, haben dazu geführt, dass die Benotung durch die Hintertür - oft verschärft - wieder hereinkommt.

12.1. Hospitation in einer Sozialkundestunde. Eine Schülerin schnalzt mit den Fingern, reckt den Finger demonstrativ in mein Blickfeld, macht sich durch Laute bemerkbar und ruft die Antwort in den Raum. Soll ich jetzt intervenieren? Immer wieder mal summen einige Schüler im Unterricht. Es ist ansteckend; hört es rechts in der Ecke auf, setzt ein anderer vorne links mit dem Summen ein. Das Geräusch lässt sich nicht präzise verorten. Die Klasse schaut einander lachend an und beobachtet aus den Augenwinkeln, wie der junge Kollege vorn reagiert. Lehrer benötigen solide Nervenkostüme.

Die Gesamtschule war für mich erst einmal ein Ort, an dem es sich lohnte, sich zu engagieren. Dazu hatte ich Glück, in einer Zeit der Nichteinstellung dort eine Stelle zu bekommen. Es kamen dann einige neue Kollegen voller Idealismus an die Schule, nur wie man mit heterogenen Lerngruppen arbeitet, mussten wir erst mühsam erlernen. Manchmal frage ich mich, ob es nicht besser gewesen wäre, Versuchsschulen mit wissenschaftlicher Begleitung einzurichten und erst nach einer Zeit gründlicher Evaluation das Modell zu etablieren.

Lehrerzimmer: wenn mal nicht über Schüler geredet wird, Klagen über den Druck der Erlasse, verschiedene Formen von Fremdbestimmung, manchmal auch über Privates und nach den Ferien enthusiastische Berichte von Reisen auf die Seychellen, zunehmend auch das Engagement in grünen Bürgerinitiativen oder die fast kultische Pflege des Wohnbereichs.

Lehrer sollten die Erwachsenenrolle akzeptieren, um Jugendlichen den Widerstand bieten zu können, der notwendiger Gegenpol pubertärer Reifungsprozess ist. Als äußeres Zeichen dafür, die Schüler nicht länger mit unserer Verständnispädagogik zu entmündigen, forderte vor einiger Zeit ein Kollege: weg mit den zu engen Jeansjäckchen!

28.11. Mein Leserbrief wird in der *Frankfurter Rundschau* veröffentlicht.
„Zum Kommentar „Leere Hände“, FR vom 20.11. 86: Es stände der Lehrergewerkschaft gut an, richtete sie ihr kritisches Augenmerk nicht bloß auf den Zustand der Gemeinwirtschaft (die sie letzlich immerhin mit fünf Millionen sponsorte), sondern ebenso auf die jämmerliche Entwicklung in den eigenen Reihen.
Nachdem in der 70er Jahren „gewerkschaftsorientierte“ Linke Vorstand um Vorstand eroberten, hat sich die GEW zu einer drögen Organisation entwickelt, der mittlerweile die Basis abhanden gekommen zu sein scheint.
Ganze Lehrergruppen, traditionell der GEW nahestehend, haben sich abgewandt oder wurden hinausgeekelt. Wenn

heutzutage die Jahreshauptversammlung eines Kreisverbandes von fünf Prozent der Mitglieder frequentiert wird, gilt dies bereits als außerordentliches Vorkommnis. Es sind immer dieselben Kolleginnen und Kollegen, die sich in öden Mitgliederversammlungen langweiligen Resolutions- und Antragsritualen unterwerfen und in regelmäßigen Abständen zu aktionistischen Happenings aufgeboten werden, in denen sich - einmal mehr - die Papiertiger-Qualitäten einer Gewerkschaft offenbaren, die, da beißt die Maus den Faden nicht ab, im DGB eher die Rolle eines randständigen Exoten spielt, dazu als tarifpolitischer Trittbrettfahrer der ÖTV fungiert und deren „Politik der Vergeblichkeit" auch durch kernige Sprüche so manches Gewerkschaftskarrieristen und wohldotierten Funktionärs nicht geändert wird."

Es ist mein Abschied von der GEW, in die ich 1973 mit viel Idealismus und viel roter Brause im Kopf eingetreten bin.

1987

26.1. Zeugniskonferenzen: „Er steht auf der Kippe." „Das is nur ne schwache 4."

5.4. Wahlen in Hessen. Niemand ist überrascht, dass gerade die Bildungspolitik zur Abwahl der SPD geführt hat. Eine überstürzte Gesamtschuleuphorie, kaum umsetzbare pädagogische Ziele wie Chancengleichheit, soziales Lernen, linksideologische Konzepte wie kompensatorische Erziehung, Konfliktdidaktik, Rahmenrichtlinien Deutsch und Gesellschaftslehre haben sich als grandioser Entwurf am Wähler vorbei erwiesen! Die neue CDU/FDP-Koalition setzt nun ihre Pläne zur "Schulfreiheit" mit dem "Gesetz zur Wiederherstellung der freien Schulwahl" in Hessen um.

Es soll Gesamtschulbefürworter in der SPD und der GEW geben, die ihre eigenen Kinder aufs Gymnasium schicken. Dagegen habe ich ja nichts, aber offenbar treten sie für Grundsätze ein, an die sie sich selbst nicht halten mögen. Wenn das auf Gleichheit verpflichtete Gesamtschulsystem für die eigenen Kinder zu schlecht ist, dann ist es schlecht für alle. Wenn man für sich und seinesgleichen Ausnahmen verlangt, persifliert man den Gleichheitsgedanken.

4.7. Vor den Sommerferien. Vertretungsunterricht - was tun? Hallo, ihr dürft jetzt spielen, solange ihr leise seid! Oder ein Video angucken. Manchmal rausgehen und Fangen spielen. In der 6 ein Zappelphilipp, der nicht einen Moment ruhig sitzen kann, geschweige denn zuhören.

3.8. Beginn des neuen Schuljahrs. Bin nun seit elf Jahren an der Schule, erneut Klassenlehrer einer G 7. Ich unterrichte 21 Stunden (in G 7, 8, 9, R 9, H 8) und samstags ist noch Unterricht. In der neuen Klasse sind Schüler aus Afghanistan (Schugufa, Miriam, Aref, Hamkar), aus dem Iran (Arash und Afshin), der Türkei (Sevren, Mesut), Umsiedler aus Polen (Martin, Katharina, Adam, Roman) und der Sowjetunion (Katharina, Helena), nur wenige kommen aus dem Stadtteil: Dagmar, Ellen, Bianca, Ines, Katja. Am Ende der 10 werden es dann 32 Schüler sein. Eine sehr nette, aufgeschlossene, multikulturelle Klasse.

Längst weiß ich, dass der Lehrerberuf kein bequemer Ruheposten im behüteten Schoße des Berufsbeamtentums ist, erfordert er doch psychische Stabilität, Belastbarkeit und Stärke im Umgang mit Unberechenbarkeiten, zugleich aber auch Sensibilität für die Bedürfnisse und Gefährdungen der uns anvertrauten Schüler. Mit der Unfähigkeit oder besser dem Unwillen eines Teils meines Kollegiums, erzieherisch an einem Strang zu ziehen, habe ich mich inzwischen abgefunden.

Weitgehend verbannen will ein Minister die heute üblichen Arbeitsblätter. Statt dessen, meint er, sollten die Lehrer einen korrekten Tafelanschrieb praktizieren, der von den Kindern zur Verbesserung der Rechtschreibefähigkeit abgeschrieben werden könne.

In Reaktion auf einen Bericht in der *Frankfurter Rundschau* vom 21.8. über angebliche Pläne des hessischen Kultusministers, das Fach Gesellschaftslehre abzuschaffen, fordert Ekkehard v. Braunmühl in einem Leserbrief dazu auf, einen „Blick hinter die pädagogischen (potemkinschen) Kulissen" zu werfen. Er wettert gegen pädagogische Allmachtsphantasien und die Idee, „Schüler würden lernen, was Lehrer lehren". Sie erkläre Schüler zu „bloßen Objekten, Empfängern, passiven Gefäßen von Lehrstoffen, über die dann ... Erwachsene heftigst streiten, die jeweils ihr eigenes pädagogisches Euter erleichtern wollen." Da hat Herr von Braunmühl als radikaler Entschulungsbefürworter wohl nicht ganz unrecht. Mir fällt dazu ein, dass in Charles Dickens *Hard Times* der Schulbesitzer, Mr. Gradgrind, Kinder als kleine Gefäße betrachtet, *"little vessels then and there arranged in order, ready to have imperial gallons of facts poured into them until they were full to the brim."*

86

Im Kontext dieser Diskussion veröffentlicht die *Rundschau* meinen Leserbrief. Ich argumentiere, die Absicht des Kultusministers, den Fachbereich Gesellschaftslehre zu entflechten, vollziehe nur logisch und konsequent nach, was seit Jahren im Schulalltag gang und gäbe sei. Zudem werde der Fachbereich, als "Gesellschaftsveränderungsfach" von den Konservativen bei weitem überschätzt, nun endlich des ideologischen Scheins, nämlich politische Bildung par excellence zu ermöglichen, entkleidet. Ein gravierendes Problem sei, dass fachfremd erteilter Unterricht die Unterrichtsqualität mindere und nicht selten dazu führe, sich an den Lehrwerken und deren didaktisch-methodischen Zugaben entlangzuhangeln. Selbstfabrizierte Lehrpläne seien oft Notlösungen, denen der unverbindliche Charme von Warenhauskatalogen anhafte. Selbst Autoren diverser Rahmenrichtlinien würden eingestehen, dass die Konzeption des Fachbereichs die Lehrer vor Ort überfordert habe.

Hierauf erhalte ich mehrere zustimmende Briefe.

Mein Eindruck generell: von allen Errungenschaften, die Linke im weiten Feld der Pädagogik erzielten, scheinen sie keine wirklich zu lieben. Die Gesamtschule? Von ihr bleibt eher eine vage Erinnerung an zerschlitzte Sofas im Gemeinschaftsraum, chaotische Stundenpläne und eine wuchernde Schulbürokratie. Die Förderstufe? Nach ihrer 27. Überarbeitung weiß niemand mehr, wofür sie eigentlich entworfen wurde.

Gesamtkonferenzen: ein Großteil des Kollegiums beschwert sich über deren Dauer und Langeweile. Der Krankenstand an diesen Tagen ist hoch und die Ergebnisse der Konferenzen mager.

All die vielen Dinge, die täglich zu beachten sind: Mappenkontrollen, Karten besorgen, fotokopieren, Matrizen abziehen, Kassettenrecorder für den Englischunterricht organisieren, Tests konzipieren, Klassenarbeiten und Lernkontrollen korrigieren. Abends noch Elternbeiratssitzung.

4.10. In einer Nachbetrachtung zur letzten Projektwoche schreibe ich: „Die Frage sei erlaubt, ob sich die Form der Projektwoche nicht ein wenig überlebt hat (d.h. als in der Historie der Gesamtschulentwickung sicherlich irgendwie gerechtfertigte und notwendige Form sich erübrigt) oder positiv gewendet: hat sie sich nicht dadurch überflüssig gemacht, daß in unserer alltäglichen Unterrichtsarbeit bereits eine Fülle projektähnlicher, - orientierter Elemente eingeflossen ist? Also Aufhebung im Hegelschen Sinne, dreifach, etwas erübrigen, etwas bewahren, etwas auf eine höhere Ebene heben."

Mein Leserbrief „Not täte eine vorurteilsfreie Diskussion" erscheint in der Lokalzeitung. Darin plädiere ich dafür, schulische Realitäten ohne ideologische Fixierungen wahrzunehmen. Es gehe um eine kritische Bestandaufnahme hessischer Gesamtschulentwicklung, ohne voreilig Team-Kleingruppen-Modelle als pädagogische Aphrodisiaka, die müde Gesamtschullehrer munter machen, anzupreisen. Ich befürworte eine vorurteilsfreie Diskussion des gesamtschulspezifischen Leistungsbegriffes, ohne sofort jene, die Leistung und Anstrengung fordern, der Steinzeit-Pädagogik und Kinderquälerei zu verdächtigen. Vonnöten wäre eine nüchterne Sichtung gewohnter Unterrichtsweisen, ohne romantische Rückfälle in die Idylle der Freinet-

Druckerei zu praktizieren, eine Zeit des Innehaltens, der Ruhe, des Nachdenkens, ohne vorschnell Mittagstagstisch und Ganztagsschule als vermeintliche Überlebenselixiere zu favorisieren.

Teil 5
Heiterer Tummelplatz des Geistes.
Gesamtschule 1988 - 1991

1988

28.1. Wandertag. Wie heißt es so schön im Erlaß? Schulwanderungen sind Bestandteil der Bildungs- und Erziehungsarbeit der Schulen. Auf dem Weg hoch zum Herkules, keiner meckert, eine gute Gelegenheit, Einzelgespräche mit den Schülern zu führen.

Die Kasseler Schulpolitik verfolge ich weiterhin in der lokalen Presse, dazu Diskussionen im Freundeskreis, im Kollegium, das in vielen bildungspolitischen Fragen entgegengesetzter Meinung ist. Dabei schwirren die Schlagworte und Worthülsen nur so durch die Luft.

10.2. Mal wieder eine pädagogische Konferenz ohne Sinn und Verstand und mit der Neigung zu moralisierendem Geschwätz, wie es sich gerne dann entwickelt, wenn Wissen und Erfahrung fehlen. Ähnliches, denke ich bisweilen, gilt auch für manchen Unterricht.

15.2. Am Rosenmontag ist Klassenfest. Auch so ein Ritual. Was macht man an einem solchen Tag?

27.2. Pause im Lehrerzimmer. Heute geht's um die frustrierende Erkenntnis, dass Lehrer in Konfliktfällen oft allein dastehen und dass eine konsequente Haltung, wenn es hart auf hart kommt, selten von Erfolg gekrönt ist.

9.3. Gesamtkonferenz. Sicher, es geht um Partizipation an Entscheidungen, Klärung von Einstellungen und Meinungen. Wenn es gut läuft, kann ja durchaus so etwas wie ein kollegiales „Wir-Gefühl" entstehen. Aber wie oft läuft es anders, regieren Desinteresse und Langeweile, zeigen sich unterschwellig Konflikte. Und nicht selten bieten Konferenzen ein gern genutztes Forum für Selbstdarsteller und Profilneurotiker.

Die GEW meint, dass in Hessen in erster Linie die Eltern für das Kindeswohl, also auch für die Schulwahl zuständig seien. Wo war denn die gleiche GEW, als in Hessen die Gesamtschule als Regelschule und die flächendeckende Förderstufe eingeführt und damit eben dieser Elternwille ausgeschaltet werden sollte? War damals der ideologische Konformismus vielleicht doch wichtiger als verbrieftes Verfassungsrecht?

12.3. Abends bei Freunden. Heftige Diskussion, warum viele das gegliederte Schulsystem und damit das eigenständige Gymnasium favorisieren, ja alles versuchen, um ihre Kinder nicht auf die Gesamtschule schicken zu müssen. Einige gehen vor Gericht, viele tricksen, andere melden ihre Kinder für Latein oder Französisch als 1. Fremdsprache an. Die Gesamtschulfrage soll sogar schon getrennt lebende Elternpaare wieder zusammengeführt haben. Einer meint, die Idee, dass alle Schüler mehr oder weniger das gleiche lernen, sei pädagogischer Unsinn. Der Physiklehrer in unserer Runde kritisiert, in den nichtdifferenzierten Fächern werde man zunehmend angehalten, sich an einem mittleren Niveau zu orientieren, so dass die „schwächeren" und „besseren" Schüler eben nicht angemessen gefördert würden.

Die Renaissance der Gymnasien ist unübersehbar. Ziel einer verantwortungsvollen Schulpolitik müsste doch sein, Ausbildungsvielfalt zu erhalten, wo sie gewünscht wird. Gegen den Willen der Mittelschichteltern ist kein Kraut gewachsen.

14.3. Morgen hat einer der Referendare, die ich im Moment betreue, einen Unterrichtsbesuch. „Lehrprobe" nannte man das zu meiner Zeit. Als ich den Entwurf lese, bin ich sicher, dass es eine gelungene Stunde werden könnte. Ob der Fachleiter das morgen auch so sehen wird?

8.4. Bei der Pausenaufsicht blicke ich in einige Klassenräume: der Boden übersät mit Papier, Dosen, Getränkeverpackungen. Viele Tische beschmiert, an den Wänden Teenager-Popgrößen aus der „Bravo". Deckenelemente aus Styropor verschoben oder abgebrochen. Die Putzfrauen beklagen sich seit einiger Zeit über die Unsitte des Spuckens auf Tische. Oft werde mit Kreide geworfen und diese dann zertreten.

„Ich übernahm ... sämtliche Außenaufsichten für alle Lehrer, um das Gequatsche im Lehrerzimmer nicht mit anhören zu müssen. Außerdem wollte ich mich der feindseligen Stimmung, die von einer intriganten Lehrerin ausging, nicht aussetzen. Draußen die frische Luft, und immer Kinder um mich rum. Am Fenster manchmal der Rektor, was ich da eigentlich mache: läuft da immer hin und her? Meine Vorschläge, den Hof etwas abenteuerlicher zu gestalten, wurden nicht diskutiert." (Kempowski, Somnia, Eintrag am 14.1.91)

Juni. Wieder mal mit einer 10 auf Klassenfahrt, diesmal auf der Insel Sylt. Gleich am ersten Tag verletzt sich ein Schüler beim Skateboardfahren.

1.9. Ein neues Schuljahr hat begonnen. Veränderungen in der Gesellschaft zeigen sich auch in den Vor- und Nachnamen der Schüler: Anil, Borowik, Krzywon, Kupka, Tarim, Gorzalnik, Aynur, Güldal, Tesfahiwot, Tschernenko, Bocchino, Karapinar, Sedat, Schekeb, Eyob. In meiner 9. Hauptschulklasse sitzen Sümer, Ali, Musa und Ulas. In der anderen Klasse heißen sie Sevgi, Osdarty, Posavec, Slodzyk, Mendoza, Miso und Rudzki. Es fällt mir nicht leicht einzugestehen, dass Deutschland eine Einwanderungsgesellschaft geworden ist. Da sitzen mir nun Schüler gegenüber mit unterschiedlichen kognitiven Voraussetzungen, unterschiedlichen Schulerfahrungen, Differenzen des kulturellen und religiösen Hintergrunds, der Elternerwartungen, einige auch mit traumatischen Erinnerungen an Bürgerkriege und Fluchten.

Jugendliche wachsen in einer veränderten Welt auf. Eine entscheidende Rolle spielt dabei der Wandel der Arbeitsgesellschaft und damit verbunden der Wandel der Wertorientierungen. Mit dem Verschwinden der Kindheit schwindet auch der Schonraum, den wir Lehrer ausfüllen und kontrollieren können. H. Giesecke hat dazu einiges geschrieben.

10.10. Am Schreibtisch bei der Durchsicht der Hausaufgaben mal wieder die Feststellung, dass Mädchen bessere Texte schreiben. Sie haben mehr Freude am Schreiben. Auch formal sind ihre Texte besser. Überhaupt die Schriftbilder! Sollte das Schönschreiben wieder mehr gepflegt werden? Aber können das Lehrer noch?

Gelesen wird eh kaum noch. Die Lust daran sinkt mit fortschreitendem Alter. Große Augen, wenn ich frage, welches Buch sie gerade lesen. Seit meiner Kindheit habe ich Bücher verschlungen. Nun glaube ich resigniert feststellen zu müssen, dass nach rund 250 Jahren allgemeiner Schulpflicht in Deutschland die Anfänge eines neuen Analphabetentums erkennbar werden. Wo noch gelesen wird, haben sich die Inhalte oft stark verändert, auf Massenkost, auf Fastfood aus Buchstaben und Bildern reduziert.

Erinnerung am meine Schulzeit. Noch war der Sturm der Medien nicht über die Bildungstradition hinweggefegt. Noch orientierten sich unsere Deutschlehrer am literarischen Kanon. Noch hatte die Trivialliteratur nicht Einzug in den Deutschunterricht gehalten. Wir Schüler unterwarfen uns gerne der Mühe des Entzifferns von Texten, lehnten den raschen Zugang zu den Texten, die direkte Sinnerschließung ab. Bedeutung musste nicht sofort greifbar sein.

In der *Frankfurter Rundschau* lese ich, dass es auch mit der Bildung der Briten nicht weit her sei. Nur jeder Sechste könne sein Heimatland auf einer Karte ausfindig machen, nur die Hälfte einen Zugfahrplan richtig lesen. Aber das ist ja auch kein Trost.

20.10. Abends Zeitungslektüre über ein Symposium „Zukunft von Kindheit und Schule" in Dortmund. Immer weniger Kinder wüchsen in der „Norm-Familie" auf. Die Ehe als herrschende Lebensform verliere an Bedeutung. Fast jedes zweite Kind werde nicht in der Familie aufwachsen, in die es hineingeboren wurde. Daher sei neu zu fragen, was und wie Kinder lernen sollten. Die Kinder müssten vor allem lernen, Informationen zu verarbeiten. Sie bräuchten technische und ökologische Kompetenzen. Der Unterschied zwischen dem, was von der Schule erwartet werde, und dem, was sie leisten könne, werde immer größer. Die Schule der Zukunft sei eine Gesamtschule, die allen Kindern bis zum Nachmittag offenstehe. Die Lehrer müssten ihre Arbeitshaltung und ihre Einstellung gegenüber ihrem Beruf überdenken. Wohlfeile Thesen mit entsprechenden Folgerungen. Da toben sich mal wieder Theoretiker aus, die Schule von innen nur ansatzweise kennen.

Einige Motive für meine endgültige Trennung von der Gewerkschaft fasse ich schließlich in einem Leserbrief an die *Rundschau* zusammen. Ich beziehe mich auf einen am 7.12. erschienenen Artikel „Im Blickpunkt: 40 Jahre GEW - Suchende und Klagende." Unter der Frage, wessen der wohlwollende Betrachter sich wohl erinnern werde, gehe ich u.a. auf die Umwandlung einer gemächlichen aber soliden Standesorganisation in eine linke Ersatzpartei ein, die beim Versuch ins bildungspolitische Utopia abzuheben, eine deftige Bauchlandung erlitt. Ich verweise auf das Scheitern der hehren Ziele der 68er, in den Schulen Freiräume zu nutzen, einen klaren Klassenstandpunkt zugunsten der Arbeiterklasse einzunehmen, die Arbeit im Erziehungswesen als Teil des Klassenkampfs zu betrachten. Ich kritisiere eine Politik der Vergeblichkeit mit all den papiernen Protesten, Resolutionen, Streikdrohungen, die wirkungslos verpufften, bezeichne die Gewerkschaft als letztes Reservat linker Weltverbesserer, die sich und anderen Denkverbote auferlegen, um sich umso ungestörter eigenen Ideologemen und Vorurteilen widmen zu können. Sie sei eine Spielwiese für Suchende und Klagende geworden - durch Überhöhung des pädagogischen Alltags, durch Idealisierung der Schüler als „edle Wilde", durch Verklärung des Unterrichts zum Amüsement. Die noch verbliebenen Mitglieder glichen so einem einsam streitenden Fähnlein der Aufrechten, das noch das Banner der Einheitsschule hochhalte, etwas rückständig und an schalen Hoffnungen klebend, ein wenig verloren im postmodernen Ambiente liberal-konservativer Elitebildung, mittelschichtaufstiegsorientierter Gymnasialambitionen und grünalternativer Entschulungsstrategien.

Erstaunt stelle ich fest, dass die GEW-nahe Zeitung meinen Leserbrief tatsächlich veröffentlicht.
Seit 1973, als ich noch als Student in Marburg Mitglied der GEW wurde, habe ich mich gefragt, ob eine solche Organisation die notwendige Flexibilität aufbringen kann, die Interessen ihrer Mitglieder auf so vielfältigen Tätigkeitsfeldern effektiv wahrzunehmen. Wie hieß es doch einst - 1969 - so schön in einem Paper des Fachbereichs Politik in Marburg:

„Somit sehen wir die Möglichkeit, im Erziehungswesen eventuell vorhandene Freiräume auszunutzen nur darin, daß alle progressiven Lehrer einen klaren Klassenstandpunkt zugunsten der Arbeiterklasse einnehmen, die Arbeit in der Schule als Teil des Klassenkampfes zu betrachten und sich von daher in den Organisationen der Arbeiterklasse zusammen zu schließen, in diesem Fall der GEW."

1989

„Das Nachsehen der Oldenburger Seminararbeiten ist nervensägend. Diese jungen Menschen, die alle Pädagogen werden wollen, nein, es ist unbeschreiblich. Besonders das Geschlechterspezifische hat es ihnen angetan. Eine dieser Trampeltierinnen beanstandet es, daß Jungen und Mädel unterschiedlich gekleidet sind! Man macht sich keine Vorstellung von der Verblödung dieser Leute." (Kempowski, Alkor, S. 97)

16.1. Schulbeginn. Die üblichen Routinen: Druckaufträge, Kopien. Anruf im Staatlichen Schulamt. Die Zeugniskonferenzen müssen vorbereitet und geleitet werden. Gespräche mit den Referendaren, die ich im Augenblick als Mentor betreue. Essenmarken für den Mittagstisch stempeln. Und jeden Mittwoch Dienstbesprechung des Schulleitungsteams. Ab und an nehme ich als 6. Prüfungsmitglied an Prüfungen im Studienseminar teil.

Wie viele andere ahne ich nicht, dass in diesem Jahr Geschichte geschrieben wird.

28.1. In der Konferenz Diskussion über einen neuen Schulentwicklungsplan. Soll es in Richtung integrierte Ganztagsschule gehen? Diese Frage bewegt viele Kollegen. Es gibt nun einen sogenannten „Entwicklungsausschuß". Was er wohl entwickeln mag? Wahrscheinlich nichts.

22.2. Die GEW ruft zur Arbeitskampfmaßnahmen auf, weil Hessen Arbeitszeitverkürzungen nicht übernehme. Streikähnliche Maßnahmen an der Schule. Heftige Auseinandersetzungen innerhalb der Schulleitung. Schulleiter und stellvertretende Schulleiterin nehmen am Streik teil.

8.3. Gesamtkonferenz und Förderstufenkonferenz beschließen mehrheitlich die Zweier-Differenzierung in den Fächern Mathematik und Englisch. Heftige Auseinandersetzungen im Vorfeld. Die einen sind für eine stabile Leistungsdifferenzierung, die anderen dagegen.

Was macht eine gute Schule aus? Dabei erinnere ich mich an Kollegen in Fortbildungsseminaren Ende der 70er Jahre, die eine höchstmögliche Differenzierung und Individualisierung favorisierten. Inzwischen weiß man, was stabile Lerngruppen und feste Klassenräume wert sind und dass bei häufigem Wechsel Geborgenheit und Zusammengehörigkeitsgefühl verlorengehen.

Vermehrt kommen Schüler aus der DDR - Anzeichen bevorstehender Ereignisse. Die DKP-Sympathisanten im Kollegium: was sie wohl denken über die anschwellende Fluchtbewegung aus ihrem Lieblingsstaat?

16.3. Ende der großen Pause wird mal wieder blinder Alarm ausgelöst. Alle Schüler müssen die Gebäude verlassen.

29.4. Elternsprechtag. Wiederum bestätigt sich die Vermutung, dass viele Eltern nicht mehr erziehen. So kann man auch nichts falsch machen. Hausaufgaben kontrollieren? Lieber Kinder vor den Ferien krank melden, um einen billigeren Urlaub zu buchen.

Ein wiederkehrender Traum: Ich habe vergessen zum Unterricht zu fahren, und als ich ankomme, weiß ich nicht, welche Stunde ich in welcher Klasse zu unterrichten habe. Ich irre durch Gänge und Treppenfluchten.

1.10. Statistik. 855 Schüler besuchen jetzt die Schule, davon 136 den G-Zweig. 30% ausländische Schüler aus 14 Nationen, 35% Aussiedlerschüler aus Polen und der Sowjetunion.

Nach einer neuerlichen Profildiskussion soll die Schule jetzt „Betreuungs- und Begegnungsschule" werden. Und was waren wir vorher? Die Schule will „multikulturell" werden, dazu einen „Kulturkreisunterricht" einführen. Utopisches, Ideologisches, unausgegoren, dem Zeitgeist folgend.

„Die Bildungsreform und die vielen Schulexperimente haben den Lehrern eine Unmenge unsinniger Lasten aufgebürdet und auch den Schülern mehr geschadet als genützt. Ein großer Teil unserer Energien ergießt sich nun in Listen, Karteien, Konferenzen … . Je größer die Schulen, desto schlimmer ist es, desto größer das Übermaß an Bürokratie". (Kempowski, Spiegelinterview, 2.4. 1979)

14.11. Im Englischkurs in der 10 wollen die Schüler meine Einschätzung der Ereignisse in der DDR hören. Ich sage, dass nunmehr die Wiedervereinigung möglich sei, dass mich das sehr freue und tief berühre. Einige reagieren mit Unverständnis und Bedenken. Ich verweise auf die Präambel des Grundgesetzes mit dem Wiedervereinigungsgebot. Davon hätten sie noch nie gehört.

Ost-Berliner Schüler zu Veränderungen im Schulalltag: der freie Sonnabend sei total ungewohnt. Manchmal sitze man zu Hause und wisse nicht, was man machen soll. Im ehemaligen Staatsbürgerkundeunterricht habe man auch Einiges gelernt, aber in den letzten Monaten hätten sie sowieso nicht mehr allzu viel in „Stabü" getan. Entweder sei er ausgefallen oder sie hätten diskutiert. Und im Sprachunterricht eben nur Russisch, damit seien sie unzufrieden. Man habe immer das gelernt, was man auf Freundschaftstreffen und was man den Kosmonauten im All sagen sollte. Vorrangig seien Themen behandelt worden, die keinen so recht interessiert hätten.

"Unterrichtshilfen für die 3. Klasse:
Stoffeinheit 1: Wir gehen wieder zur Schule
Stoffeinheit 2: Von der fleißigen Arbeit der Werktätigen in unserer Republik
Stoffeinheit 3: Vom schweren Leben der arbeitenden Menschen in früherer Zeit
Stoffeinheit 4: Tiere. Freunde und Helfer des Menschen
Stoffeinheit 5: Vom fröhlichen Leben der Kinder in unserer Republik
Stoffeinheit 6: Begegnung mit Soldaten der NVA und Soldaten der Sowjetarmee."

(aus: Feltkamp (Hrsg.), Unterrichtshilfen Berlin DDR 1973/74)

In Anbetracht der jüngsten politischen Entwicklung muss eine Schulpartnerschaft mit Arnstadt in Thüringen nochmal auf die Tagesordnung unserer Gesamtkonferenz gesetzt werden.

1990

5.1. Gespräch im Lehrerzimmer über die Flut der Arbeitsblätter im Unterricht. Nicht nur die Schüler stöhnen, auch der Hausmeister, der mit dem Kopieren und Drucken nicht nachkommt und der Schulleiter, den die Druckkosten plagen und der bereits für eine Kontingentierung wirbt. Worin besteht der Reiz des Arbeitsblattes? Fühlt ein Lehrer sich sicherer, wenn er etwas in der Tasche hat, das Arbeitsblatt als die sichtbare Seite seiner Unterrichtsvorbereitung? „So, und da hab ich noch ein Arbeitsblatt für euch." Für den Notfall, wenn nichts mehr läuft, bringt das Arbeitsblatt den Schülern Beschäftigung und dem Lehrer eine Atempause. Es entlastet vom Reden und Schreiben, ist wiederverwendbar. Und unter der Flagge der „Schülerselbsttätigkeit" ist das Arbeitsblatt per se didaktisch legitimiert.

Gedanken zum „Kerngeschäft Unterricht". Wie oft arbeite ich noch mit dem Lehrbuch? Dass das Lehrbuch in manchen Fächern selten eingesetzt wird, hat gute Gründe: inhaltlich veraltete Texte, für die Lerngruppe nicht geeignet, zu schwer, zu kompliziert, nicht zum Stil des Lehrers passend. Dann wird wieder ein neues Lehrbuch eingeführt, aber das Problem bleibt das alte, daher ein neuer Druckauftrag an den technischen Assistenten.

Unterricht findet unter Rahmenbedingungen statt, deren Präsenz und Wirkung wir oft unterschätzen. Wie äußert sich der Grad der Ermüdung einer Lerngruppe, wie und warum zeigen sich Stimmungs- und Leistungsschwankungen? Wie reagieren wir in Situationen unfreiwilliger Komik oder bei Unterbrechungen des Unterrichts etwa durch hereinplatzende Schüler oder Lautsprecherdurchsagen?

Nach der Rückgabe der Klassenarbeit sitzen wir im Kreis und sprechen über die Ergebnisse und Möglichkeiten der Verbesserung. Das Kreisgespräch ermöglicht, dass Schüler leichter als sonst miteinander interagieren können. Ich habe alle Schüler im Blick und kann mich - vor allem wenn ich die Moderatorenrolle abgebe - stärker auf das Verhalten einzelner Schüler konzentrieren.

Abends am Schreibtisch Kontrolle der Arbeitsmappen - etwas, was ich nicht mag, die ewige Wiederkehr des Immergleichen. Der pädagogische Leiter ist der Meinung, Arbeitsmappen nähmen die schriftlichen Ausarbeitungen der Schüler in geordneter Form auf und dienten unterrichtsbegleitend der Erarbeitung, Sicherung und Übung von Lerninhalten und erhielten so den Charakter eines Wissensspeichers. Mit den Schülern könne man geeignete Gestaltungs- und Beurteilungskriterien für Mappen erarbeiten, z.B. Übersichtlichkeit, Vollständigkeit, Lesbarkeit und Sauberkeit. Eigentlich überzeugende Argumente, trotzdem sperrt sich etwas in mir dagegen.

Inzwischen gibt es sogar ein Methodentraining zur Mappenführung samt Unterrichtsmaterialien zum Downloaden mit Checklisten, Kriterien zur Mappenbewertungen, Seitengestaltung und Vorschlägen, wie Arbeitsblätter richtig abzuheften sind.

18.1 Elternabend. Von der Anwesenheitsliste über die viel zu kleinen Stühle und die Wahl der Elternsprecher, bei der sich alle wegducken, bis zu den fragwürdigen Erinnerungen ans eigene Schülerdasein und die wachsende Gewissheit, Freizeit zu verplempern. Elternabend - für viele ist das fast so schlimm wie Zahnwurzelbehandlung oder Steuererklärung. Die zäh verstreichende Zeit, die unbequemen Stühlchen und, am allerschlimmsten, die anderen Eltern. In großer Mehrzahl boykottieren Väter Elternabende. Schule und Erziehung gelten ihnen als Frauensache. Zur Erinnerung: GG Art. 6, Absatz 2: „Pflege und Erziehung der Kinder sind das natürliche Recht der Eltern und die zuvörderst ihnen obliegende Pflicht."

30.1. Schule: aktuelle Stunde über die Situation in der DDR. Woran liegt es, dass viele diese Thematik kaum emotional berührt? Dass die Mauer irgendwann fallen und Deutschland wieder vereint würde, daran hatte ich nie einen Zweifel. Aber wie und wann dies geschehen würde, blieb eine offene Frage. Mir war klar, dass dafür vieles zusammenkommen musste, so wie es in den Jahren 1989 und 1990 dann auch geschehen ist.

28.2. Mein Leserbrief erscheint in der *Hessisch-Niedersächsischen Allgemeinen*: Lernen DDR-Schulen von Gesamtschule?
„Nach der Lektüre Ihres Artikels geht es mir ähnlich wie den DDR-Lehrer/Innen nach dem Besuch der Gesamtschule Lohfelden: ich bin ein wenig verwirrt. Denn bislang bin ich immer davon ausgegangen, daß es die Gesamtschule in der DDR in Form der integrierten Polytechnischen Oberschule (POS) mit gemeinsamem Unterricht für alle Schüler der Klassen fünf bis zehn bereits gibt. Außerdem kann ich mich erinnern, daß noch vor gar nicht allzu langer Zeit

103

Gesamtschulbefürworter das DDR-Schulsystem als durchaus nachahmenswert bezeichneten. Aber in diesen bewegten Zeiten sind wir ja alle bereit, umzudenken und dazuzulernen, genau wie die Kollegen aus Jena. Hieß es einst für sie „Von der Sowjetunion lernen, heißt siegen lernen", scheint nunmehr der Ruf an sie zu ergehen: „Von der Gesamtschule Lohfelden lernen, heißt siegen lernen", also weg mit dem autoritären „Frontalunterricht", Auflösung von „gradlinigen, nach vorn gerichteten Bankreihen zu Sitzgruppen" und vor allem eine Neudefinition der Lehrerrolle: nicht länger Respektsperson, sondern jemand, der seine Autorität „erkämpfen" muß. Jetzt wird es in den DDR-Schulen aber nur so bergauf gehen!"

Dieser Leserbrief hat mir einen bösen Rückruf eines Kollegen der Lohfeldener Schule eingebrockt. Er beklagt sich über meine unsolidarische Kritik. Nostalgische Klassenkampftöne in Erinnerung an die Einheitsschule der DDR. Man habe sie viel zu schnell abgeschafft. Vielleicht hat er ja recht. Für alle real existierenden Formen des Sozialismus ist das Erziehungssystem immer von größter Wichtigkeit gewesen, um die Entwicklung des neuen, zum Sozialismus passenden Menschen zu fördern. Nicht zuletzt dies macht ja den Sozialismus für Lehrerberufe so anziehend, weil hier der Lehrer zum Mitarchitekten einer neuen Gesellschaft berufen ist.

3.3. Zum Kerngeschäft: Konzentrations- und Motivationsprobleme erschweren das Üben im Grundkurs Englisch. Später eine Doppelstunde in der 10: Weiter in Goldings *Lord of the Flies.* Nachdem die Schüler das erste Kapitel gelesen haben, wird der bisherige Inhalt besprochen und die wichtigsten Informationen rekapituliert. Noch einmal Übungen zum *extensive reading.*

5.3. *Grammar - if clauses.* Vertiefende Übungen in sinnvollen Kontexten. Erinnerung an Lateinstunden in der Oberstufe, in der systematisch die grammatischen Strukturen eingeübt wurden, z.b. die verschiedenen Sätze mit *ut* und *cum.* Ich entwickelte einen seltsamen Ehrgeiz, Kausal-, Konditional-, Final-, Temporal-, Konsekutiv- und Konzessivsätze zu unterscheiden. Das inhärente Prinzip von Ordung und Übersicht gefiel mir, Grammatik als Form geistiger Konzentration. Eine Sprache zu lernen, erfordert gedankliche Arbeit, etwas zu verstehen, was sich nicht von selbst erschließt, ihre Grammatik etwa. Es mag sein, dass man sich in einer Sprache ausdrücken kann, ohne die Grammatik zu beherrschen, aber ob man sich ohne sie auch gut in ihr ausdrücken kann, darf bezweifelt werden.

Diskussion mit Fachkollegen, einige davon überzeugte Reformpädagogen, über Partner- und Gruppenarbeit im Unterricht. Immer wieder erhalte ich von den Schülern die Rückmeldung, es sei hilfreich, eigene Ideen zunächst in der Kleingruppe ohne die Anwesenheit der Lehrkraft vorzutragen. Bisweilen beobachte ich, dass schwächere Schüler von stärkeren profitieren - das aber nur, wenn die Gruppendynamik stimmt. Schwieriger, so meine Wahrnehmung, ist die Umsetzung im Englischunterricht. Zwar wird, wenn es gut geht, der Sprechanteil der Schüler erhöht, aber es bleibt das Manko einer sinnvollen Fehlerkorrektur.

Bei Gesprächen im Lehrerzimmer wird die Dominanz einzelner Gruppenmitglieder beklagt, meistens der Leistungsstärkeren. Der daraus resultierende geringere Lernerfolg der Leistungsschwächeren führe zur Demotivation. Vorbereitung und Organisation sinnvollen kooperativen Lernens sind dazu arbeitsintensiv, nicht zu vergessen auch die Schwierigkeiten bei der Bewertung der Ergebnisse.

16.3. Mündliche Prüfung im Studienseminar. Ich habe inzwischen vergessen, wie oft ich als 6. Prüfungsmitglied an solchen Prüfungen teilgenommen habe. Dabei stelle ich selbstkritisch fest, dass es mir nicht immer gelungen ist, die Interessen der Referendare angemessen zu vertreten.

Ein grundlegendes Problem meines Berufs liegt in der Unbestimmtheit und Widersprüchlichkeit der pädagogischen Aufgabe, die zu Verhaltensunsicherheiten führen können. Die Theorie benennt Paradoxien des Lehrerberufs: Lehrer wüßten nie, wie Schüler auf ihre Impulse reagieren. Gleicht der Schülerkopf nicht einer *black box*, in die wir nicht hineinschauen können? Jeden Tag, jede Stunde stehen Lehrer vor paradoxen Entscheidungsanforderungen: einen Schüler muss ich trösten, andere interessiert das nicht im Geringsten. Mein Handeln ist oft ein intuitives Handeln, über dessen Wirkung ich unsicher bin. Weshalb hebt der Schüler die Schale nicht auf, obwohl ich ihn mehrfach darum bitte?

„Ich kenne einen Kollegen, der hat sich eine elektrische Eisenbahn angeschafft, um sich abzulenken; der kann sonst nachts nicht schlafen." (Kempowski im Spiegelinterview 1979)

24.4. Mal wieder Elternsprechtag mit immer denselben

Ritualen: ich sitze in meinem Zimmer und erwarte Eltern, meistens solche, deren Kinder völlig problemlos sind und die im Prinzip nur Positives von mir hören wollen. Von den echten Problemkindern lässt sich niemand blicken. 30% meiner Schüler sind Ausländer, deren Eltern nur selten gemeinsam kommen. Meistens kann nur einer der beiden Deutsch. Der andere Elternteil, oftmals die Mutter, sitzt dann devot neben ihrem Mann und schweigt. Manchmal ist auch ein Cousin da, der den Eltern übersetzt.

Was nützt es, sich darüber aufzuregen, dass Vandalismus ein Teil schulischer Realität geworden ist. Heute früh erfahre ich, dass im Neubau die Toilettentüren ausgehängt und Toilettenkästen zerstört sind, dazu Lautsprecher aus Toiletten und vom Schulhof gestohlen wurden. An einem anderen Tag werden vier Klotüren zu Pyramiden gestapelt, dazu Toilettensitze, Spülkastendeckel und Toilettenbürsten angehäuft.

Warum das alles? Schülerscherze, sagen manche, Freude am Regelverstoß diejenigen, die für alles Verständnis haben. Zynische Kollegen meinen, Schüler wollten Spuren hinterlassen oder Reviere markieren. Die vielen Graffiti an den Schulwänden seien Ausdruck negativer Gefühle. Vandalismus als Machtdemonstration und Mutprobe, als Ausdruck von Langeweile, also Schuld der Lehrer und ihres nicht motivierenden Unterrichts? Auch die Kollegin, die neulich vom pädagogischen Eros schwärmte, vermutet die dunkle Seite in uns Kollegen.

Ich stürme hoch ins Lehrerzimmer, um einen Leserbrief, der sich kritisch zur Ganztagsschule äußert, aufzuhängen. Als ich unten ins Sekretariat komme, herrscht mal wieder

Tohuwabohu. Ein Kollege äußert lautstark seinen Unmut wegen einer Lautsprecherdurchsage, in der er zur Wahrnehmung einer Vertretungsstunde aufgerufen wurde. Alle hätten das mitgehört. Das seien Stasimethoden!

Auch in dieser Stunde Englisch in der H8 große Vokabelunkenntnisse. Die Schüler sind unruhig, unkonzentriert. Ob jemand von ihnen an dem Toilettenvandalismus beteiligt war? Ich kann mir das bei einigen durchaus vorstellen. Ich überlege kurz, ob ich das Thema ansprechen soll, lasse es dann aber sein und freue mich, als die Stunde rum ist. Warum gelingt es mir so wenig, diese Lerngruppe zu motivieren?

Mein Versuch, bewußt entspannt über den Schulhof zu schlendern, der nun im hellen Sonnenschein liegt, gelingt nur ansatzweise. Mariam und Bianca kommen mir entgegen. Mariam, eine aufgeweckte Schönheit aus Afghanistan, berichtet, sie habe sich mal wieder ihre Finger beim Basketball gestaucht.

Gegen halb eins gehe ich zum Mittagessen: die Gulaschsuppe ist katastrophal. Auch hier dreht sich das Gespräch um Klagen, Stöhnen, Unzufriedenheit mit dem Schulalltag.

Dienstbesprechung im Schulleitungsteam. Erst geht es um Formales, dann wird es ernst. Die stellvertretende Schulleiterin beklagt sich massiv über das unmögliche Verhalten eines Teils des Kollegiums: Stundenplanänderungen und Vertretungsstunden würden nicht wahrgenommen, völlig orientierungslose Schüler, besonders aus der Förderstufe, stürmten das Sekretariat und störten die Arbeit. Der Krankenstand schon nach zwei Wochen sei besorgniserregend.

Große Ratlosigkeit in der Runde der Schulleitung. Sie seien, so die resignative Meinung eines Zweigleiters, ein gemeinsam alterndes Kollegium. Der Pädagogischer Leiter beklagt, das ganze System sei inhuman. Kommunikation laufe nur noch über Papier. Jeder verschwinde so schnell wie möglich nach der 6. Stunde, Unterricht werde abgehakt. Um die Schüler kümmere man sich zu wenig. Pflichten würden vernachlässigt. Schlimm, so der Leiter der Förderstufe, sei die Hektik, die vom Schulleiter ausgehe. Der hört schweigend zu, grau-fahles Gesicht. Um 14.00 h geht die Schulleitung bedrückt auseinander. Mein Papier zur Ganztagsschule soll später besprochen werden.

„Über die Aufsichtspflicht und über Lob und Tadel. In meinem pädagogischen Lexikon befinden sich 20 Seiten über Strafen und nur eine Seite über das Lob." (Kempowski, Somnia, S. 25)

5.9. Im Rahmen der Schulleitung steht heute das Thema „Ganztagsschule" zur Diskussion. Es geht um Silentiumspausen, die Gestaltung eines offenen Unterrichtsbeginns. Kontrovers diskutieren wir Aspekte eines "Kulturkreisunterrichts" und generell die Problematik multikultureller Erziehung. Noch offen ist die Frage nach der Rhythmisierung des Unterrichts. Was wissen Lehrer über Biorhythmen und Ermüdungsphänomene? Ich argumentiere, dass eine gute Ganztagsschule ja antrete, nicht die Schüler zu betreuen oder Wohlbefinden zu gewähren, sondern Defizite auszugleichen.

16.9. Elternsprechtag. 29 Eltern sitzen schon am Vormittag vor meinem Büro. Bei den türkischen Schülern kommen meistens nur die Väter, oft müssen die Söhne oder Töchter übersetzen, obwohl die Familien schon seit über 20 Jahren in Deutschland leben. Ich weiß, dass zu Hause nur die Muttersprache gesprochen wird, dazu läuft türkisches Fernsehen rund um die Uhr.

Bisweilen beklage ich, dass meine türkischen Schüler oder die aus der ehemaligen Sowjetunion sich auch während des Unterrichts in ihrer Muttersprache unterhalten. Zwar überrasche ich manchmal Dima, Swetlana oder Alexei mit einigen russischen Wörtern und Sätzen, die ich einst im Russischunterricht gelernt habe, aber außer "Gülle, Gülle" kann ich kein Wort Türkisch.

Erzählen Lehrer den Eltern von den kleinen Tyrannen im Klassenraum, die am Montag morgen kaum unterrichtsfähig sind, weil sie der Wochenendaktionismus überanstrengt hat? Wagen sie darauf hinzuweisen, dass sich in den Leistungen ihrer Kinder manch bedenkliche Entwicklung der Gesellschaft widerspiegelt: alleinerziehende Mütter, Massenmedien und Unterhaltungsindustrie, reduzierte Freizeitbereiche, Werteverfall? Die Schule als eine Art Brennglas, das all dies bündelt?
Früher kamen Eltern und fragten lediglich: „Folgt er?" Und wenn nicht, dann wurde nahegelegt, dem Kind einfach eine zu watschen.

22.11. Am Morgen vor dem Gang in die Klassen etwas *small talk*. Einhellige Meinung: man sieht sich kaum noch. Ich gehe in mein Büro, stelle die Tasche ab, eile dann hoch zur 1. Stunde in meine Klasse. Geschichtsstunde etwas zäh und schwerfällig. Das Thema "Weimarer Republik" interessiert die meisten Schüler nicht so sehr. Vor Stundenbeginn nehme ich Entschuldigungen in Empfang. In der 2. Stunde muss ich rüber in das andere Gebäude zur G 7. Eine Stunde Englisch. Die Schülerin, die neu in die Klasse kommt, braucht Bücher. Dann G 10 zwei Stunden Englisch, dazwischen ein Fototermin. In der großen Pause werde ich Zeuge eines Schülerunfalls: Brille kaputt, Augenlid zerschnitten, stark blutend. 5. Stunde Englisch in der 6.

1991

"Am meisten lernt der, der gerne lernt; man lernt aber gerne von denjenigen, die man lieb hat. Es gibt aber einige Lehrer von so unliebenswürdigem Wesen, daß nicht einmal ihre Frauen sie gerne zu haben vermögen: sie zeigen ein grimmiges Gesicht, ein finsteres Gebaren; sie scheinen voll Zorn, selbst wenn sie gnädig aufgelegt sind; sie können nicht gefällig sprechen, nicht den Lachenden freundlich begegnen. Man könnte wohl meinen, daß sie unter einem unfreundlichen Sterne geboren worden seien." (Isokrates)

"Schade, daß nur noch wenige Männer Pädagogik studieren, bei mir sind es vier! Und Pädagoginnen sind notorisch unfreundlich. Lieben sie überhaupt Kinder? In einer Statistik wird das bezweifelt. Sie gehen vor einem die Treppe hoch und knallen einem die Tür vor den Latz. - So etwas sollte in der Schule geübt werden: Benimm. Eine Stunde pro Woche praktische Lebenskunde". (Kempowski, Somnia, S. 45)

Gruppenbild meiner G 10, aufgenommen im Flur des Neubaus. 32 Schüler, Umsiedler aus Rußland und Polen, zwei Jungen aus dem Iran, drei aus der ehemaligen DDR, drei Türken, vier aus Afghanistan.

14.1. Einbruch in meinem Büro und dem der stellvertretenden Schulleiterin, aber gottlob kein Vandalismus.

17.1. Golfkrieg: Als ich am Morgen aus dem Auto steige, hängen aus einigen Klassen weiße Tücher. Ich ärgere mich, wie Schüler von unseren friedensbewegten Kollegen mal wieder instrumentalisiert werden. Auf Initiative des Stadtschülerrats soll es eine Demonstration geben. Was die Schüler und die sie indoktrinierenden Lehrer nicht begreifen können: es gibt tragische Situationen und ethische Konflikte, die nur mit moralischer Empörung und Gesten der Betroffenheit nicht zu lösen sind.

„Bremen, Zahnarzt. Er erzählte, daß die Lehrer in Bremen ihre Schüler zu den Anti-USA-Demonstrationen getrieben hätten, die Grundschüler in Reih und Glied antreten lassen und durch die Straßen geführt. Auch Kindergärten! Ob das der Schulrat genehmigt hat?" (Kempowski, Somnia, S. 31)

23.1. Zeugniskonferenzen - viele Möglichkeiten zum Gespräch, die man sonst nicht hat. Ärger wegen der Kollegen aus dem Polytechnikbereich, die immer wieder vergessen, Noten rechtzeitig einzutragen. In der Pause zwischen zwei Konferenzen erzählt eine Kollegin die Geschichte über einen Berliner grün-alternativen Staatssekretär, der aus ökologischen Gründen gegen Skireisen von Schulklassen ist, sich aber beim Skilaufen in den Dolomiten den Arm brach.

27.1. Unterricht in der G 10 - Gesellschaftslehre. Schüler-evaluation: „Sie sind wohl derjenige, der seinen Unterricht am planmäßigsten und konsequentesten durchführt. Gut so. Und noch besser ist es, dass Ihre Notengebung im Laufe der Jahre etwas großzügiger geworden ist. Ein Lehrer aus dem Bilderbuch sozusagen." Schüler wollen ein klares Angebot, was den Lernstoff und deutliche Regeln, was das Verhalten und die Leistungsbewertung betrifft. Sie wollen Lehrer, die gut erklären, auch Schwieriges, ihnen zuhören, in der Klasse so Regie führen, dass alle Schüler davon profitieren.

7.2. Nachmittags als Aufsicht beim Klassenfest der G 10. Nur die Hälfte der Klasse ist anwesend, weiteres Indiz, dass die Klasse ein wenig auseinanderdriftet. Die Integration so vieler verschiedener Schüler hat mich und sie überfordert.

14.2. Vorbesprechung wegen des „Abiturs für Nichtschüler". Ich werde auf häufig auftretende Täuschungsversuche der Prüflinge hingewiesen.

28.2. Gespräch mit dem Schulleiter: es gebe mal wieder personelle Querelen wegen der zukünftigen Klassenführung der G-Klassen. Das alte Problem von Angebot und Nachfrage.

4.3. Die *Frankfurter Neue Presse* berichtet, die GEW habe als neues Ziel ihrer Arbeit an den Schulen die „Erziehung zur absoluten Gewaltlosigkeit" ausgemacht.

5.4. Nach den Landtagswahlen in Hessen verspricht Ministerpräsident Eichel, in der Schulpolitik die Konfrontation zu beenden. Kultusminister Holzapfel gesteht ein, die SPD habe in der Opposition die Erfahrung machen müssen, gegen den Elternwillen weder die flächendeckende Förderstufe noch die Gesamtschule durchsetzen zu können. Das sind späte Erkenntnisse.

Wenn Lehrer Entscheidungen treffen und erzieherische Konfliktsituationen meistern müssen, ist ihr Agieren immer mit der Option des Scheiterns verknüpft. Die Unsicherheit des Handelns beeinträchtigt auch ihre tägliche Unterrichtsplanung. Kriterien guten Unterrichts und Erkenntnisse der Erziehungswissenschaft sind keine Garantie, dass Unterricht so wie geplant ablaufen wird.

Oelkers in einem Aufsatz in der *Frankfurter Rundschau* („Die Löcher im Filter"): Kinder seien in der Schule nicht mehr gegen Gewalt geschützt. Jedes amerikanische Kind sehe bis zum 18. Lebensjahr durchschnittlich 200.000 Gewaltakte im Fernsehen, darunter 40.000 Morde. Er argumentiert, dass die Schule kein Filter mehr sei, der vor der Wirklichkeit schütze. „Die Schule hat sich dem Leben geöffnet, aber auf eine Weise, die keine Reformpädagogik vorausgesehen hat." Das deckt sich mit Berichten in deutschen Medien und in Ansätzen auch mit meinen Beobachtungen über zunehmende Gewalt an Schulen.

27.6. Kontrastprogramm. Bei warmem Wetter abends die Schüler bei uns auf der Dachterasse. Es wird gegrillt. Ein schöner Abschluß nach vier Jahren gemeinsamen Lernens, harmonisch ausklingend. Die netteste Klasse, die ich bislang hatte. Ich werde alle sehr vermissen.

7.8. Letzte Ferientage. In der *Frankfurter Rundschau* ein Artikel „Schule kein Exerzierplatz mehr": Strammstehen, Meldung machen und Kasernenhofton im Sportunterricht der Schulen der ehemaligen DDR seien nun offiziell vorüber.

19.9. K. Adam ist in der *FAZ* der Meinung, dass die Aufgabe der Lehrer „ins Unermeßliche gewachsen" sei, weil ihr so viele andere ausgewichen seien.

Josef Kraus, Präsident des Deutschen Lehrerverbandes, präzisiert in einem Leserbrief („Schule als Gesellschafts-Reparaturwerkstatt") diesen Befund, indem er auf die den Lehrern zugewiesene Rollenvielfalt verweist: Drogenprophylaktiker sollen sie sein, Medienerzieher und Verkehrspädagogen, dazu noch Anti-Sekten-Prediger, Aids-Aufklärer, Ökologie- und Gesundheits-Missionare sowie Sozialingenieure, Streetworker, Sexberater, Gewalt-Absorbierer, Kompensatoren sozialer Unterschiede, Elternersatz, Freizeitanimateure, Familien- und Gesprächstherapeuten.

5.10. In der *Rundschau* ein bedenkenswerter Artikel („Schul-Chaos oder Schul-Katastrophe"), in dem auf das Problem der Nichteinstellung junger Lehrer verwiesen wird. Es gehe um die nachwachsende Generation, ihre Ferne zu dem, was an den Universitäten gelehrt und geforscht werde. Die Folge sei Überforderung, der sich viele Lehrer auf unterschiedliche Weise entzögen: „das gepackte Ferienauto vor der Schultür, Entlastungsstunden für jeden Handschlag außerhalb des Unterrichts, Gremiensitzungen in der Schulzeit ...".

Über finanzielle Kürzungen im Schulbereich: Wer zu Hause über eine reichhaltige Bibliothek verfügt, weite Reisen macht, privaten Musikunterricht genießt, kann dies leicht verschmerzen.

25.10. Mit einer ungarischen Kollegin, die ein Hospitationspraktikum absolviert, in die Schule. Erste Stunde Gesellschaftslehre in der 10. Dann zeige ich ihr die Bibliothek. Essenmarke gestempelt, Matrizen geholt, Test zum Druck gegeben. Frau H. im Gespräch wegen des Kuraufenthalts ihrer Tochter. Im Lehrerzimmer mit Katalin über unsere Deutschintensivkurse. 5. Std. G 8 *dictation:* Teresa heult, weil sie nicht mitkommt, ich beruhige sie. Nach der 6. Stunde kommt Ilona zu mir wegen erneuter Bedrohung durch eine Mitschülerin. Abends Anruf einer Mutter wegen des russischen Austauschschülers: er esse nichts, wasche sich nicht, habe keine Zahnbürste mitgebracht. Wenigstens jemand, der sich kümmert.

4.11. Erneuter Einbruch im Sekretariat, dazu Vandalismus im Schulleiterzimmer. Letzte Woche wurde einer Kollegin die Tasche geklaut.

10.11. Die sicherlich gut gemeinte Altkleidersammlung für die Austauschschüler aus Rußland erweist sich als Flop. Die müssen sich ja wie Bettler vorkommen, meint ein Kollege.

Sina kommt heulend angelaufen, ihr ist die Kniescheibe beim Herumtoben im Klassenraum rausgeflogen. Nachmittags Klassenkonferenz der H 8.

21.11. Nach der Stunde, als alle gegegangen sind, kommt Rakhir zu mir und überreicht einen Zettel. In ihrer krakeligen Schrift schreibt sie:
„An Herrn Lerner
Lieber Herr Lerner!
Ich konnte nicht am 20.11. 91 Schule kommen, weil ich fasten mußte. Ich durfte den ganzen Tag nichts essen. Wir durften erst dann Essen als wir Mond gesehen haben. Das ist deswegen so hart. Weil das dafür ist, daß der Ehemann lange lebt. Und ich mußte auch fasten. Ich bin jetzt verlobt worden. Ich bitte um entschuldigung.
Danke. Rakhir.“

8.12. Und wieder Schulstreit in Kassel. Das Oberstufengymnasium des Landkreises wird ein Vollgymnasium mit Folgen für die benachbarten Gesamtschulen. Das wird auch uns massiv betreffen. Die Gymnasialzweige werden weiter austrocknen, der Weg zur integrierten Gesamtschule steht offen. Viele im Kollegium freuen sich darüber.

10.12. Ich nehme mit der Klasse am Wettbewerb der Landeszentrale für politische Bildung „Heimatvertriebene in Hessen" teil. Als ich ihnen das Projekt vorstelle, sind sie Feuer und Flamme.

11.12. Gesamtkonferenz: Mehrheitliche Entscheidung für die Europaschule! Meine Bedenken: auch die Teilnahme am Schulentwicklungsprogramm „Europaschule" wird uns nicht mehr gymnasiale Schüler bringen. Und ob sich das

Kollegium über die anstehende inhaltliche Arbeit im Klaren ist?

Nachsitzen 6: Ernüchterndes

"Nahezu alles, was die moderne Schulpädagogik für fortschrittlich hält, benachteiligt die Kinder aus bildungsfernem Milieu. Sozial selektiert wird bereits mit dem ersten Schultag. "Offener Unterricht", überhaupt die Demontage des klassischen, lehrerbezogenen Unterrichts, die Wende vom Lehren zum Lernen und damit die übertriebene Subjektorientierung, die Verunklarung der Leistungsansprüche, Großzügigkeit bei der Beurteilung von Rechtschreibschwächen, Mitwirkung der Eltern (welcher wohl?) in Schulkonferenzen - um nur einige Beispiele anzuführen - hindern die Kinder mit von Hause aus geringem kulturellen Kapital daran, ihre Mängel auszugleichen, während sie den anderen kaum schaden. Der von der Familie her vorhandene Vorsprung an "kulturellem Kapital" in den bürgerlichen Schichten reicht aus, trotz konfusem Schulunterricht den Abstand zu wahren. Wenn also Lehrer etwa bei der Wahl der weiterführenden Schulform Kindern mit wenig kulturellem Kapital trotz formal guter Schulleistungen relativ geringe Weiterbildungschancen prognostizieren, dann ist das generell - nicht im Einzelfall - offensichtlich eine realistische Einschätzung, solange jedenfalls die Schule diesen Mangel nicht kompensiert - etwa durch das Beibringen von Manieren, von geistiger Disziplin, von Verzicht auf unmittelbare Erfolge und auf Spaß an allen Ecken und Enden."
(H. Giesecke, Warum die Schule soziale Ungleichheiten verstärkt. Ein Zwischenruf, In: Neue Sammlung H. 2/2003, S. 254-256)

118

Teil 6
Europaschule 1992 - 1999
Tagebuchnotizen

1992

6.1. In der 7 gebe ich den Test zurück, der befriedigend ausgefallen ist. In der 2. Stunde hospitiert eine Referendarin im Englischunterricht. Auffallend die Veränderung in meinem Verhalten, wenn ich weiß, dass ich beobachtet werde. Erkläre ich den Stoff so, dass alle Schüler es verstehen können? Hält der Unterricht den Spannungsbogen? Wie aufmerksam ist die Klasse?

Wegen der anstehenden Personalratswahl erfahre ich Neues über mögliche Kandidaten. Nach der großen Pause auf dem Weg zum Neubau erwarten mich Schüler, die sich lautstark über den Englischunterricht einer Kollegin beschweren. Verspreche, mich darum zu kümmern.

Wenn ich manchmal als Mentor eine Stunde im Fach Sozialkunde erlebe, drängt sich mir nicht zum ersten Mal der Gedanke auf, dass der Diskutierzwang im Unterricht die Abneigung gegen das Diskutieren fördert. In diesen Situationen wird nicht kommuniziert, weil es etwas zu sagen gibt, etwas gefragt oder nachgefragt werden muss, wenn Dissens aufkommt, sondern es wird geredet um des Redens willen.

Februar. Nun ist es offiziell: Unsere Gesamtschule darf künftig den Titel „Europaschule" führen, eine von fünf hessischen Schulen, die aus 31 Bewerbungen ausgewählt wurde. Den Europaschulen stehen in diesem Haushaltsjahr rund eine Million Mark an Mitteln zur Verfügung. Das wird Begehrlichkeiten wecken.

Das Programm der Europaschulen beinhaltet die Verankerung einer „Europäischen Dimension" im Curriculum, betont die Bedeutung „interkulturellen Lernens", fordert eine „Intensivierung des Schüleraustausches", die „Öffnung der Schule zum Stadtteil" und unterstützt „freiwillige Ganztagsangebote im Nachmittagsbereich". Kriterien wie eine „reformpädagogische Ausrichtung des Unterrichts" und „ökologische Grundbildung" zeigen deutlich die Handschrift der „Grünen", die dieses „Schulentwicklungsprogramm" politisch auf den Weg gebracht haben.

2.3. Erfahre aus Wiesbaden, dass meine Klasse den 1. Preis der Klassenstufe 7/8 im Wettbewerb der Hessischen Landeszentrale für politische Bildung „Die Deutschen und ihre östlichen Nachbarn" gewonnen hat - eine viertägige Studienfahrt ins Fichtelgebirge. Großer Jubel, als ich das der Klasse verkünde. Einige Tage später interviewt eine Journalistin der Lokalzeitung die Klasse wegen des Wettbewerbs. Die Schüler schlagfertig in ihren Antworten.

Wochen später, während der Fahrt ins Fichtelgebirge, erstaunt mich, wie intensiv und wißbegierig gerade die Mädchen aus Polen, Afghanistan und Rußland alles Neue, das sich ihnen während dieser Woche präsentiert, aufnehmen.

Wie kann man Schulen billiger machen? Wo kann gespart werden? An die Lehrergehälter traut sich bislang niemand heran. Bliebe eine Erhöhung der Arbeitszeit, was auf breite Zustimmung in der Öffentlichkeit stoßen würde. Müssen wir eine Schulleitung haben, in der sieben Lehrer sitzen, davon vier nach A 15 bezahlt?

Lehrer nehmen ihren Beruf öffentlich wahr, über ihre Arbeit reden und urteilen Schüler, Mütter und Väter, nicht selten auch die Kollegen und häufig sehr pauschal auch die Öffentlichkeit, allen voran die Medien.

13.3. Die *Frankfurter Rundschau* veröffentlicht meinen Leserbrief als Antwort auf einen Beitrag von H. G. Rolff („Autonome Schule oder ein Geschenk der Obrigkeit", erschienen am 6.2. 1992). Mich haben Rolffs neuerliche Gedankengänge zur „Schulentwicklung als Lernprozess" insofern überrascht, als sein Interesse bis dato doch eher „antikapitalistischen Strukturreformen" im Bildungswesen galt. Jetzt - welch Sinneswandel! - favorisiert er „unternehmerisches Management" und „ökonomisches Effizienzdenken".

Rolffs Überlegungen zur Autonomisierung der Schule, so argumentiere ich, sollte man aufgreifen und im Sinne einer fruchtbaren Verbindung von Theorie und Praxis, von unversitärer Praxisferne und wuseligem Schulalltag um einen praxisnahen Vorschlag bereichern.

„Wie wäre es denn, wenn die von Rolff genannten Helfer und Ratgebenden für eine gewisse Zeit (ein Schuljahr wäre nicht schlecht) vor Ort in den Schulen ihre theoretischen Entwürfe mit Praxis sättigten? Ich denke dabei z.B. an Schulentwicklungsmoderatoren, die als Fachlehrer in multikulturellen Schulklassen Modelle zur kooperativen Diagnose, des Projektmanagements und zur Lösung von Rollenkonflikten ausprobieren könnten. Oder an Supervisoren, die als Lehrer in Klassen mit 30 videoerfahrenen Schülern „gemeinsame Zielklärung, Prioritätensetzung und schüler-basierte Evaluation" betrieben. Oder an Schulaufsichtbeamte als Gruppenmoderatoren, pädagogische Entwicklungshelfer und Agenten für gelungene Entwicklungsprozesse in aufmüpfigen Förderstufenklassen. Auch die Vorstellung, Herrn Rolff als Klassenlehrer einer munteren Hauptschulklasse zu erleben, in der er sich um Qualitätssicherung bemüht und Unterstützungssysteme installiert, wäre nicht übel."

Ich habe sein bei Rowohlt erschienenes Büchlein „Strategisches Lernen in der Gesamtschule" seinerzeit gelesen. Dass der Übergang zum Sozialismus eine historische Notwendigkeit sei, denkt Rolff wohl inzwischen auch nicht mehr, und vom „revolutionäre(n) Kampf der Arbeiterklasse" ist nun keine Rede mehr. Dafür betreibt er jetzt fleißig Semantik, indem er Begriffe wie „Lernentwicklungsbericht" (um der Notenwillkür in Zeugnissen zu begegnen) oder „Team" (wo er früher „Kollektiv" bevorzugte) favorisiert.

Eines Tages fragt mich der Schulleiter, ob ich die Rolle eines „Koordinators" im Rahmen der Evaluation des Europaschulprogramms übernehmen würde. Wichtige Voraussetzung dafür sei gutes Englisch, da die externe Evaluation von einem Professor Bell von der *University of Leeds* begleitet werde. Ob er mich damit wieder stärker in die inhaltliche Arbeit einzubinden gedenkt, zumal ich in den vergangenen Jahren doch recht kritisch die Entwicklung der Schule kommentiert habe? Ich sage zu.
Mit der Evaluation betreten wir Neuland, sind doch deut-

sche Schulen bislang externen Leistungskontrollen nicht unterworfen gewesen. Widerstände sind zu erwarten. Aus der Presse erfahre ich zufällig, dass in Hamburg Lehrer eine einstweilige Verfügung gegen eine Studie erwirkten, in der Leistungen der Klassen 7 evaluiert werden sollten.

Ich nehme nun regelmäßig an den Sitzungen der „Planungsgruppe Europaschule" teil, und anfangs ist unklar, welche Rolle ein Koordinator und Verantwortlicher für die schulinterne Evaluation spielen wird. Das bereitet einigen in der Gruppe ungute Gefühle und Kopfzerbrechen, kennen sie doch meine Skepsis bezüglich gewisser pädagogischer Spielwiesen. Fast alle Mitglieder der Gruppe sind innovative Aktivisten, die aber, wie man weiß, nie Mehrheiten im Kollegium repräsentieren. Sie unterschätzen, dass das Tagesgeschäft, der schulische Alltag mit all seinen Zumutungen und Anforderungen, immer bedrängender ist als jegliche Reform von Schule. Und ist es nicht so, dass, was als Reform daherkommt, oft unerprobte pädagogische Modetrends sind?

4.-8.5. Klassenfahrt in die Rhön. In den wenigen Minuten der Ruhe lese ich einige Zeilen zum Thema „Gesamtschule und Chancengleichheit". F. Achtenhagen, Göttinger Wirtschaftspädagoge, behauptet, im Mittel hätten sich schulische Chancen von Kindern und Jugendlichen aus der Unterschicht radikal verschlechtert. Er charakterisiert die Gesamtschule als einen Schultyp, der überaus wirkungsvoll dazu beitrage, die Herstellung von Chancengleichheit zu verhindern. Ob es sich lohnt, diese These mal in der nächsten Dienstbesprechung vorzutragen?

16.6. Schulalltag: früh morgens dringendes Telefonat mit dem Staatlichen Schulamt, später ein schwieriges Gespräch wegen einer Schullaufbahnberatung, in der Pause eine Mutter, die etwas über das Sozialverhalten ihres Sohnes erfahren möchte, Zeugnisdurchschriften müssen fürs Archiv abgeheftet werden.

13.8. Mit der Klasse im Berufsbildungszentrum.

14.9. Erster Tag der Projektwoche zum Thema „Wir und Europa". In einem Notizbuch halte ich einige meiner Aufgaben als Organisator fest: Projektthemen in den Klassen vorstellen, Materialwünsche und Bestellungen für Farben, Pinsel und Sprays entgegennehmen und weiterleiten, Raumpläne erstellen, die Hausmeister um Hilfe und Rat bitten, Termine abklären, einen informativen Elternbrief entwerfen, Themenübersichten und Anwesenheitslisten kopieren und an die Projektleiter verteilen. Letzte Absprachen mit einigen Kollegen zwischen Kopiergerät und Lehrerzimmer, Fragen und Klagen zwischen Tür und Angel. Das Fernsehen ist da, um über die Projektwoche zu berichten.

Ein großer Artikel mit dem Bild der Klasse ist in der Lokalzeitung erschienen: „Opas Leben in Kasachstan: keine Bildung, harte Arbeit. Stolze Klasse G 7: Sie hat nicht nur den 1. Preis in einem landesweiten Schülerwettbewerb geholt, sondern bei ihrer Spurensuche nach Schicksalen Heimatvertriebener auch eindrucksvolle Erkenntnisse gewonnen."

Nachsitzen 7: Schülerwettbewerb

Sie haben sich oft bei der Arbeit einen Spaß daraus gemacht, über den sicheren Sieg zu philosophieren, aber als
dann die Nachricht vom 1. Preis im Schülerwettbewerb der
Hessischen Landeszentrale für politische Bildung „Hei-
matvertriebene in Hessen - Die Deutschen und ihre östli-
chen Nachbarn" die Runde machte, wollte keiner der 23
Schülerinnen und Schüler daran glauben. Der Erfolg der
Klasse G7 indes kommt nicht von ungefähr, versammelt
sie doch Um- und Übersiedlerkinder aus der ehemaligen
Sowjetunion, der früheren DDR, Polen, Rumänien und
Afghanistan und ist somit geradezu prädestiniert für das
Thema.

„Meine Mitschüler habe ich in dieser Zeit erst richtig kennengelernt", bringt Patricia einen wichtigen Nebeneffekt
der Arbeit auf den Punkt. Schließlich ist die Klasse der
Oberzwehrener Gesamtschule erst seit einem guten halben
Jahr zusammen.

Das war für Klassenlehrer Georg Lerner auch mit ein
Grund, in den Schülerwettbewerb einzusteigen. Bald schon
war klar, daß es die Schüler nicht mit der Beantwortung
von Fragen zur Vertreibung bewenden lassen wollten. Eltern und Großeltern mußten herhalten, standen meist über-
schwenglich Rede und Antwort. Die Spurensuche griff so
auf das eigene Zuhause und die Nachbarschaft über. Le-
bens- und Leidensgeschichten wurden lebendig und fessel-
ten die jungen Forscher: „Ich wollte immer mehr wissen",
sagt Johanna aus Polen. Und Orzala erfuhr dabei erstmals
von der Existenz des Zweiten Weltkriegs: „Bei uns in Afghanistan hat man davon gar nichts gewußt."

Bis in die frühe Jugend ihres Großvaters drang Larissa auf diese Weise vor, wollte alles genau wissen und verfaßte einen eindrucksvollen Bericht über den Mann aus Kasachstan, der nur drei Schulklassen in seinem Leben absolvierte und später bei minus 40 Grad Celsius hart in den Wäldern arbeiten mußte. Von der Vertreibung ihrer Großeltern und Eltern aus Rußland, die von einem Tag auf den anderen ihre Heimat verlassen mußten und auf dem Pferdewagen nach Polen gekarrt wurden, handelt Olgas packende Geschichte, die mit ihrem eigenen Neubeginn in Deutschland endet.

Es waren die Erlebnisse der engsten Verwandten aus einer unbekannten Zeit, die bei den Oberzwehrener Schülern und Schülerinnen eine Reflektion über die eigene jüngste Vergangenheit auslösten. Offen und ohne Scheu erinnert sich Anita an die Armut in Rumänien und die Tränen, die sie während der langen Trennung vom Vater weinte. Der war in Deutschland und suchte lange nach einer Wohnung für seine Familie.

Für Patrizia aus Polen war der erste Eindruck von der neuen Heimat mit vielen Enttäuschungen verbunden. Die drangvolle Enge im Flüchtlingslager Friedland und die ungewohnte Kost machten sie krank. Krankenhausaufenthalt, Einsamkeit und Heimweh standen am Anfang des „neuen Lebens". Wie Patrizia ging es vielen, die ihre vertraute Umgebung aufgaben und in der Hoffnung auf ein besseres Leben mit ihren Familien nach Deutschland kamen. Der Schülerwettbewerb war für sie die Chance, die Vergangenheit aufzuarbeiten, Mitschülern aus anderen Ländern näherzukommen und sich der eigenen Situation bewußt zu werden. Daß sie als Preisträger im Juni gemeinsam auf Klassenreise gehen können, ist da nur ein zusätzliches Bonbon."

Ich habe an alle Exemplare der Zeitung verteilt, und wir lesen den Text mit verteilten Rollen. Interessant finden sie besonders das Bild der Klasse, alle kommentieren ihr Aussehen und das des Lehrers.

1993

Ein Artikel in der *Frankfurter Rundschau*: „Mehr Gewalt an Schulen". Wenn Schüler heute aufeinander einprügelten, gehe es weit brutaler zu als früher. Es werde weitergeschlagen und getreten, wenn das Opfer schon kampfunfähig am Boden liege. Hauptursache seien gestörte Familien mit „sozialer Bindungslosigkeit". Mitverantwortlich seien auch die Schulen, weil scharfer Wettbewerb, unfaire Leistungsbeurteilung und unübersichtliche und ungepflegte Schulgebäude Schüler aggressiv machten.

Typische Sichtweisen Bielefelder Bildungsforscher? Warum gibt es eigentliche nie genug Lehrer, aber immer genügend Bildungsforscher?

15.1. Der staatliche Berufsverband amerikanischer Lehrer, so berichtet die *FAZ*, stellt fest, dass Amerika ein gefährlicher Ort für Kinder geworden sei. „Bevor wir heute dieses Zimmer verlassen, werden fast 900 Lehrer körperlich bedroht und 40 tatsächlich angegriffen worden sein." Täglich würden 40 Kinder mit Schußwaffen getötet oder verletzt. Angeblich kommen etwa 100.000 Schüler täglich mit einer Schußwaffe in die Schule. Könnte uns das auch bevorstehen?

16.1. Fünf Stunden Unterricht. Auch heute spüre ich unter den Schülern eine wuselige, unangenehme Atmosphäre. Es gebe Klassen, sagt ein Kollge, in denen ein geregelter Unterricht kaum noch stattfinde. Die Störungen nähmen bisweilen ein Ausmaß an, dass auch erfahrene Lehrer zu resignieren beginnen. Der Lärmpegel schränke die Arbeit ein, er erlebe täglich, dass die Kinder im besten Fall 30 Sekunden am Stück zuhören können. Es sei normal, dass Kevin Mesut mit Stiften bewerfe, dass Chantal im Unterrichtsraum ohne Unterbrechung singe. Was macht ein Lehrer in einer Klasse, wenn ihm niemand zuhört, man sich über seine Frisur lustig macht? Strafarbeiten? Zornesausbrüche? Gebrüll? Klassenbucheintrag?

Zuhause blättere ich in dem Buch „Gewalt an Schulen" von A. Preuschoff. Ein sechs Jahre alter Schüler einer Vorklasse habe in der Toilette den Kopf eines Mitschülers in die Kloschüssel gedrückt. Einzelne Mädchen träten Lehrer mit Füßen, andere sengten Mitschülerinnen die Haare an.

Hat unsere Erziehung eine Spezies hervorgebracht, die egozentrisch, konsumorientiert, gewalttätig ist?

20.1. Mühselige Wortschatzarbeit in der H 9, der Klasse fehlen grundlegende Lexeme und Wendungen.

Nachmittags Zeugniskonferenzen der Gymnasialklassen. Nicht zum ersten Mal mache ich eine Kollegin darauf aufmerksam, dass sie für die Schüler meiner Klasse die Noten für Arbeitslehre immer noch nicht eingetragen habe. Sie schaut mich lächelnd an: „Ach so" sagt sie, „alles eins." Dann Evelin und Magda abgeholt. Sie interviewen eine ältere Frau im Stadtteil als Teil unseres neuen Wettbewerbbeitrags.

Wieder Pannen beim Erstellen des Vertretungsplans. Das erzeugt Unmut im Kollegium. Besonders ärgerlich ist, dass die Verantwortliche die Schuld immer bei anderen sucht. Dazu einem das Wort im Munde rumdreht.

2.3. Hausmitteilung: Ankündigung des Besuchs der Staatssekretärin. „Am Donnerstag, 4.3. 93, besucht die Staatssekretärin im HKM zwischen ca. 10.00 und 12.00 Uhr die Schule. Nach dem Besuch einer Unterrichtsstunde zum Europaschulprojekt *Going to Britain* in der G 8 bei Herrn Lerner wird in einem Gepräch und einem Rundgang die Schule vorgestellt. Bitte seien sie auf evtl. Blicke in Klassenräume vorbereitet."

22.3. Meine erste dienstliche Verpflichtung als Koordinator ist ein Zusammentreffen mit besagtem Professor Bell in der Europaschule Dreieich. Das intensive Zuhören, die Rezeption neuer Inhalte und die Übersetzung für den Schulleiter und den mitgereisten Vertreter des Schulamts erweisen sich als ungewohnt und anstrengend. Trotz Bells BBC-Englisch ist die Kommunikation eine Herausforderung, da es hier um Begriffe aus dem Bereich von Schulentwicklung und Evaluation geht, die nicht unbedingt zu meinem aktiven Wortschatz gehören. Auch lerne ich die Koordinatoren der anderen vier Schulen kennen. Erste Absprachen über Bedingungen der externen und internen Evaluation sind zu treffen.
Während in Dreieich hochfliegende Pläne verfolgt werden, wird in der Schule mal wieder eingebrochen.

17.5. Workshop mit Professor Bell in Gladenbach. Zum ersten Mal lerne ich die SWOT-Analyse kennen - Akronyme für *Strengths* (Stärken), *Weaknesses* (Schwächen), *Opportunities* (Chancen) und *Threats* (Bedrohungen) - als ein, wie Bell formuliert, leicht zu handhabendes Instrument der strategischen Planung schulischer Prozesse. Am nächsten Tag besucht er unsere Schule, nimmt an einer Sitzung der Planungsgruppe teil und stellt sein Evaluationskonzept vor. Mit Hilfe der *Nominal Group Technique* (*NGT*) versucht er, deren Vorteile zu erklären. In einer moderierten Diskussion werden zu einer bestimmten europaschulspezifischen Fragestellung Vorschläge in schriftlicher Form gesammelt. Diese werden anschließend von den Teilnehmern priorisiert. Alle Teilnehmer kämen auf diese Weise zu Wort, ein breites Spektrum von Meinungen werde so abrufbar, eine hohe Identifikation mit dem Ergebnis und damit verbunden die notwendige Motivation für anzustrebende Veränderungen erreicht.

Einige Tage später stelle ich in der Gesamtkonferenz das interne Evaluationskonzept vor. Die Reaktion ist, wie nicht anders zu erwarten, zurückhaltend, abwartend - was kommt da auf uns zu? Ich versuche Ängste zu beschwichtigen nach dem Motto, nichts werde so heiß gegessen, wie es gekocht wird. Aber Widerstände sind spürbar, ich kenne das Kollegium, spüre die Skepsis, sehe das Ressentiment in einigen Gesichtern, erinnere mich an Bells Aussage, dass das Auftreten von Widerständen bei Veränderungen völlig normal sei. Grund zur Besorgnis gebe es erst dann, wenn kein erkennbarer Widerstand geleistet werde.

10.6. Fahrt mit dem ICE zum Frankfurter Flughafen, wo wir fünf Koordinatoren uns mit dem Projektleiter im Kultusministerium am Lufthansaschalter treffen. Nach der Landung in Gatwick verbringen wir einen Tag in London, ehe unsere erste Tagung in England mit Bell in *Woolley Hall,* einem Tagungsort in der Nähe von Wakefield in West Yorkshire, stattfindet.

Schon schnell stellt sich heraus, dass wir fünf Koordinatoren uns gut verstehen. Imke - Nomen est Omen - ist die Fleißige, die im Vorfeld bereits viel gearbeitet hat, ihr Englisch ist recht gut und flüssig, und sie ist es, die in den Small-talk-Phasen mit Bell das Wort führen wird. Baldur ist wie ich Pragmatiker, der die Dinge auf sich zukommen und sich nicht verrückt machen läßt. Jutta ist die Älteste von uns und etwas unsicher und nervös. Irene ist zurückhaltend, sieht die Dinge eher skeptisch und fragt oft kritisch nach.

Bell begrüßt uns, und wir lernen weitere Kollegen aus Schottland, England, Nordirland und Dänemark kennen. Alle arbeiten an verschiedenen Projekten zum Thema *The European Dimension in the Curriculum.* Wir stellen unser Europaschul-Projekt vor.

Am nächsten Morgen ein Blick aus meinem Zimmer: Typischer englischer Regentag.

Vormittags erörtern wir in einer weiteren Sitzung mit Bell Struktur und Organisation unserer schulinternen Evaluationen. Es geht um Form und Inhalt der Berichterstattung, das Erstellen von Aktionsplänen und eine realistische Zeitplanung. Europaschulen sollen möglichst bald sogenannte *mission statements* erarbeiten, wenige Sätze, *not more than*

40 words, um Ethos und Profil der Schule zu beschreiben. Nachmittags machen wir einen Ausflug, Bell spricht von einer *detour,* nach York. Ich besichtige die beeindruckende Kathedrale, die ich bereits 1975 während meines Referendariats bewundert habe, spaziere bei mildem Wetter durch *The Shambles* und dann auf der mittelalterlichen Stadtmauer rings um die schöne Altstadt.

Auf dieser ersten Tagung in *Woolley Hall* lerne ich zufällig Len Moir kennen, Schulleiter einer schottischen *primary school* in Whitfield, einem Vorort von Dundee. Erste Überlegungen zu einem Schüleraustausch werden angestellt. Es scheint, dass Len interessiert ist. Anfangs tue ich mich etwas schwer mit seinem schottisch gefärbten Englisch, aber dann geht es. Abends trinken wir noch einige Bier. Man kommt sich näher, und Len erzählt von seiner Schule, die, wie er sagt, in einer *deprived area* liege.

Letzter Tag. Abschied von *Woolley Hall.* Auf dem Weg zum Flughafen in Manchester haben wir noch Zeit, *Chatsworth Hall* samt wunderschönem Park zu besichtigen. Hier auf einer Bank, umgeben von blühenden Rhododendrenbüschen, lasse ich noch einmal das Erlebte Revue passieren. Auf was habe ich mich da eingelassen? Wie läßt sich das alles im Kollegium umsetzen?

15.8. Im Lehrerkalender des Anabas-Verlags wird mein Text „15 Jahre Lehrerkalender-Vorworte - ein Rückblick" veröffentlicht. Im Vorwort schreibt die Redaktion: „Georg Lerner aus Kassel gehört zu denen, die alle 16 Jahrgänge des Kalenders aufgehoben haben, und er hat sich die Mühe gemacht, aus den Vorworten jeweils einen jahresspezifischen Satz herauszufiltern, was eine hübsche kleine Chronik ergibt."

September. Eine weitere Evaluationssitzung in Wiesbaden. Diese vielen Tagungen, an denen ich in meiner Funktion als Koordinator teilnehmen muss, werfen immer wieder ein Problem auf: Vertretungsunterricht muss organisiert werden.

29.9. Erfahre, dass meine Klasse bundesweit in einem Wettbewerb der Körber-Stiftung den 5. Preis gewonnen hat: 250 DM für die Klassenkasse. Die Schüler haben sich mit der Geschichte eines in der Nähe liegenden Kriegsgefangenenlagers aus dem I. Weltkrieg beschäftigt, Interviews durchgeführt, im städtischen Archiv geforscht. Als ich die Klasse über ihren Erfolg informiere, werden sofort mehr oder weniger sinnvolle Ideen entwickelt, was man mit dem „vielen Geld" anfangen könne.

12.10. Europaschulreferat. Inzwischen bin ich so etwas wie ein Spezialist für Evaluationsfragen geworden. Ein Teilnehmer bedankt sich schriftlich für meine Ausführungen zur Konzeption der Europaschulen: „Ihr Beitrag und die gemeinsame Diskussion haben die weitere Arbeit des Lehrgangs entscheidend bereichert."

15.10. Wasserschäden in der Schule. In einigen Räumen stehen Eimer, die das herabtropfende Wasser auffangen. Seit Jahren schlagen wir uns mit dem Problem der undichten Flachdächer herum, Folgen einer Architektur der 70er Jahre, die schnell eine Gesamtschule nach der anderen aus dem Boden stampfte.

An einem trüben Dezembertag mit dem Auto nach Weilburg zur ersten „Grundsatztagung" der hessischen Europaschulen. Nachmittags geht es in einer Sitzung mit Bell um *Reflections on 10 critical questions. Project members present reactions to the Interim Report and describe the Planning Groups/proposals for meeting the challenges contained in the questions posed.*

Wir arbeiten in einem klar strukturierten Zeitplan: um 15.45 ist Kaffeepause, gegen 16.15 identifizieren wir Ziele unserer Arbeit und benennen Erfolgskriterien. *Targets proposed should be SMART: specific, measurable, achievable, relevant, time related,* erwartet Bell.

Um 17.15 findet ein Treffen mit den Koordinatoren und Schulleitern statt. Nach dem Abendessen referiert Bell zum Thema *The European Dimension of the Curriculum* und stellt sein Buch zu dieser Thematik vor. Geschicktes Marketing.

Zweiter Tag in Weilburg. Wieder eine straffe Zeitplanung. Ich komme mir allmählich vor wie in einem Trainingsseminar für angehende Manager. Im ersten Teil geht es um *managing evaluation studies. Coordinators present the schedule of evaluation studies agreed in each project school, three key problems are identified for the group to consider and suggest solutions". 10.00 Coffee break; 10.20 Co-ordinators' presentations (continued).* Um 11.00 referiert Bell zum Thema *Managing Change: What Research tells us.*

Beim Essen in der Kantine angeregte Diskussionen am Tisch. Die Stimmung schwankt zwischen Begeisterung über neue, effektive Arbeitsformen und Ängsten, mit der

Fülle der neuen Aufgaben überfordert zu werden.

Weiter geht's um 13.00 h: *Group Evaluation: What changes need to be managed now in order to realize the aims of the Europe-School-Concept?*

Rückfahrt über Gießen und Marburg. Beim Blick aufs Schloß und die Türme der Philosophischen Fakultät Erinnerungen an alte Zeiten.

1994

Es häufen sich die Tagungen. Wir Koordinatoren tauschen uns über unsere Erfahrungen aus, beklagen den Wettbewerb, der sich zwischen den Schulen zu entwickeln beginnt, den aber eigentlich niemand will.

16.1. In einem Leserbrief in der *FAZ* beklagt sich ein Medizinprofessor aus Frankfurt über mangelnde Kenntnisse seiner Studenten: 30% könnten keinen Dreisatz ausrechnen, den Seminarstudenten und Doktoranden müsse man beibringen, wie man einen deutschen Aufsatz schreibt. Eine Hochschulreform müsse mit einer Schulreform beginnen, sonst werde sie zum Koloß auf tönernen Füßen.

Meine Klasse nimmt am Wettbewerb „Leben in Osteuropa" teil: acht Schüler interviewen ihre Eltern und Großeltern, die aus der Ukraine, Rußland und Kasachstan nach Deutschland umsiedelten.

24.1. Heute mache ich den Vertretungsplan, mal was ganz Neues.

3.2. Pädagogischer Tag zum Thema „Gewalt". Vormittags in einem Vortrag einer schweizer Psychologin über „Gewalt und Adoleszenz" erfreulicherweise kein Mix aus Selbstverständlichem, Banalem und realitätsfernen Ideen, sodass uns nicht das Gefühl beschleicht, mal wieder einer Veranstaltung beizuwohnen, die mit unseren eigentlichen Problemen wenig zu tun hat.

Im Februar zum *Individual Consulting* nach Dreieich. Wir Koordinatoren, so definiert Bell unsere Arbeit, seien eine Art „Missionare", Träger der Innovation, und von dieser Vision erfüllt schwärmten wir nun aus, um den Rest der Kollegien zu überzeugen. Das ist nicht nur mir zu euphorisch, verkennt besonders die Probleme, mit denen wir es Tag für Tag zu tun haben. Erfolgreich als „Missionar" ist man schnell bei den „Gläubigen", die keine Mühe scheuen, jeglicher Innovation zu applaudieren. Aber daneben gibt es auch die „Lippenbekenner", die „Abwartenden", nicht zu vergessen die „oppositionellen Untergrundkämpfer", die einem das Leben schwer machen können.

Mitte Februar eine weitere Tagung mit Bell wieder in Dreieich. Leider, so meine Erfahrung in den nächsten Jahren, sind die inhaltlichen Ergebnisse dieser Tagungen nicht immer befriedigend: zu viele Redundanzen, die Agenda bisweilen eher improvisiert als gut vorbereitet.

Eine Sprecherin des hessischen Kultusministeriums ist der Meinung, mit reiner Wissensvermittlung komme man nicht weiter, wenn ein Schüler im Unterricht mit dem Hitler-Gruß provoziere. Da könne man in der Klasse nicht einfach wieder zum Alltag übergehen. Was will die Dame damit zum Ausdruck bringen? Meint sie, an hessischen Schulen sei es an der Tagesordnung, dass Schüler mit Hitler-Gruß den Klassenraum betreten? Kennt sie Statistiken, die eine solche Verallgemeinerung zulassen? Und was versteht sie unter „reiner Wissensvermittlung"? Was weiß sie über unseren „schulischen Alltag"? Wann hat sie eine Schule zum letzten Mal von innen gesehen?

1.3. Planungsgruppe. Wir streiten uns außerhalb der Tagesordnung über Sinn und Zweck unserer Schulkonferenz. Ist sie, wie eine Kollegin scharf formuliert, zum Produkt einer leerlaufenden Partizipationsideologie geworden?

2.3. Abends Elternabend der 6. Klassen. Ich laufe durch alle Klassen und werbe für den Schüleraustausch mit Dundee.

6.4. Einige Schüler meiner Klasse gewinnen den 2. Preis im „Osteuropa-Wettbewerb" und werden mit einer Woche Fahrt in die Rhön belohnt.

20.4. Koordinatorensitzung in Wiesbaden. Warmes Frühlingswetter. Diesmal geht es um die Vorstellung gelungener Projekte im Bereich des Schüleraustausches. Wir versuchen uns über den Begriff „effiziente Strukturen im Kontext von *pupils exchange*" zu verständigen und erkennen, wie unterschiedlich unsere Erfahrungen in diesem Bereich sind. Auf der Heimfahrt mal wieder Stau am Frankfurter Nord-West-Kreuz.

2.6. Fax von Len aus Dundee: *Dear Georg, here are my*

flight times (i.e. Arrival times).7.6. Arrive in Kassel by train about 18.00 hours from Frankfurt. 14.6. Depart Kassel by train at 7.15 hours.

Some of my objectives: I look forward to meeting yourself, Mr Schröder and colleagues. To examine match between schools. To ensure a long-term link. To meet the children and their parents, collectively and individually, who propose to visit Dundee. To find out German interests. To suggest activities in Dundee. To give you information about Dundee. To arrange if possible one paid visit for a fortnight in October under Lingua Programme, and, perhaps, four others. To see a cross-section of Grades and classes in your school. To see countryside and activities within Kassel. To enquire about any German educational experience which I meet.

Best wishes, Len.

6.6. Heute trifft ein Brief aus Potsdam ein:

Lieber Herr Lerner, liebe 9. Klasse!
Vielen Dank für Eure Post und die Meinungen zur Wiedervereinigung. Als ich Eure Texte gelesen hatte, wurde ich sehr nachdenklich. Ich habe gemerkt, daß sehr viele von Euch eine sehr falsche Meinung über uns haben. Viele denken, daß man uns aus einer Art „Knechtschaft" befreit hat und wir nur noch dankbar sein müssen. Ganz besonders hat mich der Brief von dem Schüler berührt, der die Verhältnisse mit seinen Verwandten im Spreewald schildert. Er hat das ganz richtig gesehen. Wir haben zwar jetzt die D-Mark, können alles kaufen (wenn genug Geld da ist), können reisen u.v. mehr. Aber dafür haben wir jetzt auch die Hektik der Menschen, den Neid untereinander. Kaum einer

hat noch Zeit für den anderen. Jeder versucht, das Beste aus sich und für sich zu machen. Im früheren „Ostdeutschland" gab es das nicht. Die meisten Menschen waren irgendwie gleich, denn alle saßen ja im „gleichen Boot". Ich persönlich freue mich natürlich auch über die Wiedervereinigung. Mir und meiner Familie geht es gut. Wir haben eine schöne Arbeit u. verdienen gut. Aber trotzdem wünsche ich mir manche Dinge von „früher" wieder. In der DDR hatten wir z.B. ein einheitliches Schulsystem. Im ganzen Land wurden alle Schüler von der 1. bis zur 12. Klasse gleich unterrichtet. Die Lehrpläne waren gut aufgebaut u. zwischen den Fächern gut abgestimmt. Es war kein Problem, wenn ein Schüler z.B. von Rostock nach Dresden gezogen ist. Heute ist es schon problematisch, wenn man die Schule innerhalb einer Stadt wechselt. Furchtbar finde ich auch, daß im Bildungswesen überall gespart und gestrichen wird. Jedes bißchen Material muß erbettelt werden. Das kannten wir früher nicht.

Gedanken mache ich mir auch sehr um meine beiden Töchter. Eine ist so alt wie ihr u. geht auch in die 9. Klasse. Bekommt sie mal eine gute Ausbildung und danach Arbeit? Dieses Problem habt ihr ja auch alle noch vor Euch.

Doch nun zurück zu Euren Briefen. Die waren Zündstoff für eine lebhafte Diskussion. Ihr werdet merken, daß „meine" Schüler oft ganz anderer Meinung sind. Ich glaube, daß es harte Auseinandersetzungen gegeben hätte, wenn Ihr Eure Meinungen mündlich ausgetauscht hättet. Aber vielleicht kommt Ihr auch über den Briefwechsel zu gemeinsamen Einstellungen u. Meinungen u. jeder lernt vom anderen manche Dinge in einem anderen Licht zu sehen.

Ihr werdet merken, daß in einigen Briefen Bezug auf Eure Briefe genommen wird. Vielleicht ist es ganz günstig, wenn der Briefwechsel zwischen diesen Schülern weitergeht. Lest unsere Meinung gründlich u. schreibt uns bald wieder.

Eure Schüler der Kl. 9A u. Frau Pape

Juni. Len Moir aus Dundee wohnt eine Woche bei uns, ein angenehmer, bescheidener, verantwortungsbewußter Kollege, dem ein gut organisierter Schüleraustausch am Herzen liegt.

8.6. Wiesbaden: Preisverleihung des 2. Preises im Schülerwettbewerb der Landeszentrale für politische Bildung zum Thema „Deutsche Minderheiten in Osteuropa" im Foyer des Hessischen Landtags. Die beteiligten Schüler stolz wie Oskar.

Einer meiner Kollegen wird in der Schule von einer Mutter mit einer Peitsche attackiert. Der *Wiesbadener Kurier* berichtet, sogar *RTL* ist da. Aufgeregte Gespräche im Lehrerzimmer und später in der Konferenz. Gewalt gegen Lehrer, weil sie Lehrer sind? War früher der Lehrer durch seine Rolle geschützt, scheint es diesen Schutz nicht mehr zu geben. Viele meinen, ein Grund für diese Entwicklung sei, dass Ruf und Ansehen der Lehrer in der Öffentlichkeit systematisch zerstört worden seien, ja es gebe eine öffentliche Geringschätzung des Lehrerberufs. Leider, so ein Zwischenruf aus der hinteren Reihe, hätten einige unseres Berufsstandes auch kräftig daran mitgewirkt. Empörte Reaktionen.

27.6. Frankfurt. Im Rahmen einer Fortbildung referiert ein Professor über „Organisationsentwicklung". Er betont u.a., dass Probleme, die im Rahmen von Schulentwicklung auftauchen können, mit Ziel- und Rollenunklarheit der Beteiligten und mit fehlendem Mittelmanagement zu tun hätten. Schulentwicklungsplanung, schulinterne Fortbildung. Organisationsentwicklung liefen Gefahr, als Allheilmittel für interne Problemlagen angesehen zu werden. Wenn Erwartungen zu hoch geschraubt würden, könnten Enttäuschungen nur umso größer sein.

29.8. Schulbeginn. Ein neues Lehrbuch soll bestellt werden, die Klassenraumgestaltung ist mit den Schülern zu besprechen, dazu die Idee, den Flur vor unserer Klasse mit wechselnden Ausstellungen zu bespielen. Der Lehrplan Gesellschaftslehre muss aktualisiert werden, da der Aspekt der Wiedervereinigung noch völlig unterbelichtet ist. Meine linken Kollegen leisten noch hinhaltenden Widerstand. Das Informationsblatt über den Austausch mit Dundee liegt vor und muss verteilt werden. Nachmittags zu Hause am PC Arbeit am Bell-Report.

Teilnahme an einer Podiumsdiskussion über das Europaschulprojekt im Regierungspräsidium. Ich verweise auf Probleme der Akzeptanz schulinterner Evaluation, da Lehrer häufig Beratung in einer Art professionellem Reflex als "Belehrung" empfänden.

1.9. Veranstaltung des „Volksbundes deutscher Kriegsgräberfürsorge" auf dem Kasseler Hauptfriedhof. Fünf meiner Schüler tragen Texte vor, Elena und Marina singen zwei jüdische Lieder zur Gitarre.

5.9. Hausmitteilung:

„Beim Wettbewerb der Landeszentrale für politische Bildung haben die Schüler und Schülerinnen E. Albach, Olga Borg, Elena Kats, Dimi Kopanev, Viktor Sommerfeld, Nelli Tangel, Julia Zaitzewa und Irena Zimmermann (Betreuer Herr Lerner) den 2. Preis mit einem mehrtägigen Aufenthalt in der Rhön gewonnen."

19.9. Ein Kollege, 18 Schüler und ich fliegen von Frankfurt nach Glasgow. Dort werden wir von einem Vertreter der *Whitfield primary school* abgeholt. Erster Tag des Schüleraustausches in Dundee. Wir wohnen im Angus House in Edzell. Leichter Regen.

20.9. Heute besuchen wir die kleinste Schule Schottlands im idyllisch gelegenen Tarfside. Die Schüler grüßen uns freundlich auf dem Flur, zeigen uns die Räume, ihre Hefte, die Zeichnungen an den Wänden. Die sprachliche Kommunikation ist noch etwas holprig, auch wir Lehrer haben Probleme mit dem schottischen Englisch, zumal wenn die Schüler uns ansprechen oder fragen. Später ein Picknick am Loch Lee. Schöne Wanderung zurück entlang des River Esk.

21.9. Offizieller Empfang mit Tanz und Gesang in der Turnhalle. Danach besuchen wir die *Safe Taysiders*. Hier lernen die Schüler sehr realitätsnah, wie mit Gefahren des Alltags umzugehen ist.
Scenarios the young people will deal with include a burning building, beach safety, anti social behaviour, electricity dangers, drugs and alcohol, flood dangers, safe travel and building site safety. Ein interessantes Projekt, das ich dem Kollegium vorstellen möchte. Abends mit Norbert ein

Bier im Pub.

22.9. Herrliches Wetter. Wir besuchen Crathes Castle, fahren nach Aberdeen und picknicken am Strand in der Nähe von Stonehaven.

23.9. Heute erleben wir einen *Plant Sale*. Eltern und Schüler verkaufen Pflanzen, um Gelder für Schulprojekte zu bekommen. Abends Treffen mit den Schülern und Kollegen der Partnerschule aus Spanien.

24.9. Besichtigung der „Discovery" im Hafen von Dundee.

25.9. Mit Lens Familie eine Fahrt zum Dunsinane und Kinnoull Hill. Macbethland.

26.9. Letzter Tag. Zum Abschluß auf dem Weg nach Edinburgh für alle ein Picknick in St. Andrews.

Oktober. Bell überrascht uns mit einer Fülle neuer Themen. Die Kollegien sollen zur *job satisfaction* befragt, „Netzwerkkonferenzen" an allen hessischen Europaschulen organisiert werden. Weiterhin gehe es um *staff development* unter dem Motto *How to manage change?* Im Unterricht sollen Formen des *team teaching*, kooperatives Lernen und projektorientiertes Arbeiten erprobt werden. Diese innovative Fülle bereitet mir Unbehagen, wenn ich daran denke, dass es uns bislang noch nicht recht gelungen ist, die Verankerung der „Europäischen Dimension" im Curriculum den Kollegen schmackhaft zu machen. Wir Koordinatoren nehmen diesen Innovationsschub zur Kenntnis, sind uns aber einig, damit pragmatisch umzugehen. Sonst überfordern wir die Kollegien.

Während wir in Dreieich mit Bell Fragen der Schulentwicklung diskutieren, fordert ein Politiker der CDU eine „Ächtung der Gewalt" und die „Wiederherstellung des Erziehungsauftrags in Schule und Betrieb". „Konfliktpädagogen" hätten Nischen geschaffen, in denen Gewalt als zulässig erachtet worden sei. Ich würde mir wünschen, dies auch mal von einem Repräsentanten der SPD oder der Grünen zu hören.

Dezember. *Fax aus England: Dear Georg, very many thanks for sending a copy of the evaluation studies carried out over the past year. It gave me a helpful overview of the action research activities undertaken by colleagues and I hope this will help to improve the quality of pupil learning next year. ...*
I would be grateful if you will begin to prepare the ground for initiating a whole school policy for the European Dimension ...
Yours sincerely Professor G H Bell.

1995

14.1. Heute ist „Planungstag" zusammen mit Schulleitung und der Planungsgruppe. Wir wollen klären, wie wir die weiteren Etappen der Europaschulentwicklung gestalten können. Ein wichtiges Problem, das auch offen angesprochen wird, ist die weiterhin zurückhaltende Mitarbeit eines nicht geringen Teils des Kollegiums.

30.1. Fax von Len aus Dundee: *Dear Georg, I enclose a*

copy of a letter from a former British Ambassador to the
GDR. He represents the Dresden Trust in our country. Our
pupils have held a book and toy sale, in aid of the Dresden
Cross. This was very successful, raising 40 pounds. We will
send this to the Dresden Trust.
Our children would like to telephone some of your pupils at
10.30 German time on Tuesday, 14 February. They could
talk about this fund raising. Perhaps, you or Pat Jüngst
could have some pupils near the phone at that time.
I will book the air tickets this week. It looks as if the chil-
dren will arrive at Frankfurt at 18.30 on 15 May. I shall
confirm this later.
Best wishes, Yours Len

5.-11.2. In dieser Woche nimmt die Klasse an einem Seminar auf dem Dörnberg zum Thema „Fremdsein - Fremde
und wir" teil. Zusammen mit Schülern der Gesamtschule
Potsdam-Babelsberg in Begleitung ihrer Klassenlehrerin
untersucht die Schüler Fragen zum Thema „Fremdheit".
Organisiert wird das Seminar von Teamern des Jugendhofs
Dörnberg. Abends während eines längeren Gesprächs mit
der Kollegin aus Potsdam sind wir beide der Meinung, dass
sich Erziehung oft parallel zum Lehrplan ereigne. Als Lehrer müsse man damit rechnen, dass vieles verloren gehe,
was man den Schülern beibringe; aber nebenbei, in der
Atmosphäre dieses Seminars zum Beispiel, da bleibe doch
etwas, vielleicht sogar Wesentliches, und wachse weiter.
Dann noch lange und kontrovers über Probleme der Wiedervereinigung.

Die Schwäche aller Pädagogik liegt in ihrer Neigung, die
Welt idealistisch aufzuputzen und aus falschen Vorausset-

zungen die falschen Schlüsse zu ziehen. In der Erziehung greift nun einmal nicht ein Rad ins andere, oft sind die Kausalitäten unklar. Gesetze der Pädagogik, von denen Bildungsforscher reden, gibt es wohl nur in der Phantasie dieser Fachleute.

Wir in Hessen haben nun seit mehr als 25 Jahren Schulreformen erlitten. Und mit welchen Ergebnissen? Die Kollegien vergreisen, es herrscht kein Mangel an Ironie und Zynismus, pädagogische Nischenbildung als Überlebensstrategie ist weit verbreitet, die einst mächtigen GEW-Schulgruppen dümpeln vor sich hin.

13.2. Sitzung des Konferenzausschusses, Unterricht in der G 10 und drei Stunden in der schwierigen 5. Wenn die Schüler schreiben, fällt mir auf, wie die Feinmotorik bei manchen unterentwickelt, das Arbeitstempo bei der Erledigung von Aufgaben extrem unterschiedlich ist. Noch immer nicht ist es mir gelungen, dass sie auf einen Rand achten, garnicht zu reden von den vielen Rechtschreibfehlern und der Schmiererei in den Heften. Wie viele meiner Kollegen habe ich begonnen, bei Korrekturen die Punkteskala zu verschieben, um den Anteil mangelhafter und ungenügender Arbeiten unter 30% zu halten.

20.2. „Heute wie vor 100 Jahren hängt die Wertschätzung der Schüler für ein Fach in erster Linie von dessen subjektiv empfundenem Sinn ab und von der Sympathie für den unterrichtenden Lehrer. Daran ändern auch ministerielle Programme einer Reform des Lehrens und Lernens und zur Erziehung zu größerer Teamfähigkeit nichts", schreibt Heike Schmoll in der *FAZ*. Wieder einmal ein Text, der sich zu lesen lohnt.

Anfang März. Erneutes Treffen mit Bell. Er lobt auf seine typische, einseitig das Positive hervorhebende, oft schönfärberische Weise, dass der „Evaluationskontext beibehalten worden sei und das Hinzukommen von drei neuen Europaschulen das verfügbare Wissen und den Sachverstand außerordentlich erhöht habe". Jede Europaschule, ob „alt" oder „neu", habe in bezug auf die Ziele des Projekts innerhalb dieses Jahres große Fortschritte gemacht. Die Evaluation des Europaschulprojekts 1995/96 zeige insgesamt, dass es eine ständige Weiterentwicklung gegeben habe, dass wesentliche Fortschritte in der bisherigen Praxis gemacht und bemerkenswerte Leistungen erzielt worden seien.

6.3. Elterngespräch wegen der Schwangerschaft einer Schülerin, 16 Jahre alt.

13.3. Weilburg. Vorbereitung der großen Netzwerk-Konferenz im Mai in Freigericht. Recht chaotisch.

6.4. Zusammen mit dem Elternbeiratsvorsitzenden im Zug nach Frankfurt. Dort stellen wir unser Fragebogenkonzept zur Elternbefragung den Vertretern des „Deutschen Instituts für Bildungsforschung (DIPF)" vor. Wir erleben eine intensive Beratung, wie Fragebögen wissenschaftlich valide konzipiert werden.

26.4. In der Klassenkonferenz der 5 erneut großes Klagen über das geringe Leistungsvermögen der Schüler, über Verhaltensauffälligkeiten und gestörten Unterricht. Was rät uns hier die Wissenschaft? Was hilft es uns, wenn wir lesen, der Lehrer müsse in die Klasse „hineinhorchen"? Oder er solle den Schülern als „Fragender" gegenüberstehen: Was brauchen sie jetzt? Was kann ich ihnen geben? Aber das ist in den seltensten Fällen das, was im Lehrplan steht.

12.5. *Come together,* so lautet das etwas mißverständliche Motto für den großen Europaschulkongreß, der heute in Freigericht beginnt. Die europäischen Partnerschulen sind durch Lehrer und Schulaufsichtsbeamten vertreten. Der Schulleiter einer südhessischen Europaschule hat später etwas enthusiastisch kommentiert: „Die vielleicht größte Zusammenballung von Fantasie, Begeisterung und Tatendrang, die ich als Lehrer erlebt habe und die tatsächlich funktionierte. Eine ziemlich verrückte Idee. Ich kann auch heute noch nur den Hut ziehen vor der organisatorischen Leistung, die unsere Freigerichter Kolleginnen und Kollegen damals vollbracht haben."

Zweiter Tag: Vormittags lauschen wir einem Referat *Multilateral School Partnerships* eines Brüsseler EU-Beamten, das aber wenig Konkretes beinhaltet. Ähnliches kann man auch von der Ansprache des Kultusministers sagen. Anregend ist allerdings die Arbeit in Gruppen zum Thema *Making Networks Work.*
Nachmittags beschäftigen wir uns in Arbeitsgruppen mit Themen wie „Langzeitaustausch", „Betriebspraktikum im Ausland", „Lehreraustausch" und „multilaterale Projekte". Meine Aufgabe ist es, die Gruppe „Außerunterrichtliche Aktivitäten" zu moderieren. Die Konferenzsprache ist Englisch.

15.-22. 5. Unsere schottischen Austauschschüler aus Dundee besuchen uns mit zwei Lehrern in Kassel. Lesley, die begleitende Kollegin, schreibt zwei Wochen später: *Lieber Georg, sending you a little note to say Thanks for all your time and effort during our stay. The children had a wonderful time, as did Stewart and I. Only another teacher appreciates the time and stress involved in an exchange! Thanks again, Lesley*

15.5. Erster Tag der Netzwerkkonferenz an unserer Schule. Kollegen aus sechs verschiedenen europäischen Ländern sind angereist. Wir besprechen Projektvorschläge, schlagen uns mit Problemen der Umsetzung herum, versuchen, mit Hilfe des *action planning* ein wenig Struktur in die Sache zu bringen. Eine Kollegin aus Rumänien kommt enttäuscht in der Pause zu mir und fragt, warum sie englisch sprechen müsse und warum ich nicht darauf bestehe, miteinander deutsch zu kommunizieren.

Juni. Dritte Tagung in *Woolley Hall*. Am ersten Tag stellt eine Kollegin aus Doncaster *records of achievement* vor, eine Art Portfolio mit einer Sammlung von Arbeiten und Dokumenten, welche die individuellen Bemühungen, Fortschritte und Leistungen der Schüler in einem oder mehreren Lernbereichen sowie ihr gesellschaftliches Engagement darstellen und reflektieren. Dies soll nun auch in unseren Schulen eingeführt werden. Das stößt nicht überall auf Zustimmung. Baldur, mein Kollege aus Gladenbach, weist daraufhin, dass die Portfolioarbeit inhaltlich einen zu hohen Anteil im Unterricht einnehmen könne. Es müßten Fragen geklärt werden, wofür Portfolios benötigt werden, was in sie geschrieben werden solle.

20.-22.9. Europaschultagung in Weilburg mit Bell. Interessant ist, wie unkritisch wir im Kontext unserer Evaluation bereits Begriffe adaptiert haben, die doch eher betriebswirtschaftlichen Sachverhalten zuzuordnen sind. *Examples of good practice, change management, benchmarking,* Input-Output-Verhältnis verweisen auf Maßnahmen zur Verbesserung der Prozessqualität von Produkten aller Art. Wir produzieren immer neue Entwicklungs- und Controllingberichte. Aber ist Controlling überhaupt in der Lage, die institutionelle Seite einer Schule mitzudenken?

4.10. Professor Bell schreibt aus Bretton Hall:
Dear Georg,
I have pleasure in providing you with a copy of the confirmed report for 1994/95 as discussed at our recent meeting in Weilburg. I trust it fully reflects the points raised at that meeting and look forward to a continuing discussion on issues for implementation at our next conference at the end of November.
Without your full support, it would have been impossible to maintain this partnership. I do not underestimate the efforts made on your part to respond to the matters we have discussed over the past year and offer my sincere thanks for your goodwill and generous spirit of co-operation.

21.11. Dienstbesprechung der Schulleitung, diesmal mit emotionaler Komponente. Diskussion über das Älterwerden. „Jung ist man im Kollektiv, alt wird man individuell. Jung ist man in Gesellschaft, alt wird man allein", meint unser ältester Kollege.

30.11.- 1.2. In Weilburg mit Bell. Es geht um „Öffnung von Schule" und *whole school development planning*. Nach dem Abendessen mit dem Schulleiter über unseren Comenius-Antrag beraten.

1996

„Ja mach nur einen Plan / Sei nur ein großes Licht / Und mach dann noch nen zweiten Plan / Gehen tun sie beide nicht." (Bertolt Brecht, Ballade von der Unzulänglichkeit menschlichen Planens)

Zur Rechtschreibreform der Kultusministerkonferenz. Der Versuch, Rechtschreibung mit den Mitteln der Politik, durch obrigkeitlichen Eingriffe zu ordnen, wird sich rächen. Die Einheit der Schriftsprache droht verloren zu gehen. Und die Rechtschreibung unserer Schüler wird sich nicht verbessern - im Gegenteil!

Quality assurance, performance indicators, school development planning: Ökonomisches Vokabular hat Eingang in den Bildungsbereich gefunden.

16.1. Beim Lesen in der *FAZ* stoße ich auf einen Ausschnitt aus einem Unterrichtsgespräch:
„Geschichte, zweite Stunde, „Guten Morgen, ich hoff, ihr habt euch inzwischen den Sand aus den Augen gerieben! Na, Fred, auch mal wieder da? Heute wollen wir über die Judenvergasung reden. Silvia, bitte nimm den Kaugummi aus dem Mund und hör auf, aus dem Fenster zu starren! Also: Judenvergasung. Weiß einer von euch, wieviel Juden insgesamt vergast wurden? Etwa 6 Millionen, aber daß wir

uns da einig sind: Einer wäre schon zuviel gewesen. Nicht wahr, Silvia ...? Hier spielt die Musik. Wenn du noch einmal aus dem Fenster guckst, gibt's n Eintrag! Also, wie gesagt, so um die 6 Millionen, die Zahlen schwanken etwas. Kann bitte einer nochmal kurz referieren, was wir in der letzten Stunde erarbeitet haben, warum Hitler so stark gegen die Juden eingestellt war?"

Realsatire? Vorstellbar in realem Unterricht? Ja, Satire, aber was macht einen nachdenklich? Wo wird hier etwas durchaus Zutreffendes erkannt?

Sie sehe Probleme bei der Kombination von „Lebensweltbezug" und „Handlungsorientierung", die ihr Fach Geschichte zum Steinbruch und den Geschichtsunterricht zur „Magd der Politik" gemacht habe, so Traute Petersen in einem *FAZ*-Artikel im Oktober 1995. Dem ist nichts hinzuzufügen.

Die reformpädagogische Vision: eine Schule ohne Lehrpläne, der Lehrer als *Lernbegleiter, Lerncoach, Lernberater, the teachers as advisors and facilitators*. Offener Unterricht, der nicht selten von den Schülern als wenig strukturiert und chaotisch erlebt wird.

Nach einer Umfrage der "Gewerkschaft Erziehung und Wissenschaft" sind das größte Problem der Lehrer die Schüler, mit denen sie nicht mehr zurecht kämen. Unter dem Titel "Mir langt's!" schreibt eine Lehrerin ein Buch, in dem sie erklärt, warum sie das Handtuch geworfen und ihren Beruf aufgegeben habe, und ein Kollege beschreibt seine Schulerfahrungen unter dem Titel "Gewalt auf dem

Schulhof". Hier handelt es sich offensichtlich nicht mehr um das Wehklagen eines Berufsstandes, der die öffentliche Aufmerksamkeit auf sich lenken möchte; im Gegenteil scheint er sich eher seiner Ohnmacht zu schämen.

Der „Deutsche Industrie- und Handelstag" beklagt, dass die Schulbildung kontinuierlich an Qualität verliere. Während die Anforderungen in Ausbildung und Beruf zunähmen, sänken die Fähigkeiten der Berufsanfänger in besorgniserregendem Ausmaß. Defizite gebe es vor allem in der Beherrschung der Muttersprache, Probleme auch in den Grundrechenarten.

Vermutlich verwenden viele Lehrer in der Grundschule die Lernmethode, die im Ruf steht, besonders schülerfreundlich zu sein, weil sie den Schülern ermöglicht, draufloszuschreiben, ohne sich um Rechtschreibregeln kümmern zu müssen. Es ist die umstrittene Methode „Schreiben nach Gehör". Das dabei entstehende Textkauderwelsch ist oft nur schwer verständlich: „Di foirwer retete eine oile aus dem Stal." Linguisten haben vor diesem Verfahren schon immer gewarnt, weil es in den Köpfen der Kinder die falsche Schreibweise verfestige, die man mühsam dem regelgerechten Schreiben anpassen müsse. In Internetforen bezeichnen Eltern die Didaktik „Schreiben nach Gehör", die an ihren Kindern ausprobiert wird, als „unterlassene Hilfeleistung".

Es verblüfft immer wieder, wenn man Briefe von Menschen liest, die zu Anfang des 20. Jahrhunderts zur Schule gegangen sind. Sie schreiben in einem nahezu fehlerfreien Deutsch. Dabei haben sie oft nur die achtklassige Volksschule besucht. Ihr korrektes Deutsch haben sie gelernt, weil das Üben der Rechtschreibung mit einer Beharrlichkeit durchgeführt wurde, die „schülerzugewandte" Pädagogen heute als „unmenschlichen Drill" stigmatisieren.

20.2. In der Dienstbesprechung der Schulleitung beschäftigen wir uns unter dem Tagesordnungspunkt „Verschiedenes" mal wieder mit Klagen über Zerstörungen in den Mädchentoiletten.

11.3. Morgens wie üblich der Blick auf den Vertretungsplan, der diesmal wieder recht lang ausfällt. Heute habe ich zwei Vertretungsstunden, weil fünf Kollegen krank gemeldet sind. Sechs Schüler der benachbarten Grundschule hospitieren in meiner 5. Klasse. Sie sollen einen ersten Eindruck von dem bekommen, was bald auf sie zukommen wird.

März. Im ICE nach Frankfurt und anschließend mit der S-Bahn nach Wiesbaden zum Koordinatorentreffen, diesmal im Ministerium. Wir planen unser nächstes Treffen mit Bell. Lange diskutieren wir über den sich verschärfenden Konflikt zwischen den Europaschulaktivitäten und dem regulären Unterrichtsbetrieb. Im Erfahrungsaustausch mit den Kollegen gelingt es uns zunehmend besser, Problemfelder und Zielkonflikte zu identifizieren. Alle sind wir überzeugt, dass zu vieles zu gleicher Zeit geschieht. Dabei hat uns Bell schon früh gewarnt: *Don't overload! Husband your energies! Think big, start small!*

Schreckensmeldungen über Gewalt an Schulen. Laut einer Umfrage der GEW erlebten mehr als 80% der Schüler im Alltag Prügeleien, Diebstähle, Sachbeschädigungen. Mir scheint das übertrieben.

Lehrer müssen sich die Ungezogenheit und Ruppigkeit ihrer Schüler auch noch selber zurechnen lassen: sie seien selbst daran schuld, hätten ihre Klassen nicht im Griff, ihr Unterricht törne die „Kids" nicht an.

20.3. Erneut in Dreieich zum Treffen mit Professor Bell. Diesmal leider eine recht frustrierende Sitzung, in der unter Zeitdruck und in Hektik aneinander vorbeigeredet wird.

Kultusminister und die Schulbehörden, deren Vertreter wohl die Situation in den Schulen kaum aus eigener Anschauung kennen, haben den Lehrern die meisten Sanktionsmitteln aus den Händen genommen. Strafen wie Verweise, Abmahnungen, Benachrichtigungen der Eltern und, bei schweren Vergehen, Androhung des Ausschlusses oder Ausschluß aus der Schule sind so von Vorschriften, Anträgen, Abstimmungen und Schulkonferenzen umstellt, dass jeder Lehrer lieber darauf verzichtet: Er würde sich mit dem Aufwand selbst am meisten bestrafen.

April. Tagung der assoziierten Europaschulen. Viel Unmut der Kollegen. Innovative und offene Unterrichtsmethoden, Selbstevaluation - das seien euphemistische Schlagwörter einer bildungsfeindlichen Denkungsart, meint ein Kollege. Kontroverse Diskussion darüber, wie Schulen Schulprofile entwickeln können. Wie soll das praktisch umgesetzt werden? Soll jede Schule nun selbst prüfen, inwieweit sie den selbstgesetzten Zielen genüge? Oder übernehme das jemand, der die Schulen vor Ort inspiziere, dann das Kollgium berate und einen Bericht über die Arbeit der Schule verfasse?

Einige Tage später erhalte ich vom Schulleiter die Kopie eines Schreibens des Leiters einer der assoziierten Schulen: „ ... mit großer Zufriedenheit bin ich diesmal von der Tagung der Assoziierten Europaschulen nach Hause gefahren. Das größte Verdienst davon hat Ihr Koordinator Herr Lerner, der mit uns nordhessischen Europaschulen produktiv gearbeitet hat. Daraus ergibt sich auch für die Zukunft eine hoffnungsvolle Perspektive. Ich habe diese Wahrnehmung auch in Anwesenheit von Prof. Bell bestätigt, der mit Befriedigung eine der Grundideen der hessischen Europaschulen erfüllt sieht. Geben Sie bitte meinen Dank und meine Anerkennung an den Kollegen Lerner weiter."

Um Schule zu verändern reichen wohlmeinende Selbstbeschreibungen in Leitbildern oder *mission statements* nicht aus, ebensowenig kosmetische Korrekturen in Form von Schulprofilen. Man sollte mal Lehrer nach ihren Reformprioritäten fragen - nur das tut man nicht.

Mai. Wieder eine Tagung der assoziierten Europaschulen. Kritische Bilanzierung und nachdenkliche Beiträge der anwesenden Kollegen. In der Pause beim Kaffee Kritik und Skepsis. Lehrer gingen von den Notlagen des Alltags aus, von realen Defiziten. Das Modell der Europaschulen sehe Optimierungen, wo doch vor Ort oft nur ein „Problemkarussell" wahrzunehmen sei. Auch die Europaschule sei eine Modelldiskussion mit wenig Sinn für reale Problemlagen. Es bestehe die Gefahr eines weiteren Flops im Sinne eines unerprobten Modetrends.

Über Sinn, Zweck, Aufgaben und Ziele der Schule herrscht

in der Tat einige Konfusion. Aus der Öffentlichkeit werden alle möglichen Wünsche an sie herangetragen: Sie soll die Defizite der Familien kompensieren, also wieder stärker "erziehen", sie soll präventiv gegen Kriminalität und Verwahrlosung angehen, die Wehrbereitschaft erhöhen, Aids verhindern, die Verkehrstoten minimieren. Jedes halbwegs für wichtig gehaltene politisch-gesellschaftliche Problem - und davon gibt es gegenwärtig wahrlich genug - wird als pädagogisches formuliert und damit zur Aufgabe der Schule erklärt, die damit hoffnungslos überfordert ist.

In der Mittagspause unterhalten wir uns mit einem Kollegen, der ein halbes Jahr in Birmingham unterrichtet hat und uns von seinen Erfahrungen berichtet. Wer es sich in England leisten könne, schicke seine Kinder auf Privatschulen. Die Bildungspolitiker sähen zwar die Probleme, verkündeten aber ständig neue Programme mit guten Absichten aber auch mit viel Schönfärberei.

Einmal, im Gespräch im kleinen Kreise am Rande einer Europaschul-Tagung, erzählt Bell, dass der linke Labour-Abgeordnete Jeremy Corbyn wegen der Entscheidung seiner Frau, den Sohn in die *grammar school* statt in die örtliche *comprehensive* zu schicken, sich von ihr trennte. *Grammar schools* gelten bei den Verfechtern egalitärer Erziehung als zu elitär. Bell fügt hinzu, dass von rund 1000 *grammar schools* nur ca. 150 übrig geblieben seien. Das scheint ihn zu freuen.

Warum habe ich Bell, der auf die Überlegenheit der Einheitsschule schwört, nicht mal nach den Ursachen des niedrigen Niveaus der staatlichen *comprehensive schools* gefragt? Was hätte er geantwortet? Unterfinanzierung? Folge der Zerschlagung der traditionellen *grammar schools* durch Labour? Dabei schicken deren Parteiführer - Tony Blair etwa - ihre Kinder auf noch bestehende Schulen dieses Typs. Offenbar treten Politiker für Grundsätze ein, an die sie sich selbst nicht halten mögen.

Einen öffentlichen Gedanken- und Meinungsaustausch, in dem sich Probleme des Unterrichtens und Erziehens beschreiben ließen, gibt es nur ansatzweise. Lehrer konkurrieren untereinander mit angestrengtem Imagemanagement, fingieren Erfolge und tun so, als hätten sie keine Probleme. In Wirklichkeit sind viele von ihnen demoralisiert, besonders wenn sie einmal linke Erziehungsideale verfolgt haben.

Sicherlich, nicht wenige Kollegen leisten unter oft schwierigen Bedingungen die unterrichtliche Grundversorgung mit beträchtlichem Arbeitspensum. Andere könnte man als Service-Pädagogen bezeichen, die im weiten Feld der Pädagogik, der Lehrerfortbildung, der Extraangebote mit großzügigen Unterrichtsentlastungen agieren.

21.5. Drei Hochschullehrer aus Minsk hospitieren in meinem Unterricht. Wir haben Luxusprobleme, denke ich, als wir nach der Stunde zusammensitzen und die Kollegen aus Weißrußland von ihrem Schulalltag erzählen. Garnicht zu reden von dem, was sie verdienen.

30.5. - 1.6. Unsere 2. Internationale Netzwerkkonferenz. Wieder sind Vertreter der Partnerschulen aus Finnland, Frankreich, Polen, Rußland, Schottland und Spanien angereist, um mit einigen unserer Kollegen gemeinsame europäische Projekte zu planen. Ein Fernsehteam von HR 3 filmt.

4. - 7.6. Vierte Tagung in Woolley Hall. Wir Koordinatoren arbeiten mit Bell an Aktionsplanungen, verfertigen SWOT-Analysen, berichten von unseren internen Evaluationen. Abends hat Bell für uns ein festliches Dinner in Bretton Hall bereitet: Es gibt *fan of melon, chicken a la king, salmon and broccoli parcel, blue cheese and apple quiche, minted new potatoes, melody of vegetables, Dutch apple pie and cream, cheese, biscuits, coffee and mints.* Da sage noch einer was gegen die englische Küche! Am Abreisetag besuchen wir *Harewood House* in der Nähe von Leeds.

12.6. In der Gesamtkonferenz stelle ich unseren Schulentwicklungsplan vor. Später, in den Diskussionen in meiner Gruppe, beklagt ein Kollege, dass er seit langem das Gefühl habe, Schulpolitiker wollten die Schulen und die Kollegien einfach nicht zur Ruhe kommen lassen. Was bewirke denn ein solcher Schulentwicklungsplan? Ihm zumindest falle es schwer, an dessen Sinn zu glauben und aus ihm konkrete Handlungsanweisungen abzuleiten. Es gebe kaum einen anderen gesellschaftlichen Bereich, der sich dermaßen im Dauerstress befinde wie der Schulsektor.

28.6. Evaluationstagung im Kultusministerium mit dem Schulleiter. Im Zug zurück gestehen wir uns unsere unguten Gefühle ein. Müssen mehrtägige Fortbildungsveranstaltungen für Lehrer in die Unterrichtszeit fallen? Warum werden Koordinationssitzungen im Kultusministerium so angesetzt, dass Dutzende von Unterrichtsstunden ausfallen bzw. vor Ort von mißgelaunten Kollegen vertreten werden müssen?

15.7. Koordinatorentreffen diesmal in Frankfurt in der Liebigschule. Heute geht es um „Qualitätssicherung". Die Verwendung dieses Begriffs hat Jürgen Oelkers einmal ironisch als pädagogischen Slogan entlarvt - "stark im Appellcharakter, schwach in der Bezeichnungsfähigkeit". Unerprobte Modetrends der Schulreform bezeichnet er in Analogie zu durchgefallenen Theaterpremieren als „Flops, die entweder die Realität nicht erreichen oder an ihr scheitern".

Fortbildungstage haben ihren besonderen Reiz. Da beginnt eine Sitzung mit fernöstlichen Sphärenklängen, die entspannen und einstimmen sollen. Danach Spiele zum Kennenlernen. Dann wird's ein bißchen thematisch, d.h. Gruppen werden gebildet, man diskutiert Fälle, macht Lösungsvorschläge. Vieles bleibt im Vagen und erscheint wenig hilfreich für die Bedrängnisse des Alltags. Und am Ende Evaluationsbögen ...

„Studienrat Jochen: Auf Drängen seiner Schulleitung besucht er eines der obligatorischen Angebote zur Schulentwicklung ... Die Fortbildner stellen sich zunächst vor, referieren kurz, dass Lehrer zukünftig nur noch Lernbegleiter sein könnten, und verteilen Fragebögen (Dauer 1,5 Stunden). Danach sollen die Teilnehmer ihre Schule in einem Plakat darstellen (zwei Stunden). Nachmittags gibt's dazu einen „gallery walk", so können sich Schulen finden, die zueinander passen (eine Stunde), dies wird anschließend in einer Fragerunde diskutiert (zwei Stunden). Als Hausaufgabe soll überlegt werden, wie sich zukünftige Fortbildungsinhalte ins Kollegium transferieren lassen. Diese Innovationen kennt zwar noch keiner, erst recht weiß keiner, ob sie etwas taugen werden - aber niemand fragt, will unangenehm auffallen, gar als altmodisch dastehen." (Michael Felten, Zwischen Spreu und Weizen, *FAZ*, 18.10. 2018)

16.9. Abends ein Gespräch mit einer Kollegin, die im benachbarten Gymnasium Englisch unterrichtet. Zunehmend habe man es mit verwöhnten und überbehüteten Kindern zu tun, denen daheim die meisten Wünsche erfüllt würden und die auch in der Schulklasse im Mittelpunkt stehen wollten. Oft seien es aber auch überforderte Kinder, deren Kindheit ab ihrem zweiten oder dritten Lebensjahr „pädagogisiert" werde mit Förderprogrammen. Das reiche von Mutter-Kind-Gruppen, entwicklungsfördernden Spielen bis zur Computerschulung. Ihre Zeit sei verplant, es bleibe wenig Raum für Eigentätigkeit und Spiel. Eltern wälzten zunehmend unangenehme Erziehungsarbeit auf die Schule ab und erwarteten von ihr, dass die Schule ihre Kinder zu Höchstleistungen führe, so dass dem Übertritt auf das Gymnasium nichts mehr im Wege steht.

23.-25.9. Europaschultagung in Weilburg. Viel Lob für den Fragebogen zu Elternmeinung, den wir inzwischen erarbeitet haben.

6.10. In der Fachkonferenz Gesellschaftslehre setze ich mich - zum wievielten Mal? - vehement für das Fach Geschichte und seine Bedeutung ein. Geschichte werde in Hessen wegoperationalisiert von Leuten, die glauben, um der Zukunft willen die Vergangenheit wie ein Relikt hinter sich lassen zu können. Das Fach habe sich in das Prokrustesbett der Sozialwissenschaften zwingen lassen und sei dadurch steril, schal und langweilig geworden.

4.11. Abends Podiumsdiskussion zu unserer Elternbefragung. 15 Kollegen verlieren sich in der Weite der Aula, enttäuschend. Erneut muss ich feststellen, dass die Evaluation auf wenig Verständnis stößt. Am Ende des Abends kommt eine Kollegin zu mir. Was ein solcher Aufwand soll? Und wie gehen wir mit den Ergebnissen der Befragung um? Ob ich glaube, dass sich danach etwas für das Kollegium verbessern werde? Und diese Kollegin, die ich schätze, gehört nicht zu den „inneren Emigranten", die mit ihrem Schicksal abgeschlossen haben und bloß noch auf die Pensionierung warten.

1997

10.1. Der Planungstag beginnt mit einer NGT, dann evaluieren wir einzelne Projekte und diskutieren die Perspektiven für das nächste Schuljahr.

30.1. Am pädagischen Tag geht es um unsere Austauschprogramme. Erfreulich die Teilnahme der Schüler mit interessanten Beiträgen.

14.2. Heftige Kritik des Landesrechnungshofs an den Europaschulen, die „unsensibel und verschwenderisch" mit den ihnen großzügig gewährten Mitteln umgehen würden. Schulämter vernachlässigten ihre Aufsichtspflicht. Die Schulen hätten für viele tausend Mark Geräte, Fahrräder,

Musikinstrumente gekauft, die nicht oder kaum genutzt würden. Die Schulen wüßten schlechterdings nicht, wohin mit ihrem Geld. Ich kann das nur bestätigen. So hat die Schule ein teures Gerät für Tonarbeiten angeschafft, das kaum benutzt wird. Einige wenige Lehrer und noch weniger Schüler nehmen an einem Theaterprojekt in Prag teil - ohne Sinn und Verstand!

18.2. Planungsgruppe. Tauchen Probleme auf, wird gleich nach Schuldigen gesucht. Auch die Dienstbesprechungen der Schulleitung gleichen bisweilen rituellen Zusammenkünften, in denen nicht um Sachfragen, sondern um die Hackordnung im schulischen Biotop gerungen wird.

Was hilft gegen den Qualitätsverlust schulischer Bildung? Vorschläge und Visionen gibt es zuhauf. Abschaffung des 45-Minuten-Takts, Team-Kleingruppen-Modelle, Schule als Lebens- und Erfahrungsraum, Mittagstische, Öffnung der Schulen, mehr Autonomie, Schule als „Haus des Lernens", Unterhaltungsprogramme für die Lernenden, Animation als Bildungsersatz.

26.2. Heute zur Einstufungskonferenz der 6. Klassen. Immerhin geht es um die wichtige Frage, welchen Schulzweig die Schüler nach der Förderstufe besuchen werden. Der Leiter der Förderstufe leider wieder nicht gut vorbereitet. Ich bemerke, wie einige Kollegen die Augen verdrehen.

Hermann Giesecke hat einmal gesagt, Schule dürfe keine Spielwiese für Spaß- und Unterhaltsamkeitsfanatiker sein. Sie könne einer verunsicherten Jugend nur Orientierung und Hilfe geben, wenn sie sich wieder auf ihre eigentliche

Aufgabe, den Unterricht, besinne und aufhöre, das bessere Fernsehen und die bessere Familie sein zu wollen.

20.3. Mit dem Schulleiter ein entspanntes Gespräch über die Klassenführung der neuen 7. Gymnasialklasse. Dann ein Plausch mit dem Kollegen unserer rumänischen Partnerschule in Mediasch.

18.4. Mittags hole ich drei Kollegen aus Dreieich ab zur ersten Sitzung, in der wir uns über „Qualitätssicherung" austauschen. Dazu ist uns von Bell eine Checkliste zugeschickt worden, die wir nun abarbeiten wollen.

21.4. Nach der 4. Stunde mit dem Auto nach Wiesbaden zu einer weiteren Sitzung mit den Koordinatoren. Vor Ort erfahren wir dann, dass der für die Europaschulen zuständige Beamte krank sei. Wir tauschen uns dennoch aus, aber alle mit unguten Gefühlen.

12.5.-16.5. Netzwerkkonferenz. Die Teilnehmer trudeln ein. Abends hole ich die schottische Kollegin vom Bahnhof ab. Melanie erzählt von ihrer Klasse, mit der wir ein gemeinsames Comenius-Projekt planen. Gute, produktive Arbeit in den verschiedenen Projekten: ein Euro-Magazine soll entstehen, ein Märchenprojekt ist geplant, Austauschprogramme werden evaluiert.

Vormittags hospitieren die Kollegen in verschiedenen Klassen. Der hessische Rundfunk berichtet abends. Nachmittags Führung in der Neuen Galerie. Mit Melanie zum Herkules und Spaziergang im Bergpark. Die Woche schließt mit einem Fest für unsere Gäste, organisiert vom Förderverein der Schule. Am letzten Tag Empfang der europäischen Gäste im Rathaus.

Chantal und Jens kommen nach der Pause zehn Minuten später in den Unterricht. „Wir mussten erst noch unsere Zigarette fertig rauchen." Diese unverfrorene Erklärung ist nicht mal als Provokation gemeint. Jasmin und Anke schleppen regelmäßig Stückchen vom Bäcker, Schokoriegel, Cola- und Fantadosen mit in den Unterricht, um zu frühstücken. „Wir hören doch zu und arbeiten mit", versprechen sie mit vollem Mund und pikiertem Augenaufschlag. Während sie im Unterricht Collagen über Umweltverschmutzung kleben, verwandeln sie täglich ihren Schulhof in eine Müllkippe. Unrecht- und Schuldbewusstsein sind ihnen fremd, Schuld sind immer andere. „Was kann ich denn dafür?" Typische Beispiele?

18.5. Fax von Melanie aus Newport: *Well it's school tomorrow (Monday!) back to the pupils and to reality - at least I go back with a sun-tanned nose. Remember these important words for life ... action plans, performance criteria, staff/pupil appraisal, assessment, bench-marking, aims, objectives etc. etc.*

10.6. Wenig ermutigende Informationen in der Dienstbesprechung der Schulleitung. Immer weniger Schüler fahren auf Klassenfahrten mit.

11.6. Melanie schreibt: *You will be pleased to be informed that we have reconvened a „Europe Committee". This is an important step ... We are working very hard to promote our European dimension within the school curriculum. We are looking forward to seeing you in September.*

27.6. Ich traue meinen Ohren nicht! 16 Kultusminister fordern eine „neue Kultur der Anstrengung" und eine intensive „Qualitätsdebatte". Na sowas! Die ganze Gesellschaft müsse wieder mehr Wert auf das Lernen legen. Man gibt zu, dass nicht mehr gründlich gelernt werde. Es wäre Zeit damit aufzuhören, von Schule etwas zu verlangen, was sie nicht leisten könne: die Abschaffung der Unterschicht etwa oder die vollständige Kompensation von Desinteresse an Bildung und Unterricht.

2.-5.7. Europaschul-Tagung in Kassel. Bell besucht Schule und Planungsgruppe. Wir haben eine Führung durch die Documenta für ihn organisert.

9.7. Mein Leserbrief erscheint in der *FAZ*. Es geht um den Streik hessischer Lehrer gegen längere Arbeitszeiten.

„Der Streik der GEW verlief, vergleicht man ihn mit dem von 1989, heuer doch recht lustlos und halbherzig - ohne Biß, ohne Verve, ohne Kampfeswillen. Keine wütenden Diskussionen in den Kollegien, keine empörten Streikaufrufe in diversen Personalversammlungen, fast gar keine Plakatierung in den Lehrerzimmern, keine Informationsstände für Schüler und Eltern und auch keine streikende Schulleitungsmitglieder - wie 1989.

Die Urabstimmung, das Gefühl wurde man nicht los, erfolgte fast verschämt. Es gab diesmal weder lauthals Unterstützung von seiten des hessischen Landesvorsitzenden des DGB, der immerhin 1989 allen nicht streikwilligen Kolleginnen und Kollegen, bloß weil sie nicht mit den Streikmethoden der GEW übereinstimmten, öffentlich die Fähigkeit abgesprochen hatte, zumutbaren Unterricht zu erteilen, noch den auftrumpfenden Vorwurf des GEW-Landesvorsitzenden, Nichtstreikende würden sich zu Handlangern der Landesregierung machen.

Auch fehlten Aufrufe an die Eltern - wie 1989 -, ihre Kinder nicht zur Schule zu schicken, denn es sei ihnen ja wohl nicht zuzumuten, dass der Unterricht von Lehrkräften gehalten werde, die nicht den politischen Mut aufbrächten, eindeutig für ihre Interessen zu demonstrieren.

Zu allem Übel, dass die Lehrergewerkschaft mal wieder nicht umhinkonnte, ihre Politik der Vergeblichkeit unter Beweis stellen zu müssen, kommt auch noch Kritik aus den eigenen Reihen, hat man sich von den einst Seit-an-Seit-Schreitenden vorwerfen zu lassen, „realitätsblind", „unverantwortlich"und „rückwärtsgewandt" zu sein, ja muss obendrein den Spott des einstigen Ober-Mitstreiters von 1989 über sich ergehen lassen, der, gefragt, warum er noch nicht aus der GEW ausgetreten sei, meinte, er warte nur noch auf die Silberne Nadel, die ihm nach 25jähriger Mitgliedschaft zustehe. Irgendwie kann einem die GEW ganz schön leid tun."

Die Rechtschreibreform: eine unverschämte Attacke auf die Substanz der deutschen Sprache. Falls ich die Texte der Schüler als Kriterium heranziehe, muss ich eine deutlich höhere Fehlerzahl in Rechtschreibung und Interpunktion feststellen. Außerdem heillose Verwirrung überall. Ich habe mich von Anfang an geweigert, „neu" zu schreiben.

17.9. Nach fünf Unterrichtsstunden referiere ich auf der Tagung der assoziierten Europaschulen über Evaluation, Netzwerkarbeit, Comenius- und Schulprogramme.

Zum konstruktivistischen Paradigma: der moderne Lehrer ist nicht lehrerhaft, er lehrt nicht. Was tut er also? Er arrangiert Lernprozesse. Den Schülern gegenüber ist er grundsätzlich partnerschaftlich bis freundschaftlich gesinnt, gleichwohl ist er Fachmann für Kommunikation und Interaktion. Inhaltlich weiß er auch nicht mehr als seine Schüler, falls doch, verbirgt er diesen Wissensvorsprung und organisiert spontane und selbstgesteuerte Gruppenlernprozesse. Als moderner Lehrer ist er umso besser, je automatischer diese Lernprozesse ablaufen, je weniger er selber dazu tut. Am Ende ist der beste Lehrer derjenige, welcher einen stummen Impuls setzt und weiter nicht zum Unterricht erscheint.

22.9. Eine Kollegin und ich fliegen zu einem Besuch der Morgan Academy nach Dundee. Aus dem Flugzeug erblicke ich unter mir den Verlauf der Mosel, die Kanalküste, dann die Themsemündung. Landung in Stansted. Wir stellen unsere Uhren um. Weiterflug nach Edinburgh, wo uns Marilyn abholt. Über den Firth of Forth nach Dundee. Treffe Melanie und wir fahren nach Newport.
Abends beim Italiener in St. Andrews. Mit Marilyn und Melanie, den für das Comenius-Projekt verantwortlichen Kolleginnen, ein langes Gespräch über das englische - nicht schottische! - Bildungssystem. Sie sehen die *comprehensive school* als ein System, das sich nicht bewährt habe. Das Analphabetentum in England sei höher als in vielen anderen europäischen Ländern.

23.9. Strahlend blauer Himmel. Besuch der Morgan Academy und Führung durch die Schule. Abends eine *cheese and wine party* in Broughton Ferry.

24.9. Gespräch mit dem *Guidance Teacher*. Dann holt mich Len ab zum Besuch der *Whitfield Primary School*. Wiedersehen mit Lesley und Stewart. Abends zu einer Ausstellung in der *Caird Hall*, in der verschiedene europäische Schulprojekte und Comenius-Programme vorgestellt werden.

25.9. Diskussion mit Schülern über Europa. Später Gespräch mit Alan Constable, dem Schulleiter, über unser gemeinsames Comenius-Projekt. Beim Tee vergleichen wir Erfahrungen mit Lehrerkonferenzen. Alan ist überzeugt, statt ausufernde Konferenzprotokolle schreiben zu lassen, die oft nur mühsam die Dürftigkeit der Ergebnisse kaschierten, komme es auf eine einfach Frage an: Wer macht was bis wann mit welchem meßbaren Ergebnis? Das leuchtet ein!

Nochmals Ausflug nach St. Andrews. Spaziergang entlang der Burg und Pier, durch die Market Street zu den Ruinen der *Cathedral,* einst das *spirituelle Zentrum Schottlands im späten Mittelalter, das Pilger aus ganz Europa anzog.*

7.10. Heute die 100. Planungsgruppensitzung.

13.-15.10. Europaschul-Tagung in Weilburg. Nachher sitzen wir oft lange beisammen, beklagen manchen organisatorischen Leerlauf. Die Räumlichkeiten vor Ort nüchtern, hellhörig, für mediale Präsentationen nur bedingt geeignet. Aber ich erinnere auch einige Nachtsitzungen in der Vorweihnachtszeit der ersten Jahre. Da saßen wir vorm prasselnden Kaminfeuer in der „Villa im Park" und diskutierten über den Fortgang unserer Schulen in europäischem Geist.

Über die TIMSS-Studie und deren Folgen. Anspruch und Wirklichkeit scheinen in den Klassenzimmern weit auseinander zu klaffen. Das zeigt auch die Studie zur Lesefähigkeit.Zugegeben, Tests liefern nur Schnappschüsse - mit diesem Argument schirmen sich Lehrkräfte gern gegen Überprüfungen von außen ab. Tests beschreiben Zustände, decken eventuelle Mißstände auf und liefern Maßstäbe für Verbesserungen.

3.12. Tagung mit Bell, den Koordinatoren und dem HKM-Verantwortlichen in Frankfurt. Es geht um ein brisantes Thema: Ziel- und Leistungsvereinbarungen zwischen Schulleitung und Kollegium. Bell spricht von *staff appraisal*. Auf der Fahrt nach Hause starker Schneefall. Querstehende LKWs am Hattenbacher Dreieck.

15.12. In der Schule grummelt es. Eine Kollegin klagt über die schlechten Arbeitsbedingungen in den Intensivkursen, über das völlige Desinteresse der Schüler.

1998

15.1. Es häufen sich Vorfälle, Erpressungen, Drohungen. Heute wieder die Polizei da, eine Schülerin sei fast entführt worden, vermeldet die Sekretärin aufgeregt.

19.1. Einbruch im Zimmer des Leiters des Hauptschulzweigs. Die Alarmanlage funktionierte nicht.

21.1. Wir begrüßen Kollegen aus Dreieich, heute geht es wieder mal um *quality assurance*. Ziel soll sein, die Schulen in einer Entwicklungsfrage durch einen kritisch-konstruktiven Außenblick zu unterstützen. Noch tun wir uns schwer mit dieser Form der gegenseitigen Evaluation. Wir tasten uns vorsichtig an die Aufgabe heran, ohne uns wehtun zu wollen. Vormittags drei Stunden Englisch. Nachmittags Zeugniskonferenzen.

27.1. Treffen mit Bell in Dreieich. Gespräch unter vier Augen. Bin mir nicht sicher, ob ich mein Anliegen so vorgetragen habe, dass Bell es inhaltlich verstanden hat. Ich stoße an Grenzen sprachlich detaillierter Vermittlung. Ein Handicap von Anfang an.

18.2. Kollegen stöhnen, dass die Schüler immer schwieriger würden. Der Schulleiter hat sich heute krank gemeldet. Ein Blick auf den Vertretungsplan zeigt, es ist Grippezeit.

25.2. Einstufungskonferenzen der sechsten Klassen, überflüssiges Ritual, wo doch letztlich die Eltern entscheiden.

Eine Crux ist es mit all den volkspädagogischen Beglückern und ihren ach so guten Absichten. Gesunder Menschenverstand, rationale Analyse, selbst ein nüchterner Blick hinter die Fassaden so mancher reform- wie auch immer pädagogisch sich dünkender Potemkinscher Dörfer erweist sich als hoffnungslos unterlegen angesichts immer neuer erzieherischer Allmachtsphantasien in der Lehrerausbildung, der Kultusadministration, in den Institutionen der Lehrerfortbildung. Ist es doch seit „Emile" unumstößlicher Vorsatz aller Agenten eines Fürsorgestaates, die Menschen zu erziehen, vor allem sie zu umsorgen - unbeirrbar im Glauben an die kommende Wirklichkeit eines neuen, besseren Menschentums.

3.3. Nach drei Stunden Unterricht muss ich feststellen, dass die Fertigkeiten der Lerngruppe im Bereich *Listening Comprehension* weiterhin problematisch sind.

22.4. Stiftung Lesen: zwischen 1990 und 1995 habe sich das Bücherlesen bei Jugendlichen um 25% reduziert. Im Durchschnitt läsen die jungen Leute nur neun Minuten am Tag, verbrächten aber 136 Minuten vor dem Fernseher.

April. Ich fahre nach Dreieich zu einem weiteren Treffen mit Professor Bell. Streitgespräch unter den Koordinatoren über ihre Rolle als „Reformenthusiasten". Was hat unser Bemühen, Schule zu verändern, ja besser zu machen, in den Kollegien bewirkt? Was sind Qualitätsindikatoren, und läßt sich damit in komplexen Schulsystemen sinnvoll arbeiten? Wir diskutieren auch über die Gefahr, inwieweit unser Verständnis von „Qualitätssicherung" reale Bedürfnisse vor Ort aufgreife. Baldur hebt hervor, dass Lehrer von den Notlagen des Alltags ausgehen, also von realen Defiziten.

Im Freundeskreis reden wir abends über Ergebnisse der TIMSS-Studie. Die Leistungen der Gesamtschulen sowohl in Mathematik als auch in den Naturwissenschaften liegen weit unter dem Realschulniveau.

28.4. In der G9 beschäftigen wir uns mit dem Thema *Australia*. Ich verwende Texte aus *World and Text,* die dank ausführlicher Lexemannotationen nicht allzu große Probleme bereiten. Heute geht es um die Bedeutung des *Ayers*

Rock für die *Aboriginals*. Alex: Herr Lerner, können wir unsere Abschlußfahrt mal nicht dorthin machen?

Später noch ein Beratungsgespräch mit zwei Kolleginnen einer Grundschule. Sie wollen einen Comeniusantrag stellen.

30.4. Nachmittags informiere ich Kollegen aus Bebra über unser Evaluationskonzept. Einig sind wir uns darüber, dass Evaluation im schulischen Kontext als wichtiger Bestandteil der Qualitätsentwicklung einen Beitrag liefern kann, um den Reflexionsprozess über Schule und Unterricht zu unterstützen und Fakten anstelle von Vermutungen zu setzen.

4.5. Wieder ein Einbruch in der Schule.

Eröffnung unserer diesjährigen 5. Netzwerkkonferenz mit Kollegen aus Israel, Finnland, Schottland, Rumänien. Auch Alan Constable, Schulleiter der Morgan Academy in Dundee, ist gekommen. Abends treffen wir uns bei warmen Wetter im Biergarten. Erst hier kommt man sich auch menschlich näher. Mit Alan Constable besuchen ich eine Berufsschule, da er sich besonders für das deutsche duale System der Berufsausbildung interessiert. Nachmittags bei uns auf der Terrasse treffen wir letzte Absprachen mit Mikko aus Vantaa über unser Comeniusprojekt.

20.5. Mit dem ICE nach Frankfurt zur Europaschultagung. Mittags in der Pause spazieren wir durchs Bankenviertel. In der Taunusanlage Fixer, Bettler, soziales Elend.

29.5. Alan schreibt aus Dundee: „*I would like to thank you and your team for the excellent and warm hospitality given to me during my stay in Germany.*"

16.6. Diesmal treffen wir uns in Freigericht mit Bell. Er hat einen gewissen Sir William Stubbs mitgebracht, dessen besondere Bedeutung er schon im Vorfeld hervorhob, dessen konkreter Beitrag für die Europaschulentwicklung uns am Ende der Tagung auch nach langem Nachdenken unklar bleibt.

6.7. Eine besonderer Moment. Israelische Schüler aus Ramat Gan hospitieren in meinem Englischunterricht. Erstaunlich deren hohe Sprachperformanz.

31.8. 25jähriges Dienstjubiläum! Dafür gibt es eine Urkunde. Früher gab's auch mal Geld.

9.9. Während der Tagung assoziierter Europaschulen höre ich einen Vortrag zur Frage, vor welchen Herausforderungen Schulen heute stehen. Schule solle ein Ort werden, in dem Schüler konstruktiv Spuren hinterlassen. Man müsse die Anordnungskultur gegen eine Aushandlung von Regeln und Normen austauschen. Kooperation gelte es ebenso zu stärken wie die Kontinuität sozialer Beziehungen. Schwierige Schüler müssten für den Unterricht gewonnen werden, Integration ethnischer Minderheiten müsse ohne Niveausenkung gelingen. Ökologisches Engagement geschehe im Sinne von Nachhaltigkeit. Autonomisierung von Schulen bedeute Übernahme von Verantwortung und Rechtfertigungspflicht. Leistungen von Schulen sollten gemessen werden, um die Frage zu beantworten, ob Schulen und

Lehrer ihr Geld wert sind.
Wo habe ich bislang konstruktiv Spuren hinterlassen? Bin
ich das Geld wert, das ich verdiene?

31.10. In der *FAZ* ein Artikel von Joachim Kutschke „Grabenkämpfe im Klassenzimmer - Über die pädagogische
Misere an unseren Schulen": „Neulich traf ich zwei Kollegen aus alten Uni-Zeiten, beide
wie ich Lehrer. Natürlich klatschten wir über die Schule,
über unsere Sorgen und Nöte mit den neuen Schülergenera-
tionen. Ich klagte, daß mich das immer asozialer werdende
Verhalten vieler Schüler gewaltig nerve, daß ich entschlos-
sen sei, im Unterricht entschiedener durchzugreifen gegen
allgemeine Schlampereien wie ewiges Zuspätkommen,
keine Hausaufgaben machen, überhaupt gegen den rüden
Umgangston, die fehlenden Manieren und Rüpeleien. Beide stimmten mir in der Sache kräftig zu, reagierten jedoch
ganz gegensätzlich. Der eine lächelte triumphierend: „Vor
20 Jahren hast Du noch ganz anders geredet. Es freut mich,
daß Du inzwischen zur Vernunft gekommen bist."

17.11. In der Schulleitungssitzung Diskussion über neueste
bildungspolitische Verlautbarungen. Es gehe um eine „neu-
en Epoche in der Bildungspolitik", Bildung müsse Mega-
thema werden. Schluß mit der Kuschelecken-Pädagogik.
Jemand zitiert eine Passage aus Herzogs „Ruck-Rede". Es
gebe keine Bildung ohne Anstrengung.

27.11. Früh auf und mit dem Schulleiter im Auto nach
Frankfurt zum Symposion *Educating European Citizens* in
der Deutschen Bibliothek. Großes Event. Vorträge und
Diskussionen in fünf Foren: Vielfalt der Kulturen, Wirt-

schaft und Bildung, Zukunft gestalten, Qualitätssicherung und Internationalisierung, Europa kommt in die Schulen. Besonders eindrucksvoll ein Vortrag von Professor Oelkers zum Thema „Das Problem der 'Qualitätssicherung' von Schulen".

8.- 10.12. Weilburg. Grundsatztagung der Europaschulen. Am Abend angeregtes Gespräch unter Kollegen über pädagogischen Reformeifer, über Didaktiker, Lerntheoretiker, Methodenerfinder, die, zusammen mit ihren erziehungswissenschaftlichen Begleitforschern, unterstützt von reformfreudigen Bildungsbürokratien und einer an lukrativem Gewinn orientierten Weiterbildungs- und Lehrmittelindustrie, oft ohne Not Innovationen eingeleitet und tradierte Verfahren aufgegeben hätten. Die Folgen dieser „Unterrichtsverrücktheiten" spürten die Praktiker an der Front und vor allem Kinder aus sozial benachteiligten Familien.

Vor der Abfahrt nach Hause mein Auto tief eingeschneit.

1999

Januar. Wieder sitzen Praktikanten der Uni Kassel im Unterricht. Viele nehmen mit viel Schwung und guten Ideen ihre Praktika wahr. Ich habe bislang immer gute Erfahrungen gemacht.

20.1. Hospitation in einer Referendarstunde. Die Schüler bearbeiten brav gruppenweise englische Übungen aus dem Lehrbuch, während der Referendar entspannt durch den Raum schlendert. Nichts wird überprüft, kein Blick in die

Hefte, ob die Ergebnisse stimmen. Wenn „selbstständiges Lernen" so funktioniert, dann hat das was für „moderne" Lehrer.

7.2. Wahlen in Hessen, Rot-Grün wird abgewählt. Welche Folgen hat das für die Schulpolitik?

18.2. Nach mehr als 25 Jahren Mitgliedschaft ist Kultusminister Holzapfel (SPD) aus der GEW ausgetreten. Man hatte sich wohl nichts mehr zu sagen. Den Lehrern wegen steigender Schülerzahlen Arbeitszeitverlängerungen zuzumuten, war der casus belli.

23.2. Alltag. Die Praktikanten haben eine Unterrichtseinheit im Computerraum begonnen. Scheint interessant zu werden. Zumindest die Schüler sind sofort Feuer und Flamme.

Nachmittags halte ich vor ca. 50 Lehrern ein Referat über Planungsgruppen und die Arbeit mit Aktionsplänen. Danach kritische Rückfragen. Die praxiserfahrenen Kollegen wollen wissen, wie Skeptiker für schulische Innovationen zu gewinnen seien. Besonders interessiert sie, wie es um die Transparenz der Beziehung zwischen der Planungsgruppe und dem Kollegium bestellt sei. Als ich auf die Möglichkeit hinweise, Sitzungsprotokolle im Lehrerzimmer auszuhängen, kritisiert eine Kollegin, dass dies in der Bedrängnis des Schulalltags nicht funktioniere, Verlautbarungen würden nur am Rande wahrgenommen, wenn überhaupt dann eher als lästige Pflicht. Da spricht jemand aus Erfahrung.
Abends Dienstbesprechung der Schulleitung mit dem El-

ternbeirat. Der Austausch mit den Eltern ist ja nett gemeint, nur die Redeanteile sind mal wieder klar verteilt.

2.3. Ich erhalte von einer Kollegin die Kopie eines Artikels im *Guardian* von Robert O`Neill, einem Fremdsprachendidaktiker:

„Communicative Language Teaching (CLT) is a term that has enormous intuitive appeal. At first sight it seems impossible to resist the idea that the focus of a language lesson ought to be on "communicative activities" such as asking for things, expressing opinions, giving suggestions and advice, and exchanging personal information. Other terms, such as "student-centred" and "bringing the real world into the classroom" increase that intuitive appeal.

In the past few years, however, I have come to believe that at least five central propositions of CLT are based on illusion and self-deception.

The basis of the syllabus should be "communicative" rather than "structural".

The aims of a lesson can and should be described "communicatively".

„Learner-centred" lessons are always better than "teacher-centred" ones.

The language classroom should be like the "real world" in the streets outside.

Teacher-talk should be reduced to a minimum. "

10.3. Die neue Regierung nimmt sich was vor: 1400 neue Lehrer sollen eingestellt werden, Standards für alle Bildungsgänge und Abschlußprüfungen sind erste Schritte in Richtung Qualitätssicherung. Schulinspektoren sollen die Leistungsfähigkeit der Schulen überprüfen. Über ein Modell „Abi in 12 Jahren" wird nachgedacht. Das sind ermutigende Zeichen. Die Europaschulen werden wohl weitermachen können.

16.3. Ich referiere vor Kollegen aus Offenbach über Aspekte schulinterner Evaluation. Fragen aus dem Plenum beziehen sich u.a. auf den Unterschied zwischen Einschätzung von Lehrern und Schülern (*self assessment*) und Fremdbeurteilung durch externe Fachexperten. Die Fremdbeurteilung mindere die Gefahr, bei der Eigenbeobachtung wesentliche Dinge zu übersehen. Eine Schulleiterin meint, Formen der Selbstevaluation seien ein Ding der Unmöglichkeit, wenn sie nicht wissenschaftlichen Kriterien genügten.

17.5.-21.5. Netzwerkkonferenz mit Kollegen aus fünf Nationen. Die Lokalzeitung berichtet: „Für die europäische Idee erreiche das mehr als jeder Stoff aus dem Lehrbuch, meint Lerner, der für den reibungslosen Ablauf als Koordinator der Europaschule sorgt."

15.6. Planungsgruppensitzung. Schleppend langwierige Diskussion über Reformpädagogisches. Nichts kommt dabei heraus. Die Befürworter haben den Rückzug in die eigene pädagogische Provinz angetreten, wursteln in ihren Klassen vor sich hin, reformpädagogische Schwärmer, die die Schule ganz vom Kind her denken wollen. Reformpädagogik - ein charismatisches Projekt, das nicht durch Wirklichkeit beschädigt werden darf.

31.8. Koordinatorensitzung in Frankfurt. Einziger TOP: Systematische Aktionsplanung nach dem Handlungsforschungsansatz und Erfahrungsaustausch nach sieben Jahren interner Evaluation.

24.9. Hamburg. Ich referiere vor ca. 40 Kollegen über das Thema „Arbeit mit und in Planungsgruppen" im Rahmen einer großen Lehrerfortbildung. Für eine Präsentation habe ich einen von Folien unterstützten Text erarbeitet, in dem ich Erfahrungen meiner Mitarbeit in unserer Planungsgruppe einfließen lasse. Meine These: Entwicklung von Schule kann nur funktionieren, wenn es gelingt, Prozesse im Kollegium dauerhaft zu verankern. Was nicht in einen konkreten Arbeitsprozeß mündet, wird nicht in konkrete Praxis umgesetzt. Skeptisch wahrgenommen wird die von mir vorgestellte Arbeit mit Aktionsplänen, in denen Inhalte, Arbeitsschritte, Evaluation, Zeiträume und Verantwortlichkeiten fixiert werden. Schule sei kein Betrieb, in dem etwas produziert werde, moniert eine Kollegin aus Harvestehude.

1.10. Nach längerem Nachdenken bewerbe ich mich für die Tätigkeit eines Ausbildungsbeauftragten für das Fach Englisch am Studienseminar.

Die Vielfalt durch kulturelle Unterschiede, das Unterrichten in leistungs-, geschlechts- und altersheterogenen Lerngruppen sollten als Bereicherung, als Chance wahrgenommen werden. Die Schule werde auf diese Art Werkstatt, Kommunikationszentrum, ja sogar Bühne, begeistert sich der Erziehungswissenschaftler Rolf Werning in der Zeitschrift „Pädagogik". Wann hat er das letzte mal in einer Hauptschulklasse unterrichtet?

26.-31.10. Für fünf Tage fahre ich mit einem Kollegen in

die Vendee. Wir besuchen unsere Partnerschule in La Roche Sur Yon. Untergebracht sind wir in einem kleinen Hotel. Abends sitzen wir zusammen mit Jukka, dem finnischen Kollegen aus Vantaa, und besprechen Projekte im Rahmen des gemeinsamen Comenius-Programms. An einem Vormittag hospitiere ich in einer Englischstunde. Der junge Kollege praktiziert einen effektiven Frontalunterricht. Abends werden wir von der Schulleitung in einem Restaurant großzügig bewirtet. Beeindruckend auch die Qualität des Schulessens, Rotwein für die Lehrer in der Mittagspause inbegriffen.

Als ich abends im Zimmer ein Spiel der Champions League sehe, bringt der Hotelbesitzer einen Imbiß und ein Glas Rotwein auf mein Zimmer. So läßt es sich leben. Am letzten Tag mieten wir ein Auto und besuchen die Insel Noirmoutier.

8.11. Eine Schülerin kollabiert im Sekretariat. Sie hat Tabletten geschluckt.

9.11. Eine Lehrerin in Meißen wird von einem 15jährigen Schüler erstochen. Die Gewerkschaft Erziehung und Wissenschaft entblödet sich nicht, vor dem Eindruck zu warnen, es gebe in Deutschland "amerikanische Verhältnisse".

November. In diesen Tagen bestreite ich meine letzten Amtshandlungen in Sachen Europaschule. Das beinhaltet auch einen kritischen Rückblick auf die Jahre mit meinem *critical friend* Professor Bell, mein anfänglicher Glaube an den Wundermann im dunklen Anzug. Seine Rezepturen für innovative Schulentwicklung, davon bin ich inzwischen überzeugt, ähnelten oft Gebrauchsanweisungen aus dem

Bereich des betriebswirtschaftlichen Managements. Allein die von ihm favorisierten Begriffe wie *management of change, performance indicators, action planning, staff appraisal, benchmarking* haben das nahegelegt. Nun mag das alles nicht des Teufels sein. Aber übertragen auf Systeme wie Schule und Bildung zeigt sich Bells Ansatz des *whole school development* als strukturlastig und letzlich auch als inhaltsarm.

Teil 6
In der Lehrerausbildung.
Studienseminar 2000 - 2012

Tagebuchnotizen

2000

25.1. Erstes Gespräch im Studienseminar mit der Seminarleiterin. Nun geht's wohl los. Noch immer bin ich unsicher, ob es die richtige Entscheidung ist.

1.2. Beginn des Ausbildungsauftrags. Sieben Stunden Entlastung sind erfreulich. Ich betrete Neuland. Was erwartet mich? Ich weiß, dass Kollegen oft über das Auseinanderklaffen von Theorie und Praxis, von Problembewußtsein und Handlungsvermögen, von pädagogischem Wissen einerseits und zunehmend hilflosem Verhalten der angehenden Lehrer den Schülern gegenüber andererseits lamentieren. Einige meiner Bekannten sehen die Effektivität der 2. Ausbildungsphase kritisch. Ihre Leistung oder, wie es neudeutsch heißt, ihr Output unterläge keinerlei systematischen Beobachtung.

2.2. Ich hospitiere im Fachseminar Englisch des Kollegen, dessen Arbeit ich demnächst übernehmen werde, und gewinne erste Eindrücke, was inhaltlich auf mich zukommen wird.

In den vergangenen Jahren habe ich, wenn ich ehrlich bin, ein wenig den Anschluß an die aktuellen fachdidaktischen Diskurse verloren. Das bereitet mir Sorgen. Zuversichtlich stimmt mich, dass durch die Arbeit im Rahmen der wissenschaftlichen Begleitung des Europaschulprogramms, besonders im engen Kontakt mit Professor Bell, mein Englisch intensiv geschult worden ist. Zuträglich könnten auch meine Erfahrungen im Bereich der Evaluation, des Feedbacks, der Gestaltung von Schulentwicklungsprozessen sein.

In der Fachbibliothek finde ich vornehmlich veraltete Literatur, Bücher mit überholten landeskundlichen und linguistischen Themenbereichen und Inhalten, verstaubte Fachzeitschriften aus den 60er und 70er Jahren, ganze Aufsatzreihen mit textimmanenten Literaturanalysen. Ich durchstöbere ältere Ausgaben von „Englisch" und „Praxis des fremdsprachlichen Unterrichts", sortiere aus, notiere praxistaugliche Ideen für die Seminararbeit. Dazu sichte ich die immer umfangreicher werdenden Angebote des Internets und bewundere die Funktionsweise der Suchmaschine. Meine erste Amtshandlung wird sein, Geld für die Aktualisierung der Bücherei zu fordern.

Besondere Aufmerksamkeit möchte ich der Seminardidaktik widmen. Kollegen haben mich auf das „Doppeldeckerprinzip" aufmerksam gemacht, in dem die Referendare Methodenvielfalt und Differenzierung in den Seminaren selbst erfahren, evaluieren und dann die Umsetzung im Unterricht erproben sollen. Ich beschließe, die Referendare die Ergebnisse der Fachseminarsitzungen reihum protokollieren zu lassen, um so Formen der Ergebnissicherung zu üben, die sie für den Unterricht nutzen können. Seminarmethoden, so hoffe ich, können Modellcharakter für eigene Unterrichtsversuche sein.

3.2. In der Vollversammlung der Ausbilder stelle ich mich vor. In der Pause begrüßen mich Kollegen, die mich seit vielen Jahren in meiner Rolle als Mentor bei Unterrichtsbesuchen kennen. Alle machen mir Mut und wünschen viel Erfolg. Ich bin befangen und auch ein wenig unsicher angesichts all der geballten allgemein- und fachdidaktischen Kompetenzen.

Im Verlauf dieser ersten, aber auch in den folgenden Versammlungen bestärkt sich mein Eindruck, dass in den Wortmeldungen die Allgemeindidaktiker den Ton angeben, die fachdidaktischen Kollegen erlebe ich eher zurückhaltend. Ich muss lächeln, weil mir so manches Gespräch mit Referendaren einfällt, die erziehungswissenschaftliche Veranstaltungen oft als „Laberfach" empfanden.

6.2. Heute referiere ich vor Schulleitern aus Südhessen über Risiken und Chancen schulinterner Evaluation. Evaluation - der Begriff erweckt immer noch Ängste, einige befürchten, es könne still und heimlich eine Art empirischer Wende in der Bildungspolitik eingeführt werden.

Seit Jahren habe ich mich dafür eingesetzt, dass über Leistungen und deren Überprüfung geredet werden müsse. Ich weiß, so manchen Reformpädagogen in meinem Kollegium dreht sich dabei der Magen um, vermuten sie doch neue Formen von Leistungsdruck, vor dem die armen Schüler unbedingt geschützt werden müssen. Klafki, Grandsigneur der Didaktik, so habe ich einmal gehört, befürchte gar die Rückkehr zur alten Paukschule. Wenn Klafki das sagt, dann muss ja wohl was dran sein.

Wie erwartet, gibt es auch heute wieder viele kritische Rückfragen. Ich nehme Skepsis in den Gesichtern wahr, und irgendwie kann ich das verstehen. Schulleiter sind überzeugt, dass Lehrerethos, staatliche Schulaufsicht, eine geregelte Lehrerausbildung, Lehrpläne und gute Schulbücher traditionell für eine gute Schule mit guten Leistungen sorgen. Dagegen ist ja auch nichts einzuwenden. Aber Überzeugungen spiegeln nicht immer schulische Realitäten wider. Was macht Qualität aus? Wie stellt man sie fest? Was ist eine gute Schule? Sicherlich, wer über Qualitätsindikatoren redet, wer Qualität gar messen will, begibt sich auf ein komplexes Feld, in dem es keine schlichten Antworten gibt.

Mit Vorsicht und Augenmaß plädiere ich dafür, in kleinen Schritten und Formaten Schülern zu ermöglichen, ihren Lehrern eine Rückmeldung über den Unterricht zu geben. Widerstand gegen meinen Vorschlag äußert sich in durchaus berechtigten Rückfragen: Wie bemißt sich Leistung von Pädagogen überhaupt? Und können Schüler das in sachgerechter Form?
Nach anstrengendem Meinungsaustausch und mit dem Bewußtsein, dem Begriff Evaluation nur wenig von seiner Bedrohlichkeit genommen zu haben, fahre ich im Anschluß zu einer Sitzung der assoziierten Europaschulen - wohl zum letzten Mal. Lauter Übergänge. Alpha und Omega. Abends noch Sitzung der Planungsgruppe - ich tanze auf zu vielen Hochzeiten.

10.2. Im Sekretariat erfahre ich, dass vier Schulfremde, wohl Aussiedlerschüler aus Rußland, in die Schule eingedrungen sind, einen Schüler aus dem Deutsch-Intensivkurs geholt und verprügelt haben.

In der G 10 hospitieren heute zwei Referendare und zwei Praktikanten der Universität. Die Gruppenarbeit dauert länger, als ich geplant habe. Somit kommt es nicht zu einer ergiebigen Ergebnissicherung. In der Nachbesprechung zeigen sich die jungen Kollegen dann überaus verständnisvoll.

Oft frage ich mich, wie weit die in der 1. Phase der Ausbildung erlernten didaktischen und pädagogischen Theoreme tragen. Wieviel Disparates tragen Studenten nach Hause, ohne Gebrauchswert für die Bedrängnisse des Schulalltags? Wo und wie erfahren sie etwas über den Umgang mit Kollegen, mit Eltern, mit der Schulaufsicht, das sie handlungssicher macht - ganz zu schweigen von den Hausmeistern und deren Machtfülle?

7.3. Zum ersten Mal leite ich ein Fachseminar. Es geht um Textarbeit: wie arbeitet man mit Sachtexten in der Mittelstufe? Ich habe die Gelegenheit genutzt, die Referendare zu fragen, was sie selbst im Augenblick lesen. Einige müssen lange nachdenken, ehe ihnen ein Titel einfällt.

Im Meinungsaustausch mit der Gruppe geht es um die wichtige Fähigkeit, im Text Wesentliches von Unwesentlichem unterscheiden zu können. Im Sinne eines informierenden Einstiegs erläutere ich zu Beginn der Sitzung Inhalte, Methoden und Zeitstruktur der heutigen Sitzung. Ich möchte den Referendaren ermöglichen, sich klärend, evaluierend, verändernd auf die angedachte Agenda zu beziehen. Dadurch, so hoffe ich, werden sie auch angeregt, mit visualisierten Unterrichtsverläufen im Klassenraum zu arbeiten, Transparenz herzustellen, um die Lernbereitschaft durch eine klare Präsentation dessen, was gelernt werden soll, zu erhöhen.

14.3. Die dritte internationale Vergleichsstudie für Mathematik und Naturwissenschaften (TIMSS) bescheinigt deutschen Schülern fachliches Mittelmaß sowie wenig entwickelte Fähigkeiten, eigenständig Aufgaben und Probleme zu lösen. Anspruch und Wirklichkeit scheinen in deutschen Schulzimmern auseinanderzuklaffen. Ähnliche Ergebnisse auch bei der internationalen Studie zur Lesefähigkeit PISA. In der medialen Begleitung ist gar von einem „Modernitätsrückstand" der Schulen die Rede. Was ist nun zu erwarten? Eine permanente Unruhe wird in die Schulen einziehen, eine evaluative Welle samt Leistungsvergleichen, Standards, Bildungstests wird auf sie zurollen. Hilft die Wissenschaft dabei, Qualität von Unterricht zu definieren? Hilbert Meyer hat zehn Kriterien zusammengestellt, Fend sogar 15.

Sind Hausaufgaben sinnvoll? Darum geht es in einer Umfrage der „Fakultät Erziehungswissenschaften" der TU Dresden unter 1300 sächsischen Ganztagsschülern und 500 Lehrern. Etwa ein Drittel der Pädagogen gibt zu, nicht einschätzen zu können, ob Hausaufgaben ihren Schülern überhaupt etwas nützten. Bei etwa drei Viertel ihrer Schüler beobachten die Lehrer überhaupt keinen Erfolg.

15.3. Mein erster Unterrichtsbesuch. Ich bin aufgeregt. Schon beim Lesen des Entwurfs, den ich abends per E-Mail erhalten habe - es geht um Wortschatzarbeit in einer 6. Klasse - , habe ich ein ungutes Gefühl. Noch aufgeregter ist der Referendar, der dann auch eine äußerst schlichte

Stunde präsentiert. Das Verhalten vor der Klasse ist linkisch, er agiert mit wenig Empathie, kein Funken springt über, auch in der zielsprachlichen Performanz zeigen sich große Defizite. Der Fachlehrer, ein älterer Kollege, sitzt neben mir, ohne eine Miene zu verziehen. Vor der Nachbesprechung verdrückt er sich. Wie sag ich's meinem Klienten?

23.3. Heute meine erste Teilnahme an einer Examenslehrprobe. Beim Lesen des Entwurfs ist mir klar, dass dies eine gelungene Stunde werden kann. Der junge Kollege agiert selbstbewußt, vermag die Lerngruppe sprachlich zu aktivieren. Es wird gelacht, gute Schülerbeiträge tragen zum Erreichen der Ziele bei.

Hinterher tauschen wir, Schulleiter, Fachleiter, Mentorin , uns aus: Um Erfahrungen zu machen, müsse man etwas tun, etwas erfahren von dem, was das Leben in der Schule ausmache. Die Ausbildung von Routinen, das Steuern der Lehrer-Schüler-Interaktion, die Auswahl geeigneter Übungsformen entwickelten sich nur praxisnah. Solches Erfahrungswissen, so die engagierte Mentorin, sei auch körperbezogen, nicht allein über den Kopf vermittelt, es entfalte sich variantenreich, dynamisch, wenig planbar und antizipierbar, eher intuitiv, diffus, situationsabhängig. Wichtig sei, nicht nur etwas zu verstehen und zu wissen, sondern auch etwas zu können, geschickt handzuhaben, handwerklich zu verstehen, mit der Sache vertraut zu sein und mit ihr umgehen können. Der Lehrer als pädagogisches Talent besitze Empathie, Fingerspitzengefühl, praktische Klugheit. Nach diesem vehement vorgetragenen Plädoyer muss ich erstmal tief Luft holen. Ob man das alles

189

lernen kann?

Ein Grundprinzip meiner Arbeit mit den Refendaren soll darin bestehen, die zu vermittelnde Thematik nicht nur zu lehren, sondern sie so anzulegen, dass sie beispielhaft vorgeführt wird. Hierbei, so mein hehres Ziel, soll sich die kognitive Auseinandersetzung mit der Erfahrungsebene verbinden und damit nachhaltig wirken. Das heißt nicht, dass es keine Phasen geben wird, in denen ich Erfahrungswissen frontal vermitteln werde. Noch bin ich unsicher, ob und wie mir das gelingen wird.

Lehrer sollen zukünftig „Lernausgangslagen" feststellen - welcher Begriff! Wie soll das gehen? Anzahl der Bücher im Elternhaus? Gehaltstufen der Eltern? Sozialstruktur des Stadtteils?

11.4. Heike Schmoll plädiert in der heutigen Ausgabe der *FAZ* für eine „umfassende Qualitätsüberprüfung" der Schulen, besonders gelte es, die Lesefähigkeit der Schüler zu testen und damit die Lesekompetenz als „Schlüsselfunktion für alle Fächer" zu stärken. Dem ist nichts hinzuzufügen.

Es gibt Lehrer, die es verstehen, mit gezielt gewährten Freiheiten die Kreativität ihrer Schüler zu beflügeln. Und solche, bei denen Freiheit in Chaos mündet.

Ich bin überzeugt, dass die meisten Lehrer Utilitaristen sind, die sich dann auf neue Lösungen einlassen, wenn diese mit erkennbarem Nutzen für ihren konkreten Unterricht verbunden sind.

19.4. Bescheinigung der Gesamthochschule Kassel: „Herr Lerner hat als Mentor Studenten während des Blockpraktikums in seinen Fächern betreut und dabei eng mit den Praktikumsbeauftragten der Hochschule kooperiert."

10.5. In einer Streitschrift mit dem Titel *Adieu grammaire* kritisiert der französische Schriftsteller und Lehrer Serge Koster, dass heutzutage „Lektionen" wie Fernsehsendungen konzipiert würden. Die ganzheitliche Methode des Lesenlernens habe katastrophale Folgen. Den Schülern werde beigebracht, ein Wort von seiner Physiognomie her zu erkennen mit der Folge, dass sie Wörter nicht mehr schreiben könnten.

15.5. Unterrichtsbesuch mit gruppendynamischem Fragekatalog: Wie präsentiert sich der Referendar in seiner Rolle als Lehrer? Ist die Beziehung zur Lerngruppe altersentsprechend? Zeigt seine Haltung Respekt und Wohlwollen? Ist sein Auftreten auf der Bühne des Klassenzimmers nervös, ängstlich, überwältigend, ernst, freundlich, sportlich? Sendet er positive verbale Signale aus? Ist sein Verhalten berechenbar, hat er Humor, ist er geduldig, den Schüler aussprechen zu lassen, auch wenn er längst weiß, was dieser sagen will?
Das erste Auftreten von einer Klasse: was läuft hier ab? Wie werden Rollen definiert? Welche Eindrücke bestimmen den Verlauf der Stunde? Wie nimmt die Referendarin die Schüler wahr und umgekehrt? Wie wirken Gesten, Mimik, Stimmführung? Was sagt das Verhalten im Raum, die Dialektik von Nähe und Distanz über Akzeptanz aus? Welche Tricks verwenden Referendare, um Schüler zu beein-

drucken, sie für sich zu gewinnen? Welche Rolle spielt dabei der Bluff?

Und umgekehrt: Was sind eigentlich Voraussetzungen für eine Verbesserung von Lernprozessen? Welche Persönlichkeitsmerkmale müßten Schüler dazu bereits mitbringen? Wie ist es um Angstfreiheit, seelische Ausgeglichenheit, Ich-Stärke, Konzentrationsfähigkeit, Interesse, Leistungsmotivation, geistige Wachhheit bestellt?

16.5. Vollversammlung des Studienseminars. In meiner Arbeitsgruppe geht es um Kriterien guten Fremdsprachenunterrichts. Die Suggestionskraft vieler pädagogischer Überredungsbegriffe wird von den Betroffenen erst bemerkt, wenn sie davon infiziert sind. Wer will schon ernsthaft etwas gegen „Ganzheitlichkeit", „Selbsttätigkeit", „Kooperation", „Handlungsorientierung" einwenden?

25.5. Weilburg. Abends offizieller Abschied von Professor Bell, dessen Tätigkeit als *critical friend* und, wie er sich auch gern bezeichnete, als *monster in the swamp* nun beendet ist. Als Summe meiner langjährigen Erfahrungen als Koordinator überreiche ich ihm einen Text mit dem Titel *What makes a good coordinator*, den Bell in seine nächste Publikation aufnehmen möchte.

Sechs Referendare hospitieren heute in der 10. Klasse. Alle haben eine Übersicht über die Stundenplanung erhalten, dazu Beobachtungsaufträge. Im Unterrichtsgespräch geht es um Textsymbolik in Hanif Kureishis *My son the fanatic*. Die Schüler bemühen sich trotz der schwierigen Thematik um die Einhaltung der Zielsprache. Wenn es Wortschatzprobleme gibt, habe ich mir angewöhnt, die anwesenden fachkompetenten Referendare um Hilfe zu bitten. Nicht immer klappt das. In der Stundenbesprechung beklagt sich eine Referendarin über diese direkte Ansprache. Sie fühle sich überrumpelt und vorgeführt. Wenig Widerspruch von den anderen. Vielleicht sollte ich mein Verhalten überdenken.

Lehrer sind Menschen, die sich stundenlang der Wahrnehmung von anderen aussetzen und beobachtet werden, wie sie ihrerseits die Schüler wahrnehmen.

30.7. Weiterhin kontroverse Diskussion über die Rechtschreibreform. Die Orthographie soll einfacher werden, weil Fehler soziale Unterschiede verraten könnten. Aber die Unsicherheit im Umgang mit der Rechtschreibung ist gewachsen. Statt die Lesbarkeit und das Verständnis beim Schreiben zu fördern, hat sich die Reform negativ auf das Sprachvermögen ausgewirkt. Ich befürchte irreparable Schäden.

Im Studienseminar: Die Arbeit ist vielfältiger geworden. Zum einen komme ich viel rum an den Schulen in Stadt und Landkreis. Ein besonderer Charme liegt vor allem in der Kombination aus eigener Unterrichtspraxis, Auseinandersetzung mit Unterrichtsideen anderer, Verflechtung mit theoretischen Erkenntnissen der Lehr- und Lernforschung und der Möglichkeit der Mitgestaltung der Lehrerausbildung. Als „Draufgabe" erhalte ich ein weiteres Kollegium am Studienseminar, das mich inzwischen herzlich aufgenommen hat.

Hilbert Meyer, Schulpädagoge in Oldenburg, meint, Lehrer

seien Weltmeister im Anfangen und im Abbrechen. Insofern sei die Schulrealität auch ein Abbild der Bildungspolitik. Von allen Schulen werde gefordert, Schulprogramme zu entwickeln und dem Schulamt vorzulegen. Da aber dort offensichtlich keine personellen Kapazitäten zur Verfügung stünden, werde die Auswertung einem wissenschaftlichen Mitarbeiter einer Hochschule übertragen. Welche Energien haben die Kollegien für die Konzeption von Schulprogrammen aufgewendet, bergeweise beschriebenes Papier produziert, das niemand liest.

Qualitätsverbesserung und Evaluation - jemand klopft auf den Hühnerstall, alle Hühner flattern hoch und nach einer Weile kehrt wieder die alte Ruhe ein.

Beratungsgespräche mit den Referendaren. Ein Leitfaden soll dabei helfen. Es geht um Gesprächseröffnung, um Formen der Kontaktaufnahme, der Fokus soll auf Gelungenes im Unterricht und die inhaltliche Substanz gerichtet sein. Weitere Kriterien sind Gesprächsführung und Wahrnehmung der Steuerungsfunktion, Transparenz des Ablaufs, persönliche Sensibilität des Ausbilders, Gesprächsabschluss und Zielvereinbarungen.

2.11. Unterrichtsbesuch. Wenn man eine so offene Frage wie *What comes to your mind when you think of genetic engineering?* stellt, melden sich immer nur die gleichen drei Schüler. Wie kann man eine höhere Beteiligungsbreite erreichen? Zusammen mit dem Referendar und der Mentorin tragen wir einige Ideen zusammen. Wichtig sei es, den Lernenden etwas Zeit zu geben und sie ihre Ideen kurz als *keywords* aufschreiben zu lassen. Im Idealfall habe man nach zwei Minuten dann eine Fülle von Beiträgen und könne von jedem der Lernenden etwas erwarten.

Jeder Unterricht wird von Lehrern irgendwie geplant, mal längerfristig, mal sehr kurzfristig, mal relativ starr, mal sehr offen. Dabei gilt als Berufsweisheit: schlecht geplanter Unterricht kann auch gelingen, gut geplanter Unterricht geht aber seltener schief.

2001

15.1. Am ersten Schultag nach den Ferien kommt Ayoub in meine 9. Klasse. Er mußte eine andere Schule verlassen und gilt nach Auskunft des Schulleiters als äußerst problematisch. Ayoubs Vater ist Syrer, die deutsche Mutter alleinerziehend.

31.1. Unterrichtsbesuch bei einer sehr bemühten Referendarin. In der Besprechung geht es um Möglichkeiten, Schüler sprachlich zu aktivieren. Sie schwärmt von der Öffnung des Unterrichts: in Frankfurt gingen Schüler raus auf die Straße, stellten Passanten Fragen in Englisch, störten den Flughafenbetrieb durch authentische Interviews. Handlungsorientierung: Sage mir etwas, und ich werde es vergessen, zeige mir etwas und ich erinnere mich daran, beteilige mich an etwas, und ich werde verstehen. Das ist die Theorie. Und die Praxis? Oft Leerlauf, hoher Zeitaufwand, Unterrichtssprache Deutsch.

Manche Referendare profitieren von der Erosion des Leistungsprinzips, schleppen ihre Defizite durchs Lehramtsstudium, freuen sich über gute Noten im Examen. Ganz selten sind die Studienseminare eine Art Filter und versagen den Abschluß.

Wie definieren wir Berufszufriedenheit? Gehaltshöhe, Atmosphäre im Kollegium, Sozial- und Lernverhalten unserer Klassen, Anerkennung in der Öffentlichkeit? Was Lehrer im Unterricht leisten oder nicht leisten, bleibt Außenstehenden unbekannt, meistens auch den Schulleitern. Nur die Schüler wissen es und vielleicht auch einige Eltern.

28.2. Unterrichtsbesuch. Das Problem der Zeitplanung. Unterrichtsschritte lassen sich nach dem Grad der Vorhersagbarkeit des Zeitbedarfes ordnen: für organisatorische Vorarbeiten und lehrerzentrierte Phasen relativ verlässlich, für reproduzierende Schülertätigkeiten oft schwer einschätzbar, auch wegen unterschiedlicher Arbeitstempi, nur vage antizipierbar sind Unterrichtsgespräche,Diskussionen, Phasen selbstständigen Arbeitens.

2.3. Unterrichtsbesuch im Grundkurs Englisch 12. Handwerkliche Fehler, unklare Arbeitsanweisungen, unverständliche Arbeitsblätter. Unsicherheiten in der Orthographie und mangelnde Lexemkenntnisse, dafür aber im Entwurf Ausführungen zu *language, cultural* sowie *learner awareness*. Leider nichts über die eigene *mistake awareness*.

4.3. Vertretung in der 10. Die Stunde darf nicht ausfallen, da sich die Schüler in der Vorbereitung zur Präsentationsprüfung befinden.

Man kann Montessori, Plato und Pestalozzi lesen, sich über

Hartmut von Hentig prüfen lassen, danach herbartianische Unterrichtsvorbereitungen mit *mindmapping* und Gestaltanalyse verbinden, didaktische Modelle lernen - um dann Ernstfallsituationen zu erleben, die scheinbar alles Vorherige entwerten.

8.3. Abends treffen sich die Fachleiter im privaten Kreis. Eine jugendbewegte Kollegin schwärmt mit viel Chuzpe vom „Stationenlernen" als dem Non-plus-Ultra des Fremdsprachenunterrichts. Allgemeines Kopfschütteln. Ich habe erlebt, wie Schüler bei der Suche nach Lernstationen herumirrten, viel Zeit mit Formalitäten verloren und fürs Lernen kaum Zeit blieb. Auf dem Weg nach Hause überkommt mich wieder die Skepsis, die Unsicherheit, das Unbehagen. Soll ich im Seminar bleiben? Macht die Arbeit mir Spaß? Oder ist es nur Anstrengung, Überforderung?

22.3. Unterrichtsbesuch. Das Lernen der Referendare könne gefördert werden, so der Schulleiter in der Beprechung, wenn man seine eigene Position nicht als alternativlos präsentiere, sondern den Möglichkeitsraum sprachlich vergrößere, um auf diese Weise zum Mitdenken, Abwägen und Diskutieren von Alternativen einzuladen. Hat er da mich gemeint?

Die Klage eines Referendars, zufällig im Netz gelesen: er empfinde die Zeit bis zum 2. Examen wie einen emotionalen Hindernislauf, begleitet von selbstgerechten Ausbildern, die in Schulmeistermanier Unterricht beurteilten. Für ihn gelte „Augen zu und durch".

Schulinspektoren reisen bereits durch die Lande und suchen die Schulen heim. Das löst dort hektische Betriebsamkeit aus. Aber wie mögen Evaluation und Beratung aussehen, wenn Inspektoren überraschend im laufenden Unterricht erscheinen und dort nur 20 Minuten verweilen?

28.4. - 5.5. Fünf Kollegen und ich fliegen nach Helsinki, um uns auf die Suche nach dem Geheimnis der finnischen *success stories* zu begeben. Unsere Partnerschule in Vantaa hat uns eingeladen. In Helsinki besuchen wir den *National Board of Education* und lauschen einem Vortrag über die allseits gelobten Fördersysteme. Im finnischen Bildungssystem kümmern sich neben den Lehrern auch Schulpsychologen und Sozialarbeiter um die Schüler. Den Lehrern wird es damit ermöglicht, sich auf ihre Kernaufgabe - das Unterrichten - zu konzentrieren, zumal für besonders leistungsschwache Schüler zusätzliche Fördermöglichkeiten existieren.

Beim Besuch der Martinlaakson-Schule kommen wir nach den Hospitationen ins Gespräch. Jukka meint, dass es beim Unterricht auf die individuelle Qualität des Lehrers ankomme, besonders auf seine fachlichen Kenntnisse. Später eine Diskussion über Konstruktivismus als Modeströmung in der Pädagogik. Eine finnische Kollegin meint, es gehe dabei um Ableitungen aus Psychologie, Biologie, Philosophie, deren Theoreme aufs Feld der Erziehung und Bildung übertragen würden, ohne dort oft mehr als eine Verschiebung der Semantik zu erreichen.

An einem Tag besuchen wir das Bildungszentrum „Heureka". Es bietet in einer Dauerausstellung über 100 technische Experimente zum Mitmachen. In der Cafeteria interessantes Gespräch mit den finnischen Freunden über die Lehrerausbildung. Lehrer hätten hier traditionell eine hohe Autorität. Schulen in Finnland seien stimmig in ein gesellschaftliches System eingebettet. Hinzu kommen gute Arbeitsbedingungen und sehr gut ausgebildete Lehrer. Außerdem, ergänzt ein Kollege augenzwinkernd, habe man sich bei Schulreformen von der Unterrichtskultur der DDR inspirieren lassen.

22.5. Pädagogischer Tag des Studienseminars. Sitze in der Arbeitsgruppe zum Thema „Handlungsorientierung im Englischunterricht". Begriffe und Ideen treffen auf eine Praxis, die sich nicht auf Zuruf verändern wird.

5.6. Alltag: Notenbesprechung in der 1. Stunde. Danach sechs Referendare zum Unterrichtshospitation. Danach Dienstbesprechung der Schulleitung wie immer, anschließend Reflexion der Stunde mit den Referendaren. Abends Gespräch mit der Seminarleitung wegen der Erarbeitung eines Ausbildungsmoduls für bilingualen Unterricht.

Im Lehrerzimmer über Frühpensionierungen, die oft Ersatz für disziplinarische Maßnahmen bei fachlich ungeeigneten, persönlich schwierigen oder schlicht unmotivierten Lehrkräften seien. Bei Kollegen mit hohen Fehlzeiten wende sich das Schulamt dann hilfesuchend an den Amtsarzt. Man kenne Kollegen, die nach ihrer Pensionierung eine zweite berufliche Karriere beginnen. Auch soll es einst rückenkranke Lehrer geben, die als Pensionäre Tanz-, Golf- und Tennisturniere gewinnen.

13.9. Zwei Tage nach dem Zusammenstürzen der Twin Towers nehme ich an einer Examenslehrprobe teil. Die Referendarin weicht vom Entwurf wegen tiefer Betroffenheit der Schüler ab. Dafür hat auch die Prüfungsvorsitzende Verständnis. Außergewöhnliche Situationen erfordern flexibles Verhalten.

5.12. Es erstaunt kaum, dass PISA 2000 mit wenig ermutigenden Ergebnisse aufwartet: Mittelmaß beim Leseverständnis, Defizite auch in der mathematischen und naturwissenschaftlichen Grundbildung. Bedrückend die hohe Zahl der Schüler, denen elementare Orientierungstechniken im Umgang mit Tabellen, Zahlen und anderen abstrakten Darstellungen fehlen.

Die schulpolitischen Reaktionen sind voraussehbar: die GEW verlangt mehr Geld und weniger Stunden für Lehrer, die SPD verteidigt aufs Neue die Gesamtschule. Dabei habe ich nicht vergessen, welchen Widerstand gerade die Gewerkschaft gegen Leistungsvergleiche, die sie für unseriös hielt, geleistet hat. Sozialdemokratische Kultusminister sind soweit gegangen, wissenschaftliche Untersuchungen zum Leistungsvergleich der Schulen geheimzuhalten. Dennoch, PISA gibt den Takt an in der Bildungsdiskussion, bestimmt immer mehr den geheimen Lehrplan an den Schulen.

Und einige Befunde sind ja durchaus besorgniserregend: Unter Deutschlands Schülern gibt es nur eine kleine Spitzengruppe. Die Leistungen streuen weit, der Anteil der Risikoschüler ist hoch. Der Vergleich der Bundesländer zeigt offensichtlich einen Zusammenhang zwischen der politischen Ausrichtung der jeweiligen Landesregierung und den schulischen Leistungen.

In der *FAZ* finde ich einen Leserbrief eines Mathelehrers aus Hannover, der meint, das Wirken der 68er Kulturrevolutionäre habe auf den Gebieten Erziehung, Schule, Wissenschaft und Bildung ein „beispielloses Trümmerfeld" hinterlassen. Früher seien in der Volksschule die Fertigkeiten im Rechnen, Lesen und Schreiben erfolgreicher vermittelt worden als bei manchen Abiturienten heute. Hat der Mann recht?

Unterrichtsbesuch. Lob und Tadel entfalten nur dann erzieherische Wirkung, wenn sie authentisch formuliert und ernst gemeint sind. Lob bleibt wirkungslos, sobald ein Schüler den Eindruck gewinnt: „Das sagt der doch nur, um mich zu ermutigen."

2002

Political correctness hat nun auch die Schulen erreicht. Wenn ein Schulleiter heute eine Lehrerin als Kollege oder Lehrer tituliert, ist er wahrscheinlich wirklich Sexist. Eine Kollegin, die für die „Grünen" kandidiert, kritisiert mich, weil ich in einem Anschreiben nur „liebe Kollegen" erwähnt hätte. Ich lobe Besserung.

13.2. In der Dienstbesprechung mit den Jahrgangssprechern erlebe ich eine deprimierende Sitzung. Alle stöhnen über zunehmende Belastungen, die Aufbürdung ständig neuer Aufgaben. Sicherlich viel Larmoyanz, aber auch berechtigte Klagen über bürokratischen Unsinn. Durch immer neue Expertise, einseitig interpretierte Vergleichsstudien und übereilt gezogene Konsequenzen geht der Blick für die tatsächlichen Belange der Lehrer verloren. Wo wird das Erfahrungswissen der Unterrichtenden in den Diskurs über Pädagogik einbezogen? Arbeitsbelastung führt manche in die innere Emigration, andere leisten *passive resistance*. Ein Kollege beneidet mich um meinen neuen Job, ich hätte rechtzeitig den Absprung gefunden.

Hospitation in einer Deutschstunde. Wenn heute noch Gedichte gelesen werden, diktiert der Lehrer sie nicht mehr, sondern verteilt Fotokopien. Im Arbeitsblatt müssen die Schüler nur noch die fehlenden Begriffe ausfüllen. Die vorherrschende pädagogische Theorie favorisiert den Lehrer als „Lernbegleiter", als Moderator des Lernprozesses. Der Lehrer soll nicht erklären, sondern möglichst unsichtbar bleiben.

Die Schule hat vielerorts den Sinn für Wiederholung und Übung verloren. Wo jemand sie verlangt, regt sich Protest: Das sei nicht kreativ, sondern autoritär und *old style*, nicht individuell und kindgemäss, nicht selbstwirksam. Setzt Denken nicht angeeignetes und an Inhalten geübtes Wissen anstatt kurzfristig im Netz ergoogelter Informationen voraus?

18.4. Examenslehrprobe. Später, nachdem wir uns über die Notenfindung geeinigt haben, beklagt der Schulleiter, deutsche Pädagogen wüßten zu wenig über die hirnphysiologischen Voraussetzungen des Lernens. Lehrer müßten mehr über das Gehirn wissen, damit sie ihre Lernstrategien änderten. Das mag ja sein. Mich ärgert die Selbstgewißheit solcher Ansagen, obwohl man weiß, dass sich die Kenntnisse in diesem Bereich permanent erweitern, was zu neuen Folgerungen fürs Lernen führt und so weiter ad *usum delphini*.

26.4. In Radio höre ich von einem Amoklauf eines Schülers am Gutenberg-Gymnasium in Erfurt. Dabei erschießt ein 19-jähriger elf Lehrer, eine Referendarin, eine Sekretärin, zwei Schüler und einen Polizisten. Anschließend tötet er sich selbst.
Ich bin schockiert und suche vorschnell nach Ursachen: soziale Kälte in der Gesellschaft, das Versagen der Elternhäuser, die Gewaltdarstellung in den Medien, Videospiele? Ist auch ein Attentäter unter den Schülern meiner Klassen? Und die Lehrer? Welche Ängste haben sie und ihre Familien? Wenn Lehrer um ihr Leben fürchten müssen - was hat das für Folgen?

An der Schule eine Schweigeminute, Durchsage des Schulleiters mit dem Versuch, Orientierung zu geben, zu Gesprächen mit den Schülern wird geraten. Kann das bei uns auch geschehen?

Wann reden wir über die täglich wahrnehmbare Verrohung der Sprache, die Rempelein und Pöbeleien, über Desinteresse und Verweigerung im Unterricht, die fehlende Unterstützung überforderter Elternhäuser?

6.6. Abends am PC eine Mail einer Referendarin:
Lieber Herr Lerner!
Kurz vor den Ferien möchte ich Ihnen noch einmal eine e-mail schicken. Zum einen, um Ihnen mitzuteilen, daß ich

ab 1.8. eine volle Stelle am Bückeburger Gymnasium habe. Die dortige Schule baut gerade einen bilingualen Zweig auf. Es klingt beruflich nach einer tollen Perspektive für mich und das Kollegium hat bisher auch einen netten Eindruck gemacht. Zum anderen möchte ich Ihnen noch einmal für die gute Ausbildung danken. Ich habe aus den Seminaren häufig Impulse für den eigenen Unterricht mit nach Hause genommen und stets zu schätzen gewußt, daß Sie Ihre Anforderungen an uns klar formuliert haben und diese auch inhaltlich einsichtig und sinnvoll waren. Zudem war der Umgang mit uns immer fair, auch wenn es einmal bei Unterrichtsbesuchen nicht so gut lief. Ich denke, daß Sie wissen sollten, daß ich dies alles nicht als selbstverständlich erachte. Deshalb noch einmal der Dank, weiterhin gutes Gelingen und ein gleichbleibend hohes Engagement!
Viele Grüße ...

21.6. Mein Leserbrief „Förderstufen-Bürokratie" wird in der *FAZ* veröffentlicht. Darin kritisiere ich den unsinnig großen administrativ-bürokratischen Aufwand, der für die beteiligten Lehrer beim Übergangsverfahren von Klasse 6 einer hessischen Förderstufe nach Klasse 7 eines der Schulzweige entsteht.

Erste Stunde in der 5. Die Kleinen haben mir „schöne Ferien" gewünscht und ein tolles buntes Tafelbild gemalt mit allen Unterschriften. Da freut man sich doch. Auch ich lobe sie für ihre gute Mitarbeit.

11.9. Vollversammlung. Jemand ist der Meinung, die Lehrerausbildung müsse aufgewertet, besser verzahnt und praxisnäher ausgerichtet werden. Der Lehreralltag müsse wieder in den Mittelpunkt der Ausbildung rücken. Und die Fachdidaktik sei ja eine gute Idee, wenn sie sich ihrerseits nur nicht als Wissenschaft verstünde.

Meiner Meinung nach sollte die Lehrerausbildung in drei Abschnitten organisiert sein: Universität, Referendariat und „Lernen im Beruf". Denn allein so kann Handlungsfähigkeit erworben werden in Bereichen, die zunehmend neue Herausforderungen stellen. Neben den immer heterogener werdenden Klassen denke ich dabei besonders an Kinder „mit Migrationshintergrund".

16.9. Examenslehrprobe. Es gibt Referendare, die schärfen den Schülern kurz vor einem Unterrichtsbesuch ein, dass sie auf jeden Fall zu zweit arbeiten und sich austauschen müssen, weil die Fachleiter „kooperative Lernformen" sehen wollen. Einmal erlebe ich in einer Geschichtsstunde ein „Lernbüffet". Die Referendarin hat im Raum verschiedene Stapel mit Texten ausgelegt, die über den Dreißigjährigen Krieg informieren. Die Schüler laufen mehr als 20 Minuten im Raum herum und suchen nach Texten, die, so die Arbeitsanweisung, sie ansprechen. Dann ist die Stunde auch schon bald vorbei.

2003

28.1. Unterrichtsbesuch. In der Reflexion angeregte Diskussion, wie man eine entspannte Arbeitsatmosphäre schaffen kann. Didaktiker empfehlen, Optimismus und Zutrauen zu signalisieren z.b. durch positive nonverbale Signale, eine Haltung der Wertschätzung, ein freundliches Gesicht, ein Lächeln, das nicht aufgesetzt wirke. Das kann man ja auch nicht so einfach hinkriegen. Manchmal ist einem nicht nach Optimismus und guter Laune zu Mute. Der begleitende Mentor rät, möglichst keine räumlichen Barrieren zwischen sich und der Klasse aufzubauen. Daran schließt sich ein Exkurs über Körpersprache an, über die Wirkung verschränkter Arme, überkreuzter Beine, die Unsicherheit signalisieren könnten.

30.1. Im heutigen Fachseminar thematisieren wir die Arbeit mit *short stories*. Es geht besonders um die Ambivalenz rezeptionsästhetischer Ansätze, die Faszination sogenannter „Leerstellen" im Text, anhand derer sich die Kreativität der Schüler entfalten könne. Jemand verweist auf das Problem der Beliebigkeit, wenn Schüler ohne Bezüge zu Form und Inhalt der Textvorlage spekulierten. Eine Leerstelle entstehe dann dadurch, dass der Leser mit Erwartungen an den Text herangehe, die dem Text nicht angemessen seien.

15.2. Am Planungstag, an dem wir erneut Aspekte der Europaschulentwicklung evaluieren, befassen wir uns einleitend mit der These, Schulen hätten über Jahrzehnte Problemlösungen gefunden, das Können der Lehrer sei eine fortlaufende Lern- und Anpassungsleistung, die auf ein konkretes Umfeld reagiere. Bell, so erinnere ich mich, sprach von *working knowledge*. Schule, so weiter im Text, habe immer gelernt und lerne, nur eben eigensinnig. Das verweise auf die Listigkeit des Systems, das so schon viele Reformattacken gut überstanden habe.

12.3. Wenn ich ehrlich bin, muss ich zugeben, dass mir der

morgendliche Gang in diese Klasse 5 keine Freude bereitet. Ich stoße hier an Grenzen meiner didaktisch-methodischen Kompetenzen. Besonders ein Zwillingspaar nervt, dem es immer wieder gelingt, meinen Unterricht zu stören.

10.4. Beim Blättern in der „Betrifft: Erziehung" bin ich wieder auf einen dieser unsäglichen Artikel eines gewissen Herrn Kahl („Das System von seiner Neurose heilen") gestoßen. Ich muss darauf antworten und wundere mich, dass meine Polemik auch in einer der nächsten Ausgaben veröffentlicht wird.

„Reinhard Kahls Gastkommentar sollte als Mustertext für ein kommendes Lehrer-PISA Verwendung finden, um an diesem semantischen Extremfall eines Untextes exemplarisch u.a. den Gebrauch von Schlagworten, schiefen Bildern („Schulen an den Marionettenfäden von allwissenden Zentralen"), verunglückten Metaphern („Harmoniesülze, Fraktale im Gewebe der Bildung, Wasserzeichen in der Textur unserer Schulen"), die Wirkungsweisen einer abstrus-klinisch-martialischen Sprachverwendung („auf den Schlachtfeldern der Bildung") sowie verqueren historischen Ableitungen zu untersuchen und nicht zuletzt einen Mangel an Textkohärenz, an sinnvoller Gedankenführung und einigermaßen nachvollziehbarer inhaltlicher Aussage nachzuweisen."

Einige Tage später erreicht mich ein Brief eines Kollegen aus Aachen:
„Sehr geehrter Herr Lerner,
da ich annehme, dass Sie die Zuschrift zum Thema Reinhard Kahl … eingesandt haben, möchte ich Ihnen ein paar Zeilen schreiben.

Seit einiger Zeit verfolge ich mit wachsender Unruhe, wie die Schullandschaft in NRW sturmreif geschossen wird. ... Die PISA-Studie wird dermaßen mißbraucht, dass sich die Lügenbalken biegen. Der Herr Kahl ist an seinem Schreibtisch ein Protagonist des Kampfes. Was man sich als Lehrer da alles gefallen lassen muss, spottet jeder Beschreibung.

Die GEW-Spitze fragt schon lange nicht mehr nach, was die Kollegien vor Ort eigentlich bewegt. Ich bin übrigens in dieser Woche nach knapp 23 Jahren ausgetreten ...

Ich möchte Ihnen danken ... Ihre Zeilen finden meine volle Unterstützung."

23.4. Heute ist das Auswahlverfahren für die Fachleiterstelle. Drei Mitbewerber bemühen sich mit mir, eine Englischstunde mit einer netten Referendarin möglichst zielgenau zu analysieren. An das lange Gespräch mit den Damen und Herren, die nun eine Entscheidung treffen müssen, kann ich mich schon einige Zeit später nur noch vage erinnern.

28.4. Beginn der Netzwerkkonferenz: finnische Kollegen hospitieren an den Grundschulen. Vortrag über das finnische Erfolgsmodell.

7.6. Heute habe ich einen ehemaligen Schüler getroffen: hat sich durch die Gymnasiale Oberstufe gequält, BWL studiert und scheitert in den ersten Semestern an Mathematik.

15.7. Schule: Elterngespräch wegen Unterrichtsausfall. Zwei Stunden in der G8. Klasse 6a zum Theaterstück geführt. Vorher heftigen Konflikt zwischen zwei Schülern gedämpft. Dienstbesprechung, mal wieder unproduktiver Streit zwischen dem pädagogischen Leiter und dem Hauptschulzweigleiter.

3.9. Frühmorgens fahre ich mit dem Auto nach Weilburg. Die Koordinatoren tagen mal wieder drei Tage lang und, wenn ich sachlich resümiere, auch diesmal ohne relevante Ergebnisse. Auffallend die Fülle unterschiedlichster Veranstaltungen im Rahmen der Europaschulentwicklung. Es gibt Grundsatztagungen, dazu Schulleiter- und Koordinatorentreffen, weiterhin Evaluationsberatungen, Kongresse und Fachtagungen. Erst allmählich wird allen klar, wie im Kontext dieser Veranstaltungen Schulisches ökonomisiert worden ist. Immer wieder wird auf die Bedeutung von Qualitätssicherung verwiesen. Begriffe, die inzwischen uns allen fast von selbst über die Lippen gehen - *controlling, implementation, workload, mission statement, peer review, staff appraisal, performance indicators* - sprechen für sich. Fesseln, die man sich selbst anlegt, tragen sich leichter.

16.9. Morgens führe ich ein Beratungsgespräch mit einem alerten Referendar. 5. Stunde Unterricht und anschließend mein bilingualer Kurs. Später die Dienstbesprechung mit den Teamsprechern. Korrektur der Examensarbeiten und Gutachten schreiben.

2.10. Unterrichtsbesuch. Der Lernerfolg einer Klasse steht und fällt mit der Attraktion der Inhalte und der entsprechenden Motivation. Hinterher Unterhaltung mit der betreuenden Mentorin, die seit Jahren einen guten Job macht und dafür kaum Entlastung bekommt. Die Beliebigkeit des Unterrichtsstoffs über viele Jahrzehnte der Schulpraxis habe zu der falschen Auffassung geführt, dass der Inhalt des Gelernten weniger wichtig sei als die Beherrschung der Methoden.

4.11. Fünf Stunden Unterricht, davon zwei in der 7. Deutlich das Leistungsgefälle zwischen Jungen und Mädchen auch hier. Die Jungen mit oft chaotischem Arbeitsverhalten und Konzentrationsproblemen. Sie lernen ihre Vokabeln ungenauer, dazu schlampige Heftführung.

9.12. Heute meine letzte Schulleiter-Dienstbesprechung. Keinerlei nostalgische Gefühle. Zuviel Routine, zu wenig zielführende Diskussionen, eingefahrene Rollen, unterdrückte Aggressionen. Wir waren wie eine Familie, deren Mitglieder sich ein wenig auseinandergelebt haben. Nach 21 Jahren reicht es nun.

2004

15.1. Im Gespräch mit den Englischfachleitern versuchen wir erneut Leitbilder guten Englischunterrichts zu bestimmen. Über die direkte Instruktion: Der Lehrer bestimmt das Lernziel, er ist sich der Erfolgskriterien bewusst und macht sie den Schülern transparent. Die direkte Instruktion ist geprägt durch Klarheit auf Seiten des Lehrers im Hinblick auf Ziele, Medien, Inhalte und Methoden. Und diese Klarheit muss auch auf Seiten der Schüler herrschen.

12.2. Durchsicht der sechsten Examensarbeit. Die Notenabstimmung mit den Kollegen aus Fulda erfolgt meistens unproblematisch.

Personalversammlung. Wahl des Personalrats. Immer dieselben, die sich zu Wort melden, und dann noch eine Resolution für den Papierkorb.

3.3. Examenslehrprobe Englisch, 15 Punkte. Der Vorsitzende meint, dies sei die beste Prüfung in Englisch, die er bisher gesehen habe. Die Seminarleiterin hat mir im Vorfeld zugeflüstert, auf 15 Punkte zu gehen.

1.4. Heute meine Ernennung zum Studiendirektor.

10.4. Auch das passiert. In der Examenslehrprobe erhält der Referendar 12 Punkte. Freudig erregt geht er auf das Prüfungskommittee zu und umarmt alle.

15.4. Mündliche Prüfung. Im Gegensatz zu früher sind die Prüfungsvorlagen mehr oder weniger konkret auf reale Unterrichtsituationen bezogen. Viele Kollegen loben die entspannte Prüfungsatmosphäre, bei der aufgrund der kleineren Größe des Prüfungsausschusses effizient gearbeitet werde. Auch ich kann dies nur bestätigen.

26.5. Vollversammlung. 2003 hat das Amt für Lehrerausbildung die Studienseminare mit der Umsetzung von neuen Standards der Lehrerausbildung in Hessen beauftragt. Standards, so lese ich, sollen „grundlegende Kompetenzen des Lehrerberufs beschreiben". Was aber ist der Unterschied zwischen Kompetenzen und Standards? Worin besteht der Paradigmenwechsel?

7.7. Die Schüler meines Kurses Klasse 6 spielen mir ein Stück in Englisch vor, das sie selbst einstudiert haben. Ich bin gerührt. Dann überreichen sie mir ein bunt bemaltes Poster: Danke für ein wunderschönes Jahr, steht darauf, allerdings in Deutsch.

5.9. Nach dem Unterricht in der 11 und in meinem bilingualen Kurs unterhalte ich mich mit einer Referendarin, die Musik unterrichtet: Es sei mit den heutigen Schülern nicht mehr zu schaffen, dass sie in der 5. und 6. Klasse die Noten lernten. Zur Blockflöte könne man keinen mehr zwingen. Ich erwidere, dass auch das Üben als „Einschleifen" elementarer Techniken immer öfter aus dem Unterricht verschwinde. Es sei wohl zu lästig und mühevoll und den Schülern nicht zuzumuten.

Gespräch nach einem Unterrichtsbesuch über Lyrik im Deutschunterricht: viele angehende Deutschlehrer bekennen, noch nie ein Gedicht auswendig gelernt oder vorgetragen zu haben.

1964 lasen wir Grass' Novelle „Katz und Maus", damals eine äußerst waghalsige Lektüreentscheidung - und nicht nur wegen der berühmten Onanierszene. Mitte der 60er Jahre war der Sturm der Medien noch nicht über die Bildungstradition hinweggefegt. Noch hatte die Trivialliteratur nicht Einzug in den Deutschunterricht gehalten. Noch orientieren sich Deutschlehrer am literarischen Kanon, und die Schüler unterwarfen sich gern der Mühe des Entzifferns von Texten. Sie lehnten den raschen Zugang zu Texten und deren direkter Sinnerschließung ab. Bedeutung mußte nicht sofort greifbar sein.

23.9. Unterrichtsbesuch. In der Nachbesprechung über

Lehrer als „Lernbegleiter", die keinen Zwang mehr ausüben wollen. Der Fachlehrer meint, Lehrer würden so de-
gradiert und entmündigt. Und wie sehe das in der Realität
aus? Im „selbstgesteuerter Unterricht" würden als „Lern-
pakete" deklarierte Arbeitsblätter einzeln oder in Gruppen
bearbeitet, Schüler stellten selbst Lernfortschritte fest, die
dann auf Listen abgehakt würden. So erwerbe man dann
Kompetenzen. Schüler erweckten bei Unterrichtsbesuchen
den Eindruck, sie würden die besagten Arbeitsformen be-
reitwillig akzeptieren, und Referendare seien dann umso
mehr von der Effizienz ihrer methodischen Ansätze überzeugt.

Einmal habe ich eine Stunde erlebt, in der in sogenannten
„Lernateliers" gelernt wurde. Die Schüler arbeiteten an
Aufgaben, die ihnen in Form von Arbeitsblättern zugeteilt
wurden. Wenn einer nicht weiterkam, ging er zum „Lernbegleiter", der ihm im Flüsteron weiterhalf. Neue Lernkul-
tur?
Oder das beliebte und von vielen Ausbildern gern gesehene
Gruppenpuzzle. Die Klasse teilt sich in Gruppen auf, jede
Gruppe liest einen Text, dessen Inhalt die Schüler dann
anderen Gruppenmitgliedern erklären sollen und vice versa.
Ob die Schüler die Texte verstanden haben und sie erklären
können, ist dem Zufall überlassen. Nur wenige Schüler
sind dabei in der Lage, nach einer schnellen Lektüre Inhalte korrekt an Mitschüler weiterzugeben.

2005

24.1. Im Zug nach Frankfurt zur Modulkonferenz unterhalten wir uns über die „Kompetenzorientierung" als neuer

Maßgabe für unsere weitere Arbeit als Folge des Hessischen Lehrerbildungsgesetzes (HLbG). Kritisch sehen wir eine Tendenz in der Didaktik, die zwischen Fähigkeiten und Kenntnissen nicht mehr klar unterscheidet. Wenn am Ende eines Lernprozesses immer eine Kompetenz zur Lösung einer „lebensweltlich" orientierten Aufgabe gedacht wird, drängt sich die Frage auf, ob Problemlösungskompetenzen unabhängig von Wissen erworben werden können. Wie werden Schüler kompetent, wenn sie nicht wissen, warum es sich in der Sache, die sie kompetent bearbeiten sollen, überhaupt handelt?

Wir mokieren uns über die neue ministerielle Stummelsprache mit Abkürzungen, an die wir uns nun gewöhnen müssen. So steht „DFB" für das Ausbildungsmodul „Diagnostizieren, Fördern, Beurteilen". Bei „MuM" geht es um das Modul „Methoden und Medien". „EBB" beinhaltet „Erziehen, Beraten, Betreuen". Und die Referendare heißen nun in geschlechtsgerechter Sprache „LiV", Lehrkraft im pädagogischen Vorbereitungsdienst.

Mein Kollege, der demnächst „DFB" lehrt, meint, noch gewöhnungsbedürftiger sei, dass die „LiVs" in der halbjährigen Einführungsphase kaum noch an den Schulen seien, da sie fünf Module absolvieren müssten. Wie sollen sie, so empört er sich, Kontakte zu ihren Lerngruppen bekommen, um nach zwei bis vier Stunden Unterricht bewertete Unterrichtsbesuche absolvieren zu können?

Nachmittags, auf der Rückreise, diskutieren wir über die Rolle der Universitäten in der Lehrerbildung, besonders über die schulische Praxistauglichkeit ihrer Lehre. Viele

Professoren besitzen keine oder nur rudimentäre Unterrichtserfahrung, und auch das übrige Personal steht nicht regelmäßig selbst vor einer Klasse.

3.2. Vollversammlung im Seminar. Wir sind redlich bemüht, die Philosophie von Kompetenzen und Standards zu erfassen und zu verstehen, was Ewald Terhart in seiner Expertise „Standards für die Lehrerbildung", sie erschien 2002, beschreibt. Dort werden wir mit der optimistischen Erwartung konfrontiert, dass die neuen Standards für das Unterrichten einen wichtigen Beitrag für die Erziehung der Erzieher leisteten, für solche Erzieher, die auf die Herausforderungen des 21. Jahrhunderts vorbereitet sind. Das beeindruckt gewaltig und läßt Kritik und Widerspruch schnell verstummen.

Nach Franz Emanuel Weinerts Definition sind Kompetenzen
„die bei Individuen verfügbaren oder durch sie erlernbaren kognitiven Fähigkeiten und Fertigkeiten, um bestimmte Probleme zu lösen, sowie die damit verbundenen motivationalen, volitionalen und sozialen Bereitschaften und Fähigkeiten, um die Problemlösungen in variablen Situationen erfolgreich und verantwortungsvoll nutzen zu können". (Franz E. Weinert, Hrsg.: Leistungsmessungen in Schulen, Weinheim und Basel, 2001, S. 27f.)

Möglicherweise ergeht es den Kompetenzen so wie einst den Schlüsselqualifikationen. Nachdem deren Anzahl immer größer wurde, war der Spuk vorbei. Lernziele wurden wieder formuliert. Ähnliches Schicksal droht auch den Kompetenzen, nachdem unlängst auf einer Fortbildungsveranstaltung des Amts für Lehrerbildung (AfL) ein Referent, auf die Frage, wodurch Kompetenzen sich von Lernzielen unterscheiden, entgegnete: „Ich verwende Kompetenzen im Sinne von Lernzielen." Noch Klärungsbedarf? Das Schielen auf Kompetenzlisten und Lernziele, erfahre ich an anderer Stelle, führe nicht zu umfassender Bildung. Wer viele Kompetenzen besitze, sei noch lange nicht gebildet.

15.2. Im Unterrichtsbesuch versucht die Referendarin Formen von Partnerarbeit zu erproben. Dabei gelingt es erstaunlich gut, das Vorwissen der Lerngruppe zu aktivieren. In der Nachbesprechung der Stunde dreht sich die Argumentation um Chancen einer Differenzierung nach Leistungsniveau, Interesse und Arbeitstempo, wenn die Schüler im Lerntandem miteinander kommunizieren.

17.2. Unterrichtsbesuch in Anwesenheit der prätentiösen Schulleiterin. In der Nachbesprechung der Englischstunde listet sie minutiös alle Performanzfehler auf. Vermutlich hält sie meine zurückhaltende Art des Eingehens auf sprachliche Fehler für äußerst bedenklich. Der sprachkompetenten, selbst Englisch unterrichtenden Dame ist wohl nicht bewußt, welche Folgen diese Art von Fehlersuchspielen für das Selbstwertgefühl der jungen Referendarin haben wird.

23.2. Beim Lesen eines Unterrichtsentwurfs einer Stunde in einem Grundkurs 12, in dem der Referendar beklagt, dass die Schüler kaum an literarischen Texten interessiert seien, erinnere ich mich an meinen Englischunterricht in der Mittel- und Oberstufe.

Was haben wir nicht alles gelesen! *Murder in the Cathedral* von T.S Eliot, *short stories* von Truman Capote, *An Inspector Calls* von Priestley. Dann natürlich Dickens' *Hard Times.* Hemingway war Standard in der Oberstufe, besonders die *short stories* mit Nick in der Rolle des Protagonisten. Ausführlich auch *Old Man and the Sea: a man can be destroyed but not defeated.* Nicht zu vergessen Shakespeare. Im Zentrum stand die Lektüre von *Macbeth.* Ich schrieb auf meiner kleinen Schreibmaschine einen längeren Text zum Thema: *Fair is foul and foul is fair. Trace this theme throughout the play.* Thornton Wilders *Our Town* hat mich sehr beeindruckt. Wie reichhaltig der Kanon war, zeigte sich auch darin, dass wir uns mit einem doch etwas abseitigen Thema, der *Irish Renaissance*, beschäftigten, Gedicht und Stücke von John Millington Synge, z. B. *Riders to the Sea* lasen.

B. Bueb in der *FAZ* mit einem Text „Lob der Disziplin". Er plädiert für ein Recht der Jugend auf Disziplin, behauptet, dass die Schule kein Spaßbad sei. Das wird einen Aufschrei im linksliberalen *juste milieu* geben!

„Der Erziehung ist vor Jahrzehnten das Fundament weggebrochen: die vorbehaltlose Anerkennung von Autorität und Disziplin. [...] Viele irren ziel- und führungslos durchs Land. Denn der Konsens, wie man Kinder und Jugendliche erziehen soll, ist einem beliebigen, individuell geprägten Erziehungsstil gewichen. Es gibt keine Übereinkunft über die Notwendigkeit, die Legitimation und die praktische Ausübung von Autorität und Disziplin."
Denn nur durch Disziplin, so Bueb, erwerbe man wirkliche Freiheit.

12.4. Die wievielte Vollversammlung findet heute statt? Und wieder mal geht's um Module. Jemand erwähnt den neuen Begriff „Halbfertigprodukte". Was da wohl mit gemeint sei? Er assoziiere dies mit „Ausschuß", Prototypen, die nach Gebrauch zu entsorgen seien. Und fährt erregt fort, solange Ausbilder in den Studienseminaren selbst kaum in der Lage seien, schlüssige kompetenzorientierte Unterrichtsentwürfe vorzulegen, geschweige denn kompetenzorientiert zu unterrichten, sollten sie der Glaubwürdigkeit wegen darauf verzichten, dies von den „Lehrkräften im Vorbereitungsdienst" zu verlangen.

13.7. Am Ende des Schuljahrs charakterisieren die Schüler der R 10 mich und meinen Unterricht: „Herr Lerner ist seit der 9. Klasse unser Englischlehrer und stellvertrender Klassenlehrer. Sein Unterricht ist qualifiziert und abwechslungsreich. Er hat uns gut auf unsere weiterführende Schulbildung vorbereitet. Herr Lerner motiviert die Schüler und hilft ihnen, ihre Schwächen in Englisch zu verbessern. Er hat die Schüler unter Kontrolle, ist etwas streng, macht aber trotzdem einen lockeren und interessanten Unterricht. Manchmal hat er leichte Stimmungsschwankungen aber eigentlich ist er recht lustig." Beim Lesen dieser Schülerevaluation erinnere ich mich, wie ich zu Beginn des Schuljahr diese 9. Klasse übernehmen mußte, da eine Kollegin mit den Schülern nicht mehr klar kam.

Der übliche Stress am Schuljahresende: Wandertage, Bundesjugendspiele, Bücherrückgabe, Notengebung und Versetzungskonferenzen.

„[...] die Veränderung, die durch den Einzug der audiovisuellen Medien, des PC, der elektronischen Spiel- und Abspielgeräte in die Wohn und Kinderzimmer stattgefunden hat, ist noch nicht im entferntesten begriffen worden. Die Digitalisierungswelle, die seit Anfang der neunziger Jahre alle privaten Lebenswelten erfasst, hat Eltern wie Kinder gleichermaßen überrollt, nur dass letzteren Schutzmechanismen fehlen, mit denen sie sich gegen den Ansturm künstlicher Welten und simulierter Erfahrungen wehren könnten. So ist unmerklich ein neuer Typus des Kleinkinds entstanden, das seine Kindheit vor dem Bildschirm verpasst. Jene autistische Asozialität, jene Unempfindlichkeit für die Wünsche und Schmerzen anderer, jene Kompromiß- und Kommunikationsunfähigkeit, von der immer mehr Grundschullehrer berichten, ist kein individuelles, sondern ein allgemeines, Schichten übergreifendes Syndrom. Es hat mit der Zerstörung von Kindheitsräumen zu tun, mit dem Verschwinden von Parks und Spielgärten als Orten sozialer Interaktion, mit der Verdrängung sinnlich-konkreter, durch rein optische und imaginäre Reize. Dass Kühe nicht lila sind, wie es die Schokoladenwerbung behauptet, kann man bei einem Ausflug aufs Land leicht feststellen, aber jenes frühkindliche Realitätsdefizit, das durch den Mangel an Spielkameraden, Naturerlebnissen und körperlicher Bewegung bei gleichzeitiger elektronischer Überversorgung entsteht, lässt sich durch schulisches Lernen nicht mehr beheben. [...]." (Andreas Kilb: Das Ende der Kindheit. in: Frankfurter Allgemeine Zeitung, 12.08.2005)

Immer wieder frage ich mich, warum heute die wenigsten Schüler geschichtlich-chronologische Zusammenhänge

219

kennen, ihnen literarisch-geistesgeschichtliche Entwicklungen fremd sind und geographische Räume wie Länder und Kontinente unbekannt.

11.10. In der Zeitung ein Bericht aus französischen Schulen. Schüler islamischen Glaubens machen Radau, wenn von der Shoa die Rede ist, wollen sich im Sportunterricht nicht umziehen, jüdische Schüler könne man nicht mehr in die staatlichen Schulen schicken. Haben wir bald ähnliche Zustände an unseren Schulen?

31.10. Im Seminar Klagen über die Ausbildungssituation. Kollegen fragen zu recht, ob die vielen Module in den zwei Jahren des Referendariats zu bewältigen seien. Neuerdings müßten sogar Module „gestapelt" werden. Neulich hat eine clevere Referendarin ihren Ausbilder gefragt, wie sie kompetenzorientierte Unterrichtsentwürfe schreiben und einen kompetenzorientierten Unterricht halten solle, wenn Ausbilder, auch mangels gehaltenem Unterricht, selbst dazu nicht in der Lage seien.

15.12. Am PC die E-Mail einer Referendarin: Lieber Herr Lerner, ich wollte mich unbedigt nochmals persönlich bei Ihnen für diese erstklassige Ausbildung bedanken, die mich sehr geprägt und mir sehr viel Wichtiges und Nützliches mit auf den Weg gegeben hat! DANKE!!!

2006

16.2. Einführungsseminar, die erste Sitzung, acht neue LiVs. Die Flipchart steht bereit.

21.2. Für meinen Englischkurs habe ich mich heute besonders gut vorbereitet, denn die acht neuen Referendare hospitieren und wollen „guten" Fremdsprachenunterricht sehen. Den Schülern ist die Situation vertraut, was nicht unbedingt heißt, dass sie sich heute besonders gut präsentieren werden.

23.2. Vollversammlung des Seminars mit dem Leiter des „Amts für Lehrerbildung", der aus Frankfurt angereist ist und dem anzumerken ist, wie sehr die vielen kritischen Beiträge ihm zu schaffen machen. Die Ausbildung in den Modulen sei zu theorielastig, was im Mittelpunkt der 2. Phase der Lehrerausbildung stehen müsse, das Handwerk des Lehrerberufs zu erlernen, um jeden Tag vor der Klasse bestehen und gut unterrichten zu können, müsse wieder in das Zentrum rücken. Wichtige Kompetenzbereiche wie Diagnosefähigkeit oder Beratung hätten sich zu stark von den Fachdidaktiken losgelöst. Werden unsere Argumente ihn beeindrucken?

Gesamtkonferenz am Oberstufengymnasium: ein Thesenpapier der Schulleitung „Schule im Umbruch - Konsequenzen für den Arbeitsplatz Schule" liegt vor. In der Diskussion geht es um die Modalitäten einer „eigenverantwortlichen Schule". Dies impliziere eine veränderte Professionalität unserer Arbeit mit klaren Zielvorgaben in Form von Bildungsstandards, Evaluation durch Schulinspektoren, um Qualität von Schule und Unterricht und damit die Förderung der Schüler zu verbessern. Der Schulleiter betont die Verantwortung des Kollegiums für eine „intelligente Nutzung von Gestaltungsspielräumen". Verhaltene Zustimmung.

6.3. Inzwischen häufen sich die Examenslehrproben. Zum zweiten Mal in meiner Rolle als Fachleiter ist eine Referendarin durchgefallen. Es hat nicht nur an ihrem mangelnden sprachlichen Können gelegen.

11.3. Heute läuft im Examen einiges aus dem Ruder: der Prüfungsvorsitzende ist zu spät erschienen, überraschend hat der Referendar nach etwa 30 Minuten seine Unterrichtsplanung verändert. Wie damit umgehen? Irritationen bei der Notenfindung.
Weiter zur nächsten Examenslehrprobe, diesmal läuft alles rund - 14 Punkte. Prüfungsvorsitzender, Schulleiter und die zwei Fachausbilder loben die besondere Qualität der Reflexion der Referendarin. So etwas hätten sie schon lange nicht mehr erlebt.

30.3. In der *FAZ* ein Artikel mit der Schlagzeile „Der Intensivtäter wird zum Vorbild", in dem von einer Berliner Hauptschule berichtet wird, die um Hilfe ruft, weil Aggressivität, Respektlosigkeit und Ignoranz der Schüler überhand genommen hätten. Lehrer würden im Unterricht beworfen, geregelter Unterricht sei nicht mehr möglich. Da ist man doch froh, dass es an hiesigen Schulen bislang noch friedlich zugeht.

3.5. Mal wieder eine Vollversammlung. Immer mehr wird dem Kollegium bewußt, dass die Umsetzung der Modulstrukturen viel Zeit und Kraft erfordern wird. Neben der inhaltlichen Neuorientierung geht es auch um so banale, aber für die Arbeitsatmosphäre wichtige Dinge wie eine präzise Raumabstimmung für die Seminargruppen, eine

Abwägung der personellen Kapazitäten für die halbjährliche Planung, die Einwahl der Referendare in die bewerteten und nicht bewerteten Pflicht- und Wahlpflichtmodule. Ob die nun deutlich aufwendigere Koordination der Seminaraktivitäten die Qualität der Ausbildung verbessern wird?

5.5. Zu einer Tagung im „Amt für Lehrerbildung" in Frankfurt, um erneut Standards, Kompetenzen, Indikatoren für die Ausbildung zu definieren. Wiederum erleben wir einen einleitenden Vortrag samt obligatorischer Power-Point-Präsentation, in dem wir erfahren, dass „Modularisierung" und „Kompetenzorientierung" letztlich etwas Positives beinhalteten, dass Kompetenzen „Fähigkeiten unter dem dreifachen Aspekt von Kenntnissen, Fertigkeiten und Einstellungen" seien.

Im ICE auf der Rückfahrt frage ich mich, was eigentlich so neu an diesem Konzept sein soll. Hat Lernen nicht immer eine kognitive, methodische und affektive Ebene umfasst? Und bin ich nicht ein einigermaßen erfolgreicher Lehrer geworden, ohne „Kompetenzpädagogik" genossen zu haben?

1.6. Seit Einführung der neuen Module kommt es bisweilen zu recht amüsanten Unterrichtsbesprechungen. So sitze ich heute mit mehreren Kollegen zusammen. Einer vertritt das Modul „Diagnostizieren, Fördern, Beurteilen" (DFB), ein anderer ist für „Erziehen, Beraten, Betreuen" (EBB) zuständig, und meiner netten Kollegin neben mir geht es um „Methoden und Medien" (MuM). Wie es der unterrichtenden Referendarin und den drei hospitierenden „LiVs" in Anwesenheit solch geballter Kompetenzen wohl ergehen mag?

Die Fachdidaktikerin wolle, so die gestresste Referendarin später nach der Stundenbesprechung, problemorientiertes und vertiefendes Lernen sehen, dem DFB-Ausbilder gehe es vor allem um die individuelle Förderung der Lesekompetenz und die Vertreterin von MuM wünsche etwas mit Medien präsentiert zu bekommen.

Auf der Fahrt zurück ins Seminar frage ich mich, warum in Unterrichtsbesuchen beim Modul MuM unbedingt der Computerraum aufgesucht oder ein Gruppenpuzzle durchgeführt werden muss. Und darf eine DFB-Stunde eine „normale" Stunde sein, oder müssen unbedingt Übungen zum „dialogischen Lesen" oder „lauten Denken" stattfinden? Wie ist es möglich, in einer einzigen Stunde einen Förderprozess zu beurteilen, wo man doch aus Erfahrung weiß, dass man dabei Geduld und einen langen Atem braucht?

14.6. Heute freue ich mich über einen gut strukturierten und inhaltlich stimmigen Unterrichtsentwurf. Auch die Stunde ist dann gelungen. Anschließend sprechen wir über den Aspekt der didaktischen Reduktion. Kann ein Lehrer eine sinnvolle didaktische Reduktion ohne fundierte Fachkenntnisse vornehmen? Er sei dann, so der Referendar, auf vorbereitetes Material angewiesen - aber wehe ein Schüler frage etwas, was nicht vorgesehen ist.

Seit den 70er Jahren kennen wir als zentrales Ziel des Englischunterrichts die „kommunikative Kompetenz". Inzwischen ist es zu inflationären Weiterungen des Kompetenzbegriffs gekommen. Nun hören wir von inter- bzw. transkultureller Kompetenz, Methodenkompetenz, interpersoneller Kompetenz, Selbstkompetenz, Medienkompetenz, Reflexionskompetenz. Und kein Ende ist abzusehen. Jürgen Kaube hat neulich in der *FAZ* noch „Unterstreichungskompetenz" und „Klebekompetenz" angemahnt.

16.9. In der Post ein Dankschreiben des „AfL" an die Teilnehmer der Modulkonferenzen 2006. Da kommt Freude auf. Ist ja auch eigentlich nett gemeint, und Punkte gibt es auch für die Fortbildungsbilanz. Ich überfliege den Text und hefte ihn ab.

Dass dem Bereich „Diagnostizieren, Fördern und Beurteilen" eine größere Bedeutung in der Lehrerausbildung zukommen soll, kann ich verstehen. Aber was hat das Modul „Schule entwickeln" in unserer Ausbildung zu suchen? Haben unsere Referendare in ihrer knapp bemessenen Zeit dazu überhaupt Gelegenheit? Zumal auch gestandene Kollegen sich damit schwertun.

In den Englischstunden, die ich sehe und die in der Fachliteratur favorisiert werden, erlebe ich immer öfter Methoden, die nicht selten einen extensiven Gebrauch der Muttersprache erlauben: Stationenlernen, Lernen im Gehen, *gallery walk*. Insbesondere Gruppenarbeit erweist sich in diesem Kontext von unschätzbarem Wert, da sie den unmittelbaren Rückzug in die Muttersprache erlaubt.

Auch das sind Folgen von Klipperts vordergründigem Methodentraining. Warum fallen Lehrer darauf herein? Erkennen sie nicht diese besonders dramatische Art, den Unterricht zu verblöden? Abarbeiten von „Lernspiralen" - eine sterile, sinnlose Form der Beschäftigungstherapie, eine

Methode, Unterrichtszeit zu verschwenden und Schülern völlig inhaltsleere Rituale einzuimpfen.

2007

29.1. Wieder mal eine Sitzung in Frankfurt. Morgens beim Gang durch das „Amt für Lehrerbildung" zum Tagungsraum blicke ich in offene Büroräume voller „Service-Pädagogen", die auf ihre PCs starren, gut dotierte Experten für die vielen modischen Aktivitäten auf dem weiten Feld der innovativen Pädagogik. Was sie wohl mitbekommen von den konkreten Nöten des Unterrichts? Mich beschleicht das ungute Gefühl, dass sich durch die Dauerreform - neben allen nötigen, wissenschaftlich begründeten Neuerungen - vor allem ein Betätigungsfeld für Kultusbürokraten auftut, die den unerfreulichen Schützengraben „Unterricht" längst verlassen, sich in Ministerien und nachgeordnete Behörden gerettet haben und nun ganz besonders nachdrücklich nach einer Existenzberechtigung suchen. Die permanente Reform der Schulen produziert Bedarfe, die nur von denen, die innerhalb der Schulen permanent nach Veränderung, Reform und Optimierung rufen, bedient werden können.

In der Mittagspause - beim Spaziergang am Mainufer - sind wir uns darin einig, dass Treffen von Fremdsprachenlehrern ein wenig Fremdsprachendidaktik-Kongressen ähneln: hochtrabende Projekte werden präsentiert, welche im Klassenzimmer dann selten funktionieren.

Der Ton wird zunehmend rauher. In Fortbildungen für uns Ausbilder werden auf einmal Sekundärtugenden wie Pünktlichkeit und Einhaltung von Formalien angemahnt.

Die Arbeitszeit in der Wirtschaft wird zum Leitbild erhoben: „Vergleichbare Personen wie Sie müssen dort 50 bis 60 Stunden in der Woche arbeiten." Von den Leitern der Studienseminare wird „bedingungslose Loyalität" gefordert. Die Reform der Lehrerausbildung muss ein Erfolg werden - unter welchen Bedingungen auch immer.

4.2. Bei der Sichtung der Englisch-Abiturthemen wird neuerdings die Fertigkeit des „Sprachmittelns" verlangt, Alibi für die Bevorzugung von Deutsch als Unterrichtssprache. Fremdsprachen lernen ohne Fremdsprache, beklagt meine Kollegin.

Müssen für jede Stunde Arbeitsblätter erstellt werden? Ist es Aufgabe des Lehrers, Lehrmaterial zu kreieren?

10.2. Im Fach liegt eine Urkunde: „Herr Lerner hat im Jahre 2007 im Umfang von zwei Tagen folgende Leistung erbracht: Mitwirkung an der Weiterentwicklung der Modularisierung im Rahmen der landesweiten Modulkonferenzen im gymnasialen Lehramt. Wir bedanken uns für die engagierte Mitarbeit und vergeben für diese Tätigkeit 20 Leistungspunkte." Da kommt erneut Freude auf.

Seit einiger Zeit müssen wir Fachleiter uns auf eine Neudefinition der Lehrerrolle einlassen - Fremdsprachenlehrer werden nun zu *counselors, facilitators, learning managers, motivators*. Das ähnelt dem reformpädagogischen Traum vom überflüssigen Lehrer, der zum bloßen Berater oder Betreuer selbständiger Schülergruppen mutiert ist. Ambitionierte Autoren veröffentlichen Beiträge in Fachzeitschriften, in denen sie Methoden und Verfahren lobpreisen, die in der Unterrichtspraxis nicht ausprobiert werden. Schüler erleben einen solchen Unterricht oft als wenig strukturiert und bisweilen als chaotisch.

Neulich verteidigte die Referendarin vehement ihren „schülerzentrierten Unterricht" und auch mit guten Argumenten. Würden die Schüler in die Planung des Unterrichts einbezogen, sorge dies für Motivation und Lernbereitschaft. Ohne die Einbeziehung der Erfahrungswelt der Schüler ließen sich kaum Funken aus einem Lerngegenstand schlagen. Aber was wissen wir eigentlich von dieser „Erfahrungswelt"?

2.4. Bei der Vorbereitung auf die heutige Stunde lese ich, dass erfolgreiche Lehrer ihr Wissen so organisieren, „dass sie eine bedeutungsvolle Konstellation schnell erkennen, weil sie über ein reiches Fallwissen in Form von Aktivitätsszenarien verfügen, die die relevanten Faktoren in Beziehung setzen. Sie erwerben und erweitern ihr Fallrepertoire handlungsorientiert durch Erfahrung. Dieses Erfahrungswissen lässt sich in operatives Können umformen, wenn und insoweit typische Einheiten von Bedingungen und damit verknüpfte Handlungen entstehen". (Koch-Priewe, Grundlegung einer Didaktik der Lehrerbildung. Der Beitrag der wissenspsychologischen Professionsforschung und der humanistischen Pädagogik ; S. 149 f.)
Welch verbaler Aufwand, um letztlich nichts Konkretes zu sagen.

Eine Möglichkeit, „Frontalunterricht" zu diskreditieren, besteht darin, ihn mit einem Begriff wie „Frontalangriff" zu assoziieren. Es sind die Schüler, die im Schulalltag erfahren, was hinter „ganzheitlichen", „offenen" und „kooperativen" Unterrichtsformen in Wirklichkeit steht.

Was von Formen „offenen Unterrichts" zu halten ist, hat sich spätestens seit der breit angelegten Hattie-Studie *Visible Learning* herumgesprochen, in der Kriterien eines *effective teaching* benannt werden.

Hattie geht es um das aktive Lernen jedes einzelnen Schülers, es geht um die Qualität der Instruktion des Lehrers, ihre Glaubwürdigkeit und Klarheit, das ständige Feedback, das zu geben ist,

„um die Befähigung der Schüler, sich auszudrücken und das eigene Niveau einzuschätzen, sowie eine strikte Sequenz aus klar kommunizierten Unterrichtszielen und Erfolgskriterien, modellhaftes Vorführen von Lösungen, Überprüfung, ob alle verstanden haben, und anschließendem Üben. (...) Die Autorität der Lehrkraft beruht dabei sowohl auf ihrer Beherrschung des Stoffes und der Deutlichkeit, mit der er dargestellt wird, als auch auf der Fähigkeit, auf typische, aber auch überraschende Fragen zu antworten." (Kaube, 2019, S. 227)

Leider hat Hattie nicht untersucht, wie schädlich offener Unterricht ist. Was sagte die erfahrene Mentorin neulich? „Qualitätssicherung von Schulen" sei ein echter pädagogischer Slogan. Sage nichts aus, klinge so überzeugend, dass niemand sich ihm entziehen könne, und, fügt sie unwirsch hinzu, dass ich innerhalb kurzer Zeit der vierte Ausbilder bei ihrer Referendarin sei und sie nun eine weitere Vorstellung von gutem Unterricht erfahren habe. Äußern sich LiVs über die Qualität ihrer Ausbildung, erfahren fast immer ihre Mentoren großes Lob, obwohl diesen seit Jahren Anerkennung in Form von Anrechnungsstunden oder Vergütungen verwehrt worden ist.

Noch einmal zu den sprachlichen Normen: Deren mangelnde Beherrschung beeinträchtigt nicht nur die Fähigkeiten der Schüler, elaborierte Texte zu verfassen und zu verstehen. Vor sprachlichen Fehlern strotzende Bewerbungsschreiben von Abiturienten werden von Personalchefs aussortiert. Sogar Deutschlehrer sollen nicht immer die Regeln der eigenen Sprache beherrschen .

„In der Lehrerausbildung wird sich auch in Zukunft der unvermeidliche, der sattsam bekannte, der ebenso dauererregte wie unabschließbare „Lehrerbildungsdiskurs" hinwegwälzen, ein Prozess, der aus Reformkommissionen, Mahnrufen, einzelnen Wissenschaftlern und anderen Experten, Zeitungsartikeln, OECD-Berichten, Berufsverbandsvorsitzenden, Experten für Beamtenrecht und Gehaltstabellen und so weiter besteht, und in dem die substanziell immer gleichen Argumente und Interessen immer nur in neuen Konstellationen arrangiert werden." (E. Terhart, in: Seminar 4/2007, S. 71 f.)

2008

Nur wissenschaftlich bestens qualifizierte Studenten seien für diesen verantwortungsvollen Beruf geeignet, meint der Leiter des „Amtes für Lehrerbildung". Aber was erleben wir? Noteninflation: die Eins vor dem Komma ist zum Normalfall geworden, eine Zunahme sehr guter Abiturleistungen. Wundersame Qualitätsvermehrung?

Früher, so ein älterer Kollege, sei die Ausbildung im Studienseminar ein kontinuierlicher Prozess der Professionalisierung von Lehrern gewesen. Eine „Note über den Ausbildungsstand" habe darüber Bilanz gezogen. Jetzt addierten wir Fragmente, die jeweils für sich benotet würden. Ohne empirische Fundierung sei das alte Ausbildungssystem durch eine Modulstruktur ersetzt worden, deren negative Folgen absehbar sein würden. Sicherlich, fährt er fort, auch früher gab es an den Studienseminaren keine „heile Welt", aber eine prozessorientierte, schulnahe Ausbildung, ein ausgewogeneres Verhältnis von Beratung und Bewertung, eine offenere Ausbildungssituation. Und die Ausbilder hatten noch so viel eigenen Unterricht, dass Referendare sinnvoll hospitieren konnten.

22.2. Unterrichtsbesuch. Ich beurteile mit acht Punkten. Unangenehme Nachbesprechung mit einer mürrisch dreinblickenden, stressgeplagten Referendarin. Spielt die beleidigte Leberwurst. Auch jemand von denen, die nicht selten die Arbeiten ihrer Schüler „verschlimmbessern". Wo liegen die Ursachen dieses Rückgangs an sprachlichen Kompetenzen? Aber ich bin ungerecht, vergesse, dass sehr viele Studenten mit hoher fremdsprachlicher Performanz und teilweise *near nativeness* die Universität verlassen. Auslandsaufenthalte haben dazu beigetragen.

27.2. Heute findet zum ersten Mal ein pädagogisches Seminar mit unserem „Tandemseminar", dem Studienseminar Fulda, statt. Erneut geht es um Kompetenzorientierung. Wer wagt es schon, gegen den Begriff „Kompetenz" aufzubegehren?

In seinem Buch „Ware Bildung. Schule und Universität

unter dem Diktat der Ökonomie" hält Jochen Krautz die Anpassung „an die Bedürfnisse des globalen Arbeitsmarktes" für den Kern des Kompetenzbegriffs der OECD. Das schaffe das von der Wirtschaft gewünschte „Humankapital". Allgemeinbildung sei out, Output sei in. Die Ökonomisierung der Schulen schreite voran auch dank der politisch gut vernetzten „Bertelsmann-Stiftung", die Schulpolitik betreibe, indem sie propagiere, was die OECD als der Weisheit letzten Schluß verkünde.

3.3. Schriftliches Abitur Englisch. Die Spannung beim Öffnen der Umschläge mit den Themen. Habe ich die Abiturienten gut vorbereitet? Welche zwei Textformate soll ich ihnen zur Auswahl vorlegen? Während ich Aufsicht führe, habe ich Zeit, über die inzwischen erstaunliche Vermehrung der Abiturquoten nachzudenken, die auch durch eine allmähliche Senkung unserer Anforderungen erkauft ist. Bedenklich auch die zunehmend auf Kompetenzen getrimmten Aufgaben und Klausuren. Im schlimmsten Fall tendieren sie zur Inhaltsleere und testen nur, ob ein Schüler die Aufgabe aufmerksam gelesen hat, um dann bloß die im Text verschlüsselten Antworten zu finden.

Gedanken über die fragwürdige Methode in manchen Grundschulen, Schülern das Schreiben „nach Gehör" beizubringen. Also zurück zu Regelpaukerei und Rechtschreibdiktaten? Nein, aber wieder eine stärkere Betonung sprachlicher Normen im Deutschunterricht!

6.3. Bei der abendlichen Zeitungslektüre erfahre ich von abstrusen Ratschlägen für verunsicherte und ehrgeizige Eltern. Da gibt es „Little-giants-Kindergärten" mit integrierten „Science-Labs" und „Babytuning". Mittelschicht-eltern wählen zwischen „FasTracKids" und „Early Learning Centers" für 1000 Euro pro Monat, Luxuskitas samt Portfolios und Potenzialanalysen bereits bei Dreijährigen, auf dass das Kind doch so früh wie möglich fit für den globalen Wettbewerb gemacht werde. Bildungspanik von Eltern, die schon in der Vorschulerziehung um die akademische Ausbildung ihres Nachwuchses bangen.

Der unsägliche Herr Klippert und sein Methodentraining. In Lehrerheften mit "1000 Methoden" werden „Lernförderung und Lehrerentlastung" mit Hilfe einer „Lernspirale" versprochen. Und die Kollegen, zumal die entlastungssuchenden und verhaltensunsicheren, stürzen sich auf solche Angebote. Für alles finden sich Erziehungswissenschaftler, deren Forschungen diese oder jene Mode unterstützen, und ein Sachbuchautor, der seinen Senf dazu gibt, findet sich allzumal.

6.4. Welche Freude! Wieder liegt im Fach eine Urkunde: „Herr Lerner hat im Jahre 2008 im Umfang von drei Tagen folgende Leistung erbracht: Mitwirkung an der Weiterentwicklung der Modularisierung im Rahmen der landesweiten Modulkonferenzen im gymnasialen Lehramt. Wir bedanken uns für die engagierte Mitarbeit und vergeben für diese Tätigkeit 30 Leistungspunkte."

9.4. Im Grundkurs 13 lege ich zum Themenbereich *Globalisation* einen Text mit einem Interview von Paul Krugman vor. Trotz bereitgestellter Annotationen haben die Schüler Probleme, den Text zu verstehen.

Ich recherchiere im PC-Raum, informiere mit schlechtem Gewissen den stellvertretenden Schulleiter wegen anfallenden Vertretungsunterrichts, werfe einen Blick auf das neu erstellte Formblatt für „Förderpläne", hole 27 Lektüren *Abomination* für die 10. Klasse von einer schlecht gelaunten Büchereiverwalterin ab und bringe die korrigierten Abiturarbeiten zur Koreferentin.

11.4. Auch beim heutigen Unterrichtsbesuch erlebe ich den Allgemeindidaktiker wie immer mit großem Herz für den Referendar.

13.5. Morgens den Prüfungsvorsitzenden, der aus Fulda angereist ist, am Bahnhof abgeholt. Im Gespräch nach der Examenslehrprobe kritisiert er die Ausnüchterung des Literaturbegriffs an den Universitäten. Das habe dazu geführt, dass Referendare lieber zu Sachtexten griffen, um so die Lesekompetenz der Informationsentnahme besser trainieren zu können. Der Begriff „Kompetenz" sei inzwischen zum aufgeblähten Ersatzbegriff für „Können" geworden. Auffällig sei auch der Verlust an ästhetischen Kompetenzen, historischen Kenntnissen und kulturellem Wissen. Immer weniger gebe es „Ganztexte" im Unterricht, Ausschnitte aus *Macbeth* würden szenisch interpretiert, indem man Standbilder baue.

Ich erzähle von meiner „Macbeth"-Lektüre in der Oberprima und erwähne Dickens *Hard Times*, dessen Lektüre wohl nicht allein dem Lehrplan geschuldet, sondern auch der Versuch sozialdemokratisch sozialisierter Lehrer war, uns zukünftige Akademiker für soziale Mißstände zu Zeiten der industriellen Revolution zu sensibilisieren. Alles schön und gut, bemerkt lächelnd der Kollege aus Fulda, nur habe uns damals leider niemand beigebracht, wie man in englischen Pubs ein Bier bestellt.

16.5. In einer Hausmitteilung bittet der Schulleiter uns Kollegen, folgende „Formen von Schülerverhalten" als „Gesprächsanlaß" zu nutzen: Wegwerfen von Abfällen aus den Fenstern, unaufgeräumte Klassenräume, Vandalismus, Verschmutzung von Toiletten durch Wasserschlachten, mit den Füßen an die Wand springen, ruppiger Ton untereinander, übles Beschimpfen und Beleidigungen, Diebstahl, Mobbing, Lehrkräften hinterheräffen. Ob der „Gesprächsanlaß" wohl etwas im Schulalltag verändern wird?

17.5. Treffen mit Kolleginnen der Grundschulen. Es geht um den Früh-Englischunterricht und seine Effizienz. Manche behaupten, der Effekt des Grundschulenglisch sei gleich null ist. Weil man sich in der Schulpädagogik aber nie irren kann und noch alle Modellversuche zum Erfolg verurteilt sind, will man von diesem frühen Englisch-Immersions-Bad nicht lassen.

Beim Surfen im Internet stoße ich auf eine Seite, in der sich Referendare über ihre Ausbilder beschweren: „Ich habe nie mehr in meinem Leben unter einem derart ungesunden Stress gestanden. Man wird zwischen allen Fronten zerrieben. Das Schlimmste war, dass mir die Fachleiter so gut wie nichts beigebracht haben." Man habe sich "Ideen für fertige Unterrichtsreihen und konkrete Unterrichtshilfe" gewünscht. Stattdessen verplemperte man in Seminaren Zeit mit hehren Theorien. In den Lehrproben erwarteten die Fachleiter dann allerdings die perfekten Stunden und würden ungern enttäuscht. So habe ein Biologie-Fachleiter einer Referendarin nach einem Unterrichtsbesuch bescheinigt: "Das war Anti-Unterricht. Es wäre besser gewesen, Sie hätten die Stunde nie gehalten."

Beim Lesen dieser Klagen fällt mir der Ausspruch eines Schulleiters nach einer Stunde eines Referendars ein: „Das war intellektueller Dünnschiß". Das ist nun ja auch nicht gerade aufbauend!

28.5. Nach der mündlichen Abiturprüfung beraten Prüfer, Vorsitzender und Protokollant über Wohl und Wehe eines Prüflings. „Also, wo siedeln wir sie an? Ich würde sagen neun Punkte. Wir dürfen nicht berücksichtigen, was ich nicht gefragt habe. Das war doch alles nicht besonders schwer. Gut, ich bin an der Oberfläche geblieben. Sollen wir sagen acht Punkte? Wenn ihr damit leben könnt!"
Irgendwo habe ich gelesen, dass manche Lehrer bei der Notenfindung zu Spurensuchern würden: „Da war Nichts." „Da habe ich nichts finden können". Einige betätigten sich gar als Vermesser: „Das war bei dem anderen tiefer", als Handwerker: „Da mußte man ja richtig bohren" oder als Feinschmecker: „Manchmal ein bißchen zäh durchgekaut". Ich habe dabei geschmunzelt, weil auch ich mich solcher Formulierungen schon bedient habe.

29.5. Bei ihrer Verabschiedung läßt die wohlverdiente Kollegin Luft ab. Das Abarbeiten neuer Reformen, gerade wenn sie das Kerngeschäft der Schule, den Unterricht, beträfen, habe stets Unmengen an Papieren sowie riesigen Zeitverbrauch produziert, im Endeffekt Verhaltensunsicherheiten erhöht. Und das in einem System, das von seiner Umwelt immer mehr und immer schwierigere Aufgaben gestellt bekomme. Die Frage, ob das gutgehen könne, erübrige sich. Sie freue sich auf den Ruhestand und wünsche uns alles Gute. Lang anhaltender Beifall.

2.6. Nach dem Unterrichtsbesuch und nach einer anstrengenden aber zielführenden Reflexion klagt die Referendarin, besonders pädagogische Seminare seien eine einzige Schwafelei mit nervigen Gruppenspielchen, die mit dem Alltag an der Schule nichts zu tun hätten. Kritisches Denken und Widerspruch würden nur ungern gesehen. Auch fehle es an Standards und Verbindlichkeiten. Eine besonders bizarre Episode habe sie erlebt, als es im Seminar um Lernzielformulierungen ging: Die Fachleiterin habe ihren Entwurf in Bausch und Bogen zerrissen. "Dabei hatte ich ihn zuvor eins zu eins von meinem Geschichts-Fachleiter übernommen."

Auch an unserem Studienseminar entstehen nun lange Listen mit Standards, die als Bewertungsbögen für Unterrichtsstunden fungieren und die Notengebung „transparenter" machen sollen. Die Komplexität des Unterrichtsprozesses wird in kleine, beobachtbare Elemente zerlegt, aus deren Bewertung, so Glaube und Hoffnung, sich eine plausible Note ergeben werde.

27.10. Mit dem ICE nach Fulda. Staatsexamen im Domgymnasium. Heute übe ich mich als Fremdprüfer. Ich erlebe eine gut ausgebildete Referendarin und eine aufgeschlossene Lerngruppe.
Hinterher diskutieren wir über guten Unterricht und wie wichtig diagnostische Rückmeldungen seien, auch über Kontaktfreudigkeit und Redegewandtheit als wichtige Eigenschaften eines guten Lehrers.

22.11. Zeitungslektüre am Abend: Dieter Lenzen, Präsident der Freien Universität Berlin, hält es geradezu für "Schwachsinn", dass alle Schulformen über einen Leisten gezogen und so "irrelevante Studieninhalte" vermittelt würden. Grundschullehrer müßten nicht Analysis lernen, um den Kindern die vier Grundrechenarten beizubringen. Wichtiger seien Kenntnisse aus der Lernpsychologie, in den Haupt- und Realschulen sei überdies Erziehungsarbeit gefragt. Die FU gehe daher längst eigene Wege, um die Lehramtsstudenten besser auf die Praxis vorzubereiten. Sechs Monate des zweijährigen Referendariats würden in das Universitätsstudium verlagert. Ob bereits erste Erfahrungen vorliegen?

2.12. Die Mentorin, erfahren, pragmatisch, hellwach, erzählt, dass Schüler auf sie mit der Frage zugekommen seien, ob sie nicht bei ihnen mal eine Stunde Frontalunterricht machen könnte. Sie hätten gerade wieder „modernen Unterricht" gehabt.

3.12. Unterrichtsbesuch Klasse 12. Ich lobe die Lernatmosphäre, das Engagement und die Motivation der Lerngruppe. Auch gelingt es der Referendarin, das Leistungsvermögen im Kontext der Kurszusammensetzung adäquat einzuschätzen.

6.12. Warum fällt mir nach diesem mißglückten Unterrichtsbesuch plötzlich ein Satz aus der Feuerzangenbowle ein: "Seine Stunden flossen in ermüdender Sachlichkeit dahin. Und wenn sie vorüber waren, hatte man wohl mitunter die Empfindung, etwas gelernt, nicht aber, einen Lehrer gehabt zu haben."

2009

14.1. In der Vollversammlung wird der neue Seminarleiter eingeführt und gleich mit Klagen des Personalrats und einiger Schulseminarleiter konfrontiert. Die Zeit für theoretische Ausbildung, Beratung, Unterrichtsplanung, Unterrichtsbesuche, Reflexion von Unterricht sei auf ein nicht mehr vertretbares Minimum geschrumpft, unsere Kommunikation verlaufe immer öfter per E-Mail, manche Ausbilder könnten ihren Referendaren keinen eigenen Unterricht mehr anbieten.

19.1. In der Schule liegt eine Hausmitteilung in meinem Fach: Während der Weihnachtsferien wurden im Altgelände wieder etliche Scheiben eingeworfen. Die Schulleitung empfiehlt Gespräche mit den Schülern zu den Themen "Identifikation mit der Schule, Außenwirkung, Vandalismus als Straftat". Es werden Schüler als Zeugen gesucht. Hilflose Gesten.

Unterrichtssituationen, die immer wieder Ablenkung produzieren. Wenn Kinder im Unterricht durch ein "Unterrichtsbuffet" rasen sollen, wenn ständig Tische für die neueste Lernmethode umgestellt werden müssen, wenn in der Gruppenarbeit alle lauthals durch den Raum rufen, der Lärmpegel steigt, dann ist es kein Wunder, dass Kinder im Klassenraum irgendwann anfangen, mit Stiften zu werfen.

24.1. Unterrichtsbesuch in einem Englisch-E-Kurs 11. Der Referendar hat Gruppenarbeit arbeitsteilig organisiert. Die

Arbeitsaufträge werden nicht von vornherein an bestimmte Schüler vergeben, sondern an denjenigen, der als letzter Geburtstag bzw. dessen Anschrift die niedrigste Hausnummer hat oder dessen zweiter Buchstabe im Vornamen als erster im Alphabet vorkommt. Es ist kein Wunder, dass sich Oberstufenschüler, die so etwas ertragen müssen, infantilisiert fühlen, zumal der methodische Aufwand in keinem Verhältnis zum gewünschten Lernerfolg steht. Neulich habe ich gelesen, dass aus Verärgerung eine Schülerin jüngst mehrere Stunden lang eine Referendarin mit der Feststellung verabschiedete: „Heute haben wir schon wieder nichts gelernt."

Nachmittags Examensarbeiten gelesen und Gutachten geschrieben. Abends Telefonat mit der Kollegin aus Fulda wegen unserer Notenabstimmung.

9.2. Tagung in Fulda mit unserem Tandemseminar. Wir tauschen uns in angenehmer Arbeitsatmosphäre aus und versuchen unsere unterschiedlichen Vorgehensweisen bei der Beurteilung von Unterrichtsbesuchen anzugleichen.

Wenn ich Zielformulierungen in Unterrichtsentwürfen von Referendaren lese, werden nun auffallend oft Kompetenzen „erweitert", „vertieft" oder für etwas schon Bekanntes „neu sensibilisiert". Der Lerninhalt gerät zur Nebensache, und die jeweilige Kompetenz wird zum eigentlichen Planungsziel.

9.3. Beim heutigen Unterrichtsbesuch werde ich wohl wieder "schüleraktivierende" Lehr- und Lernformen erleben. Der Entwurf deutet so einiges an. Nach der Stunde, auf dem Weg ins Lehrerzimmer, fragt die Mentorin, die offenen Unterricht favorisiert: "Haben Sie gesehen, wie begeistert die Lerngruppe teilgenommen hat?" Ich hatte eher den Eindruck, in müde Schülergesichter gesehen zu haben. Gerade Referendare mit fachwissenschaftlich lückenhaften Kenntnisse entdecken schnell, dass sie hinter den sogenannten schülerorientierten Arbeitsformen ihre eigenen Defizite verstecken können, wenn der Lehrer nur noch als "Impulsgeber" und "Prozesshelfer" für selbstgesteuerte Lernprozesse" agieren soll.

Englischunterricht 7. Klasse. Der Referendar erprobt Formen kooperativen Lernens. In der Fachliteratur wird empfohlen, die Sprechanteile der Schüler in der Gruppenarbeit auch dadurch zu erhöhen, den Schülern bestimmte Rollen zuzuweisen, etwa die des Moderators, des Protokollanten, des Berichterstatters für die anschließende Präsentation und vor allem die des Zeitnehmers, der die Uhr im Auge behält. Einer soll dazu auf Fehler achten. Beim Herumgehen fällt mir auf, dass es überwiegend zum Gebrauch der Muttersprache kommt, Fehler nicht erkannt werden, mit zunehmender Zeit der Lärmpegel steigt.

7.5. Mal wieder im Lehrerzimmer meiner alten Schule. Ein älterer Kollege im Vorbeigehen: „Sei froh, dass Du weg bist."

Wir nehmen unseren Beruf öffentlich wahr, über unsere Arbeit reden und richten Schüler, Mütter und Väter, nicht selten auch die Kollegen und nicht zuletzt und häufig sehr pauschal auch die Öffentlichkeit, allen voran die Presse.

20.6. In Leipzig findet eine Tagung zur "Bildung im 21. Jahrhundert" statt. Was erfahre ich? In seinem Einführungsvortrag benennt Professor Baethge uns allen bekannte "Problemzonen" und "Herausforderungen" im Bildungssystem: demografischer Wandel, ethnische, kulturelle Heterogenität, Anforderungen der Wissensgesellschaft, Benachteiligung von Risikogruppen, besonders von jungen männlichen Migranten. Er vergißt die Digitalisierung von Gesellschaft und Bildung zu erwähnen, die immer stärker den beruflichen Alltag prägt.

Alles richtig - nur wie wir in den Schulen damit umgehen sollen, dazu erfährt man wenig von Bildungssoziologen und Erziehungswissenschaftlern. In den Arbeitsgruppen verliert man sich leicht im Nebulösen, einigt sich auf Formelkompromisse, die in der Praxis wenig hilfreich sind, findet man wenig über Sprachnot und Gewalt, über Schulversagen und abwesende Eltern. Was bringt es Lehrern, wenn sie lesen, man solle "differente Lebensweisen" weiter bestehen lassen? Im schulischen Alltag geht es ums Kopftuch, um weinende Mädchen, die nicht an Klassenfahrten teilnehmen können, Schülerinnen, die von arrangierten Ehen erzählen.

Eine Befragung von Berliner Lehrern hat ergeben, dass bei vielen Schülern antisemitische Feindbilder stark präsent sind. In Frankreich haben Lehrer bereits 2002 vom Antisemitismus in ihren Klassen berichtet, in zahlreichen Vorstädten wiegt das Wort der Imame mehr als das der Lehrer, das als Ausdruck der dominanten Mehrheitsgesellschaft gilt und daher abzulehnen ist. In Gesamtschulen in Berlin, in denen Muslime in der Mehrheit sind, kann kein jüdischer Schüler sich mehr mit seiner Kippa zeigen.

Oft geben Minderheiten in der Klasse den Ton an. Auf Schulhöfen hören wir „du Jude", „du Schwuler" oder „du Opfer". Lehrerinnen werden von Schülern als Nutten beschimpft. Da Schulleitungen und Politiker Konflikte vermeiden wollen, empfiehlt man den Lehrern, sich mal durchzusetzen und moniert, man habe anscheinend die Klasse nicht im Griff.

In Berlin kommen zwei Jugendliche maskiert, mit einer Stahlrute bewaffnet in die Schule und rauben die Tasche einer Lehrerin. An einer anderen Schule wird ein Lehrer zusammengeschlagen. Schüler treten und schlagen Schüler, filmen das und stellen es ins Internet.

In einem Leserbrief in der *FAZ* behauptet ein Lehrer, dass an den Schulen die Respektlosigkeiten wüchsen. Im Rückblick auf 37 Dienstjahre beschreibt er, was sich alles verändert habe. Mit dem Verlust an Formen gehe eine "wachsende Respekt- und Schamlosigkeit" einher. So sei es cool, einen Lehrer "in einer unmöglichen Situation heimlich zu fotografieren, beispielsweise beim Pinkeln, und in der Abizeitung abzubilden." Er berichtet von Eltern, die auf Elternabenden Kaugummi kauend dasäßen.

In den Unterrichtsentwürfen ist nun öfter als Mittel der Abkürzung von "SuS" die Rede. Dieses politisch korrekte "Schülerinnen und Schüler" scheint auf die Dauer ja doch irgendwie zu nerven.

Ein Kollege hat mal ketzerisch behauptet, wenn jede Unterrichtsstunde den Lehrprobenvorschriften entspräche, wäre binnen kurzem eine Klasse nicht mehr lebendig, sondern mausetot und kaum an Erkenntnis reicher.

Bildungsreformer gehen grundsätzlich nicht davon aus, dass ihre Versuche scheitern könnten. Das jeweilige Konzept ist immer schon als richtig unterstellt. Falls doch, habe man den Reformansatz nicht konsequent genug rezipiert und realisiert, oder dubiose Beharrungskräfte seien mal wieder stark genug gewesen, die Reform zu blockieren.

2.8. Zeitungslektüre: PISA-IV-Leistungsstudie, in der die Schüler aus Schanghai in sämtlichen Lernzielbereichen Spitzenplätze erreicht haben - weit vor Finnland. Der chinesische Unterricht sei stock-konservativ, aber erfolge auf hohem Niveau und sei extrem erfolgreich.

Pädagogik ist ein überaus mühsames Geschäft. Das haben auch frühere Lehrer gewusst und zum Ausdruck gebracht. Philipp Melanchthon, der "Praeceptor Germaniae", hat um 1533 eine "Rede über das Elend der Pädagogen" (De miseriis paedagogorum oratio) gehalten, die von hohem Unterhaltungswert ist: "Ich will euch die Lebensumstände des Pädagogen beklagen. Keine Menschengattung scheint mir unglücklicher. Nicht einmal die Zuchthäusler! . . . Kein Mülleresel hat jemals so viel Leid erlebt, als wer Knaben zu lehren hat."

Es gibt keinen Unterricht, der durchweg gelingt und alle erreicht. Unterrichten ist eine Praxis, die stark von Personen und ihrer Wahrnehmung durch die Schüler abhängt.

2010

15.1. Mal wieder in Frankfurt in Sachen Module. Sitzungen, die immer nach demselben Schema ablaufen: zu Beginn eine Art Input, dann Gruppenarbeit. Im Input hören wir diesmal etwas über *formative assessment*, im Unterrichtsprozess gegebene Rückmeldungen an die Schüler und über reziprokes Lernen, in dem die Schüler sich gegenseitig beim Lernen helfen, dazu *meta-cognitive strategies*, die ein gemeinsames Nachdenken von Schülern und Lehrer über den Lernprozess beinhalten. Ich erinnere mich an manche pädagogische Diskurse in meinen ersten Jahren an der Gesamtschule. Als 68er glaubten wir an die Veränderbarkeit der Menschen und der Verhältnisse. Wir lasen Hermann Hesse und Carlos Castaneda. Neill in Summerhill und die Reformpädagogik. Jetzt erfahren wir aus den Medien: Die Päderastie als schöne Erziehungskunst endete in der Odenwaldschule.

Heinz Bude: "Es gibt eine große Ernüchterung mit der Reformpädagogik der 70er- und 80er-Jahre. Ich spreche nur das Stichwort Odenwaldschule an. Man hat festgestellt, dass dort in den reformpädagogischen Konzepten im Grunde ganz bestimmte elitäre Vorstellungen von Bildung verborgen sind, die einen Welterlösungscharakter implizieren, wo Bildung nicht nur einer bestimmten Art der Heranreifung einer Art der Persönlichkeit dient, sondern im Grunde auch noch die Welt befrieden soll." (Bildungspanik - Was unsere Gesellschaft spaltet)
Die Vorgänge an der Odenwaldschule in der Ära des Schulleiters Becker werfen Fragen an reformpädagogische Vorstellungswelten auf. Schule sollte immer mehr sein,

man sollte fürs Leben und ganzheitlich lernen. Ich erinnere mich an die Äußerung einer Kollegin vor vielen Jahren, die von Lehrern "pädagogischen Eros" forderte. Als hätten wir die Schüler in irgendeinem Sinne zu lieben, Lehrer als "Kameraden und Freunde". Schon früh meine intuitive innere Abwehr gegen die Ideologie der Schule als Gemeinschaft und des Lehrers als eines Charismatikers pädagogischer Zuneigung. Deren Befürworter sahen auch immer schon so komisch aus, kleideten sich schlampig und immer im Bewußtsein, die besseren Pädagogen zu sein.

Zu meiner Zeit haben vielleicht sieben bis zehn Prozent eines Jahrgangs Abitur gemacht. Heute sind es 40 Prozent.

Erinnerungen: November 1966, morgens Nebel auf dem Weg zur Schule, mündliches Abitur. In Mathe ging es um Ellipse und Brennpunkt. In Englisch kann ich mich an das Thema nicht mehr erinnern - nur dass der Prüfungsvorsitzende sich über mein Englisch und dessen nordhessischen Akzent lustig machte.

22.2. Im heutigen Unterrichtsbesuch arbeiten die Schüler an PCs und recherchieren im Netz. Der Gebrauch des Internets verändert die Haltung und Arbeitsweise vieler Schüler aber mehr noch vieler junger Lehrer.

Vor kurzem hat ein Kollege in einem Leserbrief in der *FAZ* behauptet, das Internet habe zu einer Überschwemmung der Schüler mit Arbeitsblättern geführt, eine Bequemlichkeit, die den Lehrern das Denken und das gründliche Vorbereiten abnehme. Das Quasiprofessionelle dieser Unterrichtsweise verdecke oft mangelndes Wissen und hemme den kreativen Umgang mit Texten.

Immer öfter lese ich im Wirtschaftsteil der *FAZ*, es sei Aufgabe der Schulen, die Schüler auf die digital geprägte Lebenswelt vorzubereiten, die Motivation werde deutlich gesteigert, entsprechende Software ermögliche mehr individuelle Förderung.

25.2. Um 9.00 h checke ich meine E-Mail und nehme mit Schrecken zur Kenntnis, dass ich in einer Stunde einen Unterrichtsbesuch habe! Einfach vergessen. Freud wüßte warum.

2.3. Im Seminar erfahre ich, dass bis jetzt schon sechs LiVs wegen ihrer schlechten Examensarbeiten durchgefallen sind. Leichte Panikstimmung. Ursachenforschung ist angesagt.

3.3. Vollversammlung. Eine Kollegin kritisiert, dass inzwischen wohl mehr als die Hälfte der Ausbilder vollkommen vom Unterricht freigestellt sei. In den wenigen Stunden, in denen sie selbst unterrichteten, gebe es aus organisatorischen Gründen kaum eine Möglichkeit für die Referendare, ihre Fachleiter zu erleben, wie sie den von ihnen geforderten kompetenzorientierten Unterricht verwirklichten. In den Ausbildungsschulen werde dies mit wenig Wohlwollen aufgenommen. Ausbilder seien „Unterrichtsflüchtige, nie anwesend", sei dort zu hören.

Bildungsdefizite: Mangelnde Hochschulreife der Erstsemester, Unvertrautheit mit elementaren Lektüren, ja mit dem Lesen selber, von Mathematik ganz zu schweigen, deren Stoff der achten Gymnasialklasse von angehenden

Betriebswirten nachgeholt werden muss.

Zur Dramaturgie von Unterrichtsbesuchen gehört, dass Schüler deren Mechanismen schnell durchschauen. Ich erinnere mich, wie Klassen von den Fachlehrern vergattert wurden, sich anzustrengen und den armen, von ihren Fachleitern gequälten Referendaren zu helfen.

Welche Kompetenzen werden bei selbstgesteuertem Lernen etwa mit einem „Wochenplan" auf welche Weise erworben? Oder wenn sich einzelne Gruppen durch den Vergleich von Puzzleteilen finden sollen? 25 Schüler wandern dann durch den Raum, suchen einander, und das kann schon mal 12 bis 15 Minuten dauern.

Einmal habe ich eine Deutschstunde erlitten, in der ein Gedicht verschnipselt an die Klasse verteilt wurde. Am Ende der Stunde hat es dann der letzte Schüler geschafft, das Ganze ins Heft zu kleben. Erkenntnisgewinn gleich Null.

Eine augenblicklich favorisierte Methode ist die Arbeit in Expertengruppen, auch Gruppenpuzzle genannt. Einmal flüstert mir der neben mir sitzende Fachlehrer zu: „Das ist, wenn man anderen etwas erklärt, was man selbst noch nicht verstanden hat." Und immer öfter erlebe ich Schüler, die der methodischen Mätzchen überdrüssig sind.

2.5. Kollegen beklagen immer wieder, dass beim Arbeiten mit Kompetenzen inhaltlich-fachliches Wissen vernachlässigt werde. Befürworter dagegen sind überzeugt, dass kompetenzorientierter Unterricht nichts anderes sei als

„guter" Unterricht, dass aktivierender und wenigstens in Teilbereichen selbststrukturierter Unterricht im Resultat stärkere Lerneffekte zeitige als der auf klassischen Lehrervortrag konzentrierte.

10.9. Nachmittags in einer Fortbildung zur „Neurodidaktik". Weil bald angeblich die letzten Rätsel des menschlichen Gehirns gelüftet seien, gelte es, die neuen Erkenntnisse für das Lernen fruchtbar zu machen. Frühförderung sei sinnvoll, das Lernen sei umso effektiver, je mehr der Lernende über mehrere Lernwege aktiviert werde.

8.11. Unterrichtsbesuch mit dem Kollegen vom Modul DFB. In der Reflexion moniert er, der Referendar müsse seine diagnostischen Aussagen deutlicher konkretisieren, indem er sich an den Indikatoren des „Gemeinsamen Europäischen Referenzrahmens (GER)" orientieren und auf diese Weise Kompetenzeinstufungen begründen müsse. Im Hinblick auf die gezeigte Stunde sollten diagnostische Aussagen zum Hörverstehen und zur Sprachproduktion im Zentrum stehen. Auch das Förderanliegen bleibe unscharf. Ich merke, dass der junge Kollege mechanisch mitnotiert, aber inhaltlich bereits abgeschaltet hat.

2011

"Die Qualifikation des Lehrers besteht darin, daß er die Welt kennt und über sie belehren kann, aber seine Autorität beruht darauf, daß er für diese Welt die Verantwortung übernimmt." (Hannah Arendt, ZEIT, 13. 5. 1958)

2.1. Am Schreibtisch Gedanken zum Neuen Jahr. In den

vergangenen vierzig Jahren wurde an den Schulen so gut wie alles geändert, wieder rückgängig gemacht und wieder geändert. Bildungsreformen am grünen Tisch beschlossen, angeblich wissenschaftlich fundiert, ohne die zu fragen, die sie anschließend umsetzen müssen. Reformwellen über- und unterspülen mit so hoher Frequenz die Schule, dass inzwischen nur Verwaltungsspezialisten und Bildungshistoriker wissen, welche Regeländerungen gerade in Kraft getreten sind, welche sich, kaum, dass man sich an sie gewöhnt hat, schon wieder auf dem Rückzug befinden und welche nach kurzer Abwesenheit unter anderem Etikett neuerlich Druck auf Unterricht und die Schulorganisation ausüben. Kollegen sprechen bereits ironisch von der Halbwertszeit schulischer Reformen, ehe sie nachgebessert werden müssen. Wilhelm Flitner hatte wohl Recht, als er einst anmerkte, Erziehung bedeute die Ausübung von Macht über Menschen.

Laut Luhan leben wir in einer visuellen Kultur. Das Ende des linearen Lesens ist eingeläutet: jetzt liest man kreuz und quer, von *link* zu *link*. Das Internet als Ablenkungsmaschinerie in den PC-Räumen der Schulen. Die Klagen der Kollegen, die dort arbeiten: immer wieder treten technische oder organisatorische Probleme auf. Sie beobachten, dass ein Teil der Schülerschaft während des Unterrichts anderen Aktivitäten nachgeht.

Heute am Elternsprechtag ein wütender Vater. Er kämpfe gegen den Medienkonsum seiner Söhne, die keine Zeit zum Lernen mehr fänden und dadurch komplett verblödeten sowie physisch und psychisch Schaden nähmen. Ein Großteil seiner Energie gehe dabei drauf, sie von der Mediennutzung fernzuhalten. Es ist doch nicht so, empört er sich, dass die digitalen Medien hauptsächlich zur Bildung genutzt würden. Die Realität sei, dass sie mit Freunden mehrere Stunden täglich mit sinnlosen Chats oder bei Biggis Beauty Salon auf Youtube verbringen. Das sei völlig verlorene Zeit für Geist, Körper und Gesellschaft.

10.5. Klagen der Studienseminarleitung: Durch Einsparungen würden Ausbildungsressourcen eingeschränkt, es käme zu Stellenreduzierungen für die Ausbildungsbeauftragten. Die Novellierung des Vorbereitungsdienstes habe alle in zeitliche Bedrängnis gebracht mit einer engen Abfolge von pädagogischen Tagen und Vollversammlungen. Selten habe es eine derart radikale, kaum durchdachte Revision eines Ausbildungskonzeptes gegeben. Unzählige Formblätter und Bescheinigungen seien auszufüllen. Die Arbeit am häuslichen PC nehme stark zu. Es sei geradezu ein Witz, dass permanent vom Abbau bürokratischer Strukturen geredet werde, in der Lehrerausbildung diese aber in einem nicht vorstellbaren Maße eingeführt oder sogar erhöht würden.

Noch ein Jahr bis zur Pensionierung … Eigentlich schade, dass man diesen Moment inzwischen herbeisehnt.

7.7. In der *FAZ* lese ich, dass britische Lehrer zu physischer Gewalt ermutigt werden, um die Disziplin in den Klassenzimmern zu verbessern. Sie haben das Recht, in den Klassen nach Waffen, Alkohol, Rauschgift, Diebesgut, Zigaretten, Pornographie und Feuerwerkskörpern zu suchen.

4.9. Universität Kassel. Vortrag von Professor Bude über

die „protestantische Bildungsmafia": Georg Picht, der in den sechziger Jahren die Debatte um die deutsche Bildungskatastrophe auslöste, zähle ebenso dazu wie Hellmut Becker, der Gründer des Berliner Max-Planck-Instituts für Bildungsforschung und Hartmut von Hentig, Initiator der Bielefelder Laborschule. Diese „Drahtzieher der Bildungsexpansion", so Bude, seien von dem konservativ-elitären Stefan-George-Kreis geprägt worden, zu dem ebenso jugendbewegte wie rechtsrevolutionäre Adepten gehörten. In ihrem Geist hätten die Bildungsreformer Erziehung schon immer als ein durch und durch elitäres Projekt verstanden, indem sie Schule zum umfassenden Lebens- und Erfahrungsraum überhöhten. Ihr Idealbild sei ein Landerziehungsheim wie die Odenwaldschule oder die Schlossschule Salem, und am Liebsten würden sie ganz Deutschland nach diesem Ideal gestalten.

12.10. Alle Jahre wieder werden neue Lernarrangements präsentiert, die dann möglichst alle Lehrer auf der Stelle übernehmen sollen. Vor vierzig Jahren war das die „Lernzielorientierung", dann der „Projektunterricht", vor dreißig Jahren der „handlungsorientierte Unterricht", vor zwanzig Jahren die „Wochenplan- und Freiarbeit" und seit kurzem das „Lernen durch Lehren".

22.10. J. Kaube in der *FAZ*:
"Schreibschrift als Erstschrift mit oder ohne Schönheitsbenotung, Druckschrift als Erstschrift. Fremdsprachenunterricht ohne Technologie, mittels Sprachlabor, dann dessen Abschaffung, dafür PC ab der ersten oder der dritten oder der fünften Klasse, in allen Fächern oder nur in manchen, Pflicht-PC zu Hause durch Lesekontrolle über internetba-

sierte Quizfragen zu Kinderbüchern, eigener computerbezogener Unterricht oder Computernutzung in den herkömmlichen Fächern. Laptops im Unterricht oder nicht. Übergang von der Schiefertafel über Overheadprojektion und Power-Point-Beamern bis zum elektronischen Whiteboard und - nachdem Schüler in nicht ganz verlässlichen Unterrichtsstunden Pornos auf dasselbe hochgeladen haben - eventuell Rückgang zu weniger bildmächtigen Anschreibtechnologien." (4.9. 2014)

2012

„Teachers teach as they have been taught." (Dan Lortie, 1975)

1.2. Wenn ich das Lehrerzimmer im Langbau betrete, sehe ich fast nur junge Gesichter, Kollegen, die noch nicht geboren waren, als ich hier mein zehnjähriges Dienstjubiläum feierte. Wie ich selbst zum ersten Mal an einem dieser Tische saß. 1976 war „Bildungsexpansion" das Wort der Stunde. Meine Kollegen kamen wie ich frisch von der Uni und wollten die Welt und die Schule verändern. Beides hat dann doch nicht so recht geklappt.

Zum zweiten Mal innerhalb von 40 Jahren vollzieht sich in der deutschen Lehrerschaft ein Generationswechsel, der die Schulen erneut stark verändern dürfte. Eine Viertelmillion Pädagogen, schätzen Experten, muss eingestellt werden, wenn man all die ersetzen will, die bis 2020 in Pension gehen.

Jetzt muss sie auf einen Schlag beglichen werden, die Rechnung von damals, als innerhalb weniger Jahre überall im Land Gymnasien, Gesamtschulen und Reformuniversitäten aus dem Boden schossen. Endlich wollte man weiten Bevölkerungsschichten einen Zugang zu höherer Bildung verschaffen, und dazu brauchte man jede Menge Personal. Es waren Jahre, in denen man ohne Promotion Professor werden konnte und Referendare mit Dreierexamen umworben wurden.

In den späten Siebzigern kam der Pillenknick in den Schulen an, und die Politik legte eine Vollbremsung hin. In den Schulen kann man den Jahrzehnte währenden Stellenstopp sehen: Jahr für Jahr dieselben Gesichter, Jahr für Jahr ein bißchen älter. Irgendwann gab es auch hier fast nur noch Lehrer, die die Großeltern ihrer Schüler hätten sein können. Die Elterngeneration, die in der Mitte, fehlte, wurde nie eingestellt. Jetzt ist es eine Art Große-Schwester-Lehrergeneration, die in Massen an die Schulen strömt. Ende zwanzig, Anfang dreißig, mehr Frauen als Männer.

Abendessen. Angeregte Gespräche. Früher, so Volkmar, wurde mehr über Politik diskutiert. Die heutige Lehrergeneration dagegen sei, so sein Eindruck, extrem pragmatisch. Ja, ergänzt Sabine, das sind die Schüler der 68er-Lehrer, die müssten nicht mehr für neue Freiheiten in der Schule kämpfen, die seien längst erreicht und für sie selbstverständlich. Es sei schon ironisch: Die Generation, die jetzt als „die alte" gelte, war die erste, mit der die Moderne Einzug in die Klassenzimmer hielt. Ihre Altersgenossen hätten den autoritären Nachkriegsmief aus den Schulen vertrieben.

Ewald Terhart: „Es gibt nicht mehr die linke Pädagogik wie vor 30 Jahren. Das Studium, aus dem die neuen Lehrer kommen, ist stärker verschult, leistungsorientierter vielleicht auch. Das wird sich vermutlich auf die Schulen und auf den Unterricht auswirken." (J.M. Wierda, Das große Stühlerücken. Eine Lehrergeneration, die Deutschlands Schulen jahrzehntelang geprägt hat, tritt jetzt ab. Wer wird sie ersetzen? ZEIT)

Wieder zu Hause entnehme ich den Medien, dass das Kollegium der Rüetli-Schule aus Berlin einen öffentlichen Protest formuliert hat, weil der reguläre Unterrichtsbetrieb aufgrund der Disziplinlosigkeit der Schüler zusammengebrochen sei und es so nicht weiter gehen könne. Machen wir in Deutschland etwas grundsätzlich falsch? Müssen wir zu dem stärker lehrerzentrierten direktiven Unterricht zurückkehren, um endlich wieder Boden unter die Füße zu bekommen?

An den Grundschulen wird die Kenntnis der Rechtschreibregeln nicht mehr mit dem gehörigen Nachdruck eingefordert. Universitätsabsolventen, nicht zuletzt Kandidaten für das Lehramt, beherrschen diese nicht mehr. An den Schulen wird die Weitergabe von Orientierungswissen mehr und mehr mit der Begründung verweigert, dass "Kompetenzen" wichtiger seien.

20.6. Brief einer Schülerin meines Förderkurses in der E-Phase.
„Lieber Herr Lerner, das ist aber schade, dass ich Sie dann nicht mehr sehe. Ich möchte mich auch noch einmal ganz herzlich bei Ihnen für ihren Unterricht, der mir sehr geholfen hat, bedanken. In der letzten Klausur habe ich nämlich 13 Punkte geschrieben. Bei Fragen in Englisch komme ich gerne auf Ihr Angebot zurück.

Alles Gute auch für Sie, vor allem aber Gesundheit und viel Freude wünscht Ihnen Jasmin"

Andreas Helmke ist der Meinung, man wisse nicht, ob die Schülerleistungen in China nicht noch besser würden, wenn in China mehr offener Unterricht nach europäischem Muster praktiziert würde. Dass die chinesischen Schüler so gut seien, liege nicht am lehrerzentrierten Unterricht, sondern vorrangig an der konfuzianischen Tradition, das Lernen sehr wichtig zu nehmen und den Lehrern mit hohem Respekt zu begegnen.

"Offener Unterricht" und "Lernarrangements". Die Schüler sollen Strategien, wie sie den Stoff bewältigen, selbst entwickeln. Es wird angenommen, dass sie kognitiv aktiver sind, wenn sie, etwa in Form von "Lernaufgaben", vor Rätsel gestellt werden. Nun mag der Konstruktivismus zu Recht sagen, ein Mensch, der lerne, sei dabei aktiv. Aber die Pädagogik, so mein Eindruck in vielen Unterrichtsbesuchen, folgert daraus irrtümlich, die Schüler müssten im Klassenraum herumlaufen, damit sie gut lernten.
Ich habe erlebt, dass der Lehrer zu Stundenbeginn eine Aufgabe erteilt, die die Schüler bearbeiten sollen. Wer die Aufgabe überhaupt versteht, probiert lange ohne Erfolg die Lösung zu finden. Am Ende verrät der Lehrer die richtige Lösung.

10.7. Meine Kollegin klagt, dass die Mehrheit ihres Englisch-Grundkurses nicht in der Lage sei, sich auf anstrengende, abstrakte, horizonteröffnende Denkreisen einzulassen.

12.7. Letzte Zeugniskonferenz Klasse 7. Hier eine kleine Auswahl von Kommentierungen der Klassenlehrer über ihre Schüler: „spricht nicht mit dem Lehrer", „leidet an selektivem Mutismus", „hat etliche Therapien abgebrochen", „ist schlicht strukturiert und leidet unter depressiv-familiären Problemen", „ohne Ritalin geht garnichts", „schlimme familiäre Verhältnisse", „ritzt sich", „wird, weil gut, gehänselt", „Dyskalkulie", „ist Mobbingopfer", „Rädelsführer, Gangster, Bonsai Mafioso", „wegen AHDS stark medikamentiert", „läuft mit Krähe rum und füttert sie mit Würmern", „Schrift nicht lesbar", „ist eine linke Bazille, undurchschaubar, unheimlich".

11.7. Tenorth zur Schulreform: Er stelle leise zustimmend fest, mit der ersten Teilnahme Deutschlands an den PISA-Studien sei die "bequeme Zeit" für Schulpraktiker und das politische Interesse für engagierte Bildungsidealisten, "die sich in immer neuen Bildungsidealen bessere Menschen und gute Welten ausdachten", passé. Mit PISA etc. trete an ihre Stelle eine empirische pädagogische Forschung mit "methodisch kontrollierter beobachtender Distanz". Mit ihr seien "die Begabungsfiktionen … realistisch reduziert worden, Vergleichsstudien über Gesamtschulen hätten gezeigt, dass diese keines ihrer Ziele - in der Leistungsdimension, im sozialen Lernen, in der Herstellung von Chancengleichheit - dauerhaft erreichen können. Die Fixierung auf die Bildungssystemfrage hat sich ebenfalls durch Forschung erledigt. Die Einzelschule ist der zentrale Ort, ihre Autonomie die wesentliche Variable der Gestaltung." (Heinz-Elmar Tenorth, „Bildungsexpertise", in: Merkur, Oktober 2012)

31.7. Mein letzter Arbeitstag, ab morgen bin ich Pensionär. Bin ich darauf vorbereitet? Werde ich in ein tiefes Loch fallen? Was macht man im "Ruhestand"? Reisen, Bücher lesen, Enkel betreuen, Lehrerstammtisch, Memoiren schreiben, sich gesellschaftlich engagieren, im Museumsverein?

Sicher ist, dass sich die Anforderungen an die Schule radikal verändert haben: Die enorm gewachsenen Schülerzahlen, der wirtschaftliche Ruf nach Flexibilität und Leistungsbereitschaft, die Bildungsdefizite der unteren Schichten - all das scheint in den kapitalistisch hoch entwickelten Ländern keine andere Wahl zu lassen, als verstärkt auf Selektionsdruck, Leistungskontrolle und Konkurrenzverhalten zu setzen. Schon gehen in den USA Politiker, Wirtschaftsfachleute und Manager daran, eine Schulreform vorzuschlagen, die auf nichts anderes hinausläuft als eine Aktivierung des Unterrichts zugunsten des Erwerbs von rein ökonomisch verwertbaren Fähigkeiten.

Aufsehenerregender als die Ergebnisse von IGLU und TIMSS 2011 ist das Eingeständnis des Präsidenten der Kultusministerkonferenz, Hamburgs Schulsenator Ties Rabe (SPD), dass sich die Kultusminister bisher vor allem auf die Förderung der Risikoschüler konzentriert hätten - also auf diejenigen, die am Ende der vierten Klasse solche Leistungsdefizite im Lesen, in Mathematik und in den Naturwissenschaften aufweisen, dass sie auf weiterführenden Schulen große Schwierigkeiten haben werden. "Wir werden durch die Studie auf ein neues Tätigkeitsfeld aufmerksam", sagt Rabe und verweist auf die im internationalen Vergleich viel zu schwache Spitzengruppe in allen drei

Testbereichen. Auch frühere Studien wie Pisa hätten schon gezeigt, dass die Spitzengruppe der leistungsstärksten Schüler in Deutschland zu klein sei, das gelte auch für die Gymnasien.

„ ... dass erfahrene Lehrer/innen die verschiedenen Aspekte der Unterrichtsplanung, z.b. die Analyse der Klassensituation, die Auswahl der Inhalte, die Bestimmung der Lernziele oder auch die Auswahl der Methoden, vernetzt in ihre Überlegungen mit einbeziehen ...
Die meisten Lehrer/innen tun dies, ähnlich wie das Unterrichten selbst, in einer sehr routinierten Art und Weise, die zu vergleichen ist mit dem Autofahren. Quasi simultan lenken sie, gleichen ihre Geschwindigkeit mit dem erlaubten Richtwert ab, schalten in den nächsten Gang, bremsen, halten nach Gefahrenpunkten Ausschau, versetzen sich in die Rolle des vor ihnen fahrenden Autos, unterhalten sich mit der Beifahrerin und beschäftigen die Kinder nebenher auf dem Rücksitz. Wer das Autofahren erst erlernen muss, braucht Hilfe und Unterstützung dabei, diese hochkomplexe Handlung in einzelne Tätigkeiten aufzugliedern und einerseits die Kompetenz in den einzelnen Bereichen zu steigern, andererseits aber auch aus den einzelnen Tätigkeiten ein gelingendes Ganzes zu schaffen."
Aus: M. Böhmann; Regine Schäfer-Munro: Kursbuch Schulpraktikum. Weinheim: Beltz 2005, S. 78)

Teil 7

Rückkehr an die Universität
Schulpraktische Studien 2013 – 2017

Anfang 2013 erreicht mich eine überraschende Mail:
Lieber Georg, Wir stellen derzeit die Dozenten zusammen, die im Sommersemester die Studierenden vorbereiten, um sie im September im Rahmen des erziehungswissenschaftlichen Blockpraktikums zu besuchen. Wenn Du für die Zeit keine große Reise planst und weiterhin Lust auf die Zusammenarbeit hast, dann sollten wir uns in den nächsten Tagen mal zusammensetzen.
Mit vielen Grüßen A.

Anstelle des politisch korrekten „Studentinnen und Studenten" wird nun immer öfter das Partizip Präsens malträtiert - die „Studierenden". Auch der Duden empfiehlt dies als Lösung für geschlechtsneutrale Formulierungen. Aber die armen Studenten studieren doch nun nicht tagein tagaus, oder? Aufzuhalten ist die gendergerechte Sprache wohl nicht mehr.

4.2. Eine weitere Mail: Lieber Georg, in unseren Bereichen ist doch zwischen kurzfristiger Spontaneität und langfristiger Perspektive Zeit eine relative Größe. Ich freue mich über das Fortbestehen Deines Interesses. Wir könnten uns am nächsten Dienstag um 10.00 Uhr treffen, aber es geht auch eine andere Zeit, die sich mit Deinen Wegen gut verträgt. Bis bald.

Zur selben Zeit erreicht mich eine Anfrage aus meiner alten

Schule für einen Artikel in der Schülerzeitung:
Frage: Vor etwa 25 Jahren fing man an, über die Organisation von Schule neu nachzudenken, ein Ergebnis war und sind die Europaschulen. Worin sehen Sie deren heutige Stärke?

Eine wesentliche Stärke der Europaschule sehe ich auch weiterhin in der Herausforderung an die Schulen, in einer zunehmend durch Vielfalt der Kulturen gekennzeichneten Gesellschaft interkulturelles Lernen nicht nur in das Curriculum aufzunehmen, d.h. die damit verbundenen Kenntnisse, Fähigkeiten und Fertigkeiten und die Haltungen und Einstellungen zu vermitteln, sondern dies auch im Schulalltag zu praktizieren - sicherlich gerade in dieser Zeit eine nicht leicht zu bewältigende Aufgabe für Schüler und Lehrer. In der gemeinsamen Diskussion mit den anderen hessischen Europaschulen, im Austausch von Erfahrungen, durch gemeinsam durchgeführte und evaluierte Projekte und mit Hilfe der in vielen Jahren gewachsenen Unterstützungssysteme sehe ich aber Chancen, diese Aufgaben sinnvoll anzugehen.

Frage: Sie sind nach jahrzehntelangem Unterrichten und Mitgestalten der Georg-August-Zinn-Schule als Europaschule in besonderer Weise erfahren. Was sollte die Schule für die nahe Zukunft besonders beherzigen? Welche Vorhaben, Initiativen würden Sie besonders begrüßen, vor welchen würden sie warnen?

Ich meine, dass die Schule schon in vielen Bereichen auf dem richtigen Weg ist. Daher nur einige wenige Anmerkungen. Wichtig ist die Orientierung an dem, was die Schüler, die jetzt und in den nächsten Jahren die Schule besuchen werden, bereits an Kompetenzen mitbringen und was für sie zukünftig wichtig sein wird. Angesichts der Bedeutung der Sprachenvielfalt und Mehrsprachigkeit wird der Verbesserung der Sprachkompetenz eine wichtige Rolle zukommen. Durch die Einrichtung bilingualer Module und Unterrichtseinheiten kann die Schule den vielfältigen Anforderungen, die aus der europäischen Einigung (und ihren Problemen) erwachsen, gerecht werden. Einen ganz wichtigen Beitrag zur Integration werden auch zukünftig Sprachkurse als muttersprachlicher Unterricht sowie Deutsch als Zweitsprache haben - hier wird ja seit vielen Jahren von den Kollegen eine vorbildliche und erfolgreiche Arbeit geleistet. Von großer Bedeutung gerade für die Zinn-Schule wird weiterhin die Öffnung von Schule in den Stadtteil sein. Das gilt auch für alle schulischen Beratungs- und Betreuungsangebote (Schulsozialarbeit, Sucht- und Drogenprävention, Mediation). Nicht zu vergessen die Angebote und Hilfen im Bereich der Berufsfindung, die, um erfolgreich zu sein, einer zielgenauen Kooperation aller am Erziehungsprozess Beteiligten - gerade auch der Eltern - bedürfen.

Beim letzten Teil der Frage fallen mir einige Tipps von Professor Bell, der die Entwicklung der Europaschule von 1993 bis 2002 wissenschaftlich begleitet hat, ein: *Think big, start small. Husband your energies* (besonders wichtig!). *Don't be over-ambitious.*

22.4. Erste Sitzung zur Vorbereitung der schulpraktischen Studien. Vor mir sitzen erwartungsvoll neun Studenten in der Hoffnung, dass die Vorbereitungsseminare und das anschließende Praktikum einen wichtigen Beitrag leisten werden, ihre Entscheidung für den Lehrerberuf auf einer breiteren Erfahrungsgrundlage zu bekräftigen oder zu überdenken. Alle haben bereits eine Veranstaltung zum Thema „Psychosoziale Basiskompetenzen" absolviert und, so erfahre ich im Gespräch, bringen nun dem Praktikum hohe Erwartungen entgegen, betrachten gar Schulpraktika als „Herzstück" der universitären Ausbildung. Ich erwähne, dass die immer wieder geforderte Theorie-Praxis-Integration in der Lehrerausbildung sicher nicht allein durch einen verstärkten Einbezug von Praktika garantiert werden könne, sondern dazu auch Veränderungen in der Hochschuldidaktik notwendig seien. Dem stimmen alle zu.

Die Studenten kennen Hilbert Meyers „zehn Merkmale guten Unterrichts." Sie bemühen sich um Definitionsversuche, indem sie ihre Ideen und Überzeugungen von „gutem Unterricht" vorstellen. Damit eröffnet sich ihnen, so hoffe ich, ein erster Blick auf die Komplexität von Unterricht.

Aus eigener Erfahrung weiß ich, dass Motive der Berufswahl oft eng mit individuellen Schulerfahrungen verknüpft sind. Viele zukünftige Lehrer haben belastende Schulerfahrungen gemacht und vor diesem Hintergrund beschlossen, es einmal „besser zu machen". Die eigene Schulbiografie, in der angehende Lehrer in tausenden Unterrichtsstunden vermeintlich „gelernt" haben, wie Unterricht „geht", stellt aber eher ein Problem als eine Ressource ihrer Professionalisierung dar, wenn immer nur die durch eigene Erfahrung, Ausbildung und Sozialisation eingefahrenen Choreographien des Unterrichts reproduziert werden. Mich erstaunt, wie offen und humorvoll die Studenten von positiven und negativen Beispielen solcher erlebter Choreographien berichten.

Ob ihnen bewusst ist, wie anspruchsvoll und anstrengend der Lehrerberuf sein wird? Haben sie eine Vorstellung von den Schwierigkeiten des Unterrichtens? Eltern werden immer streitbarer, bildungspolitische Ansprüche wie Inklusion oder Integration immer fordernder.

Durch das Nachdenken über das eigene Lehrerbild und die Gegenüberstellung von pädagogisch relevanten Theorien einerseits und schulischer Realität andererseits können Lernprozesse angeregt werden. Wichtig ist auch die Auseinandersetzung mit eigenen Idealbildern bzw. -vorstellungen und subjektiven Theorien: der „gute Lehrer", die „gute Schule", der „gute Unterricht".

Im Seminar, 29.4. Wir sprechen über ihre spezielle Berufswahl. Was stellen sie sich unter Unterrichten und Lehren vor? Jemand meint, man neige dazu, sich vor allem an die guten Lehrer zu erinnern, und das könne später zu Enttäuschungen führen.

5.5. Auf kollegiale Empfehlung erproben wir eine Übung zur Stärkung der „Auftrittskompetenz". Tische werden wie im „Klassenraum" arrangiert. Die Studenten schlüpfen in Schülerrollen und nehmen hinter den Tischen Platz. Ein Teilnehmer geht hinaus und wird im Sinne einer spezifischen Auftrittssituation von mir instruiert: Es handle sich um eine 7. Klasse, er solle sich der Lerngruppe vorstellen und etwas zu seiner Rolle als Praktikant sagen.
Nach dem Auftritt, der nicht länger als zwei bis drei Minuten dauert, frage ich bei der „Klasse" nach ersten Eindrü-

cken. Welche Gefühle hat dieser Auftritt spontan bei ihnen ausgelöst? Welche Phantasien entwickelten sich, wie sich diese Stunde gestalten wird? Die „Schüler" der Klasse geben vorsichtig ein Feedback und bemühen sich, möglichst Positives zu benennen. Dabei auf innere Prozesse und Authentizität zu achten, fällt den Studenten zunächst noch schwer.

Ich erlebe Studenten, die, um sich Respekt zu verschaffen und Kontrolle über die Situation zu gewinnen, in ihren „Auftritten" erst einmal recht forsch, manchmal gar autoritär auftreten. Angesichts der Rückmeldung der Gruppe sind sie dann erstaunt, welche kontraproduktiven Wirkungen - Abwehr und Widerstand - sie dabei erzeugt haben, die sie eigentlich vermeiden wollten.

13.5. Eine die Studenten sehr bewegende Frage ist, was gegen Disziplinprobleme helfen könne. Torsten meint, es sei wichtig, klare Regeln aufzustellen und auf deren Einhaltung zu achten. Claudia wird konkreter: man müsse den Schülern verdeutlichen, welche Bücher und Materialien regelmäßig mitzubringen seien, wann genau, mit welchem Signal der Unterricht beginne, zu welchen Zwecken man vom Platz aufstehen und wann man miteinander sprechen dürfe.

Mir ist bewusst, dass im Kontext des Praktikums der Umgang mit Disziplinproblemen und Unterrichtsstörungen von großer Bedeutung sein wird, schließlich wollen die Studenten wissen, inwieweit die Schüler sie als „halbe" Lehrer für voll nehmen oder ob sie sie, wie eine Studentin befürchtet, „in die Pfanne hauen," nicht mitmachen,

„über Tisch und Bänke gehen" und sich von „dem da, von der da schon gar nichts sagen lassen": die Angst der Praktikanten vor ihren Schülern.

27.5. Seminarraum. Ich habe den Begriff *Whititness* an die Tafel geschrieben, der die Bedeutung von Präsenz im Unterrichtsgeschehen betonen soll. Zur Verdeutlichung beginne ich mit einem Beispiel: Ein Schüler wird während der Stillarbeit ermahnt, da er mit dem Nachbarn geflüstert hat. Gleichzeitig werfen sich zwei Jungen Papierflieger zu, aber diesmal erfolgt keine Ermahnung. Es geht um die Fähigkeit, jederzeit den Eindruck zu vermitteln, dass man die Lerngruppe im Blick habe und einem nichts entgehe. Der Lehrer mit Augen im Hinterkopf. Alle sind der Meinung, eine solche Kompetenz, falls überhaupt, sich erst nach Jahren erarbeiten zu können.

17.6. Unser erster Lehr-Lernversuch dreht sich um das Thema „Kooperatives Lernen". Hierbei führen die Studenten eine 30 bis 45minütige Unterrichtssequenz im Sinne eines Micro-Teaching für die Gruppe durch und besprechen diese anschließend. Das Reflektieren eigenen Denkens und Handelns eröffnet Möglichkeiten, die bei einer Eigenanalyse nur beschränkt möglich wären. Inwiefern Formen des Micro-Teachings einen Beitrag zur Professionalisierung leisten, ist hinsichtlich der empirischen Belege noch nicht klar auszumachen.

Dennoch bin ich zuversichtlich, dass diese Lehr-Lernmethode ein Gewinn für die Teilnehmer sein wird, auch und nicht zuletzt um neue Unterrichtskonzepte und -methoden auszuprobieren und deren Wirksamkeit zu erfahren. Hinzu kommt meine Hoffung, dass durch Micro-

Teaching es später in der Schule leichter fallen wird, den eigenen Unterricht fremden Blicken zu öffnen und von und mit Kollegen gemeinsam zu lernen.

24.6. Im Rahmen des Feedbacktrainings bitte ich die Studenten darauf zu achten, dass in der Rückmeldung der „Schüler" möglichst keine moralisierende Bewertung des Verhaltens erfolgt, sondern Feedback in Form von subjektiven Mitteilungen unter Bezugnahme auf beobachtetes Verhalten gegeben wird. Dabei ist es nicht einfach, zwischen Beobachtung, Wahrnehmung, Bewertung zu unterscheiden. Wir versuchen dies mithilfe sprachlicher Formulierungen zu verdeutlichen: Nicht: „Das war so und so ..." sondern: „Als Du das gesagt, getan hast, hatte ich folgendes Gefühl, folgende Phantasie...". Ich-Aussagen in diesem Sinne, so die Theorie, beschreiben innere Reaktionen auf etwas Beobachtetes, ohne dieses zu bewerten. Zugegeben, das stellt die Studenten vor große Herausforderungen und gelingt nicht immer.

Mittags in der Mensa. Ein Dozent, der durch seine unkonventionellen Sichtweisen oft zur Heiterkeit beiträgt, meint, dass durch unsere schulpraktischen Studien die Herausbildung von zwei Lehrertypen deutlich verringert werde. Typ 1 sei der „pädagogische Banker", der in seiner Sach- und Fachorientierung immer wieder den „Nürnberger Trichter" ansetze, und, wenn im Kopf der Kinder nicht alles hängen geblieben sei, dies den Schülern anlaste bzw. einem Mangel an Intelligenz und Fleiß zuschreibe. Typ 2 meine es gut mit den Kindern, so gut, dass er, tendenziell theorieresistent, bereits im Hochschulstudium jede kritische Frage abwehre.

Das reicht für eine angeregte Diskussion.

1.7. Seminar. Ein heikles Thema ist die Frage nach der Bedeutung der Lehrerstimme. Welche Botschaften sendet meine Stimme? Spreche ich mit wenigen klaren Worten, deutlich, fest und bestimmt, aus dem Bauch heraus, oder rede ich zu viel und zeige so unbewusst Unklarheit und Unsicherheit? Ist meine Stimme zu hoch, zu schrill, zu laut, kommt sie nur aus dem Hals und wirkt dadurch nicht tragend? Oder plaudere ich dahin? Zu schnell? Zu langsam? Intoniere ich richtig? Als ich heute auf die Stimmlage einer Studentin kritisch eingehe, merke ich zu spät, dass meine Anmerkungen, die hilfreich sein sollten, auf sie verletzend gewirkt haben.

8.7. Wenn wir über Persönlichkeitsmerkmale sprechen, die für den Lehrerberuf von Bedeutung sind, steht im Ranking der Gruppe die Freude an der Arbeit mit Kindern und Jugendlichen ganz oben, es folgen die Fähigkeit zur Durchsetzung und Selbstbehauptung und generell sozial-kommunikative Stärken. Ich versuche ihnen klarzumachen, dass Lehrer im Schulalltag selten an fehlendem Fachwissen, eher an der Gestaltung schwieriger sozialer Beziehungen mit Schülern, Eltern, Kollegen oder der Schulleitung sowie fehlender personaler und sozialer Ressourcen im alltäglichen Umgang mit Belastungen scheitern.

September 2013. Inzwischen habe ich die ersten Unterrichtsversuche erlebt und in Nachbesprechungen die Praktikanten beraten. In einem Fall thematisieren wir mit der Mentorin und der jungen Studentin Wege zur Prävention von Störungen durch sogenannte „Präsenz- und Stopsignale". Ich weiß, dass die Studenten Tipps und Ratschläge mögen, von denen sie vermuten, dass sie große Praxistauglichkeit besitzen. Das gilt, und das hat sich in einer Stunde schmerzlich erwiesen, gerade auch für nonverbale Signale der Präsenz: im Klassenraum sich so zu positionieren, dass man alles gut überblicken kann, sich gelegentlich im Raum zu bewegen, beim Schreiben an der Tafel zwischendurch zur Klasse zu blicken, während Gesprächen mit Einzelnen die ganze Klasse im Blick zu haben.

In Momenten der Rückbesinnung auf schwierige Unterrichtsphasen erlebe ich bisweilen Studenten, die, zur Selbstüberschätzung neigend, Anregungen zu konstruktiver Selbstkritik nur zögerlich annehmen. Ich versuche ihnen verständlich zu machen, dass die volle Dynamik und Komplexität beruflichen Handelns meist erst nach Berufseintritt erfahrbar werden. Schaffe ich es, in solchen Situationen die Besprechungen, wie uns empfohlen wird, mit den Studenten „auf Augenhöhe" zu gestalten?

25.9. Im Unterrichtsversuch überraschen mich Beispiele des *Overlapping*, der Fähigkeit des Unterrichtenden, die Aufmerksamkeit gleichzeitig zwei Geschehnissen zuwenden zu können. Vereinzelt beobachte ich dieses intuitive Können, wenn es gelingt durch Bemerkungen, Anweisungen, Blicke, Mimik, Handbewegungen oder nonverbale Signale Störungen zu dämpfen. Ich freue mich, wie es in einer Deutschstunde einer Studentin gelingt, aufkommende Unruhe zu mildern, indem sie auf einzelne störende Schüler zugeht, sie antippt oder ihre Hand sanft auf die Schulter legt. Das erlebe ich besonders bei denjenigen, die bereits in der Arbeit mit Jugendlichen im Sportverein, in der Freizeitgestaltung Erfahrungen gesammelt haben.

Manchmal beobachte ich, mit wie wenig Schwung Unterrichtsabläufe gestaltet werden. Mehrmals kommt es zu Verzögerungen des Unterrichtsflusses, weil die Übergänge zwischen den Phasen holprig sind oder wenig zielführende Mahnungen wegen Fehlverhaltens erfolgen. Auch die Beschäftigung mit Nebenaspekten oder eine gewisse Sprunghaftigkeit wirken störend. Dann ertappe ich mich dabei, mal wieder zuviel zu verlangen und vorauszusetzen.

9.10. Im Nachbereitungsseminar ergeben sich in den Gruppen oft lebhafte Gespräche über die Erlebnisse während des Praktikums. Beim Rumgehen erfahre ich hier und da Näheres, auch wenn ich vermute, dass viel offener diskutiert wird, wenn ich nicht anwesend bin.
Franziska hat mehrere Lehrerinterviews zur Arbeitsplatzbelastung durchgeführt und stellt ihre Ergebnisse mit großer Verve vor. Was die Lehrer zermürbe, zu Fehlzeiten und Krankenständen führe, seien nicht nur die Kerntätigkeiten des Erziehens und Unterrichtens sondern auch Belastungen durch „schulinadäquat erziehende Familien". Besonders einmischungsfreudige „Helikopter-Eltern" gelten als unangenehm. Dieser Begriff entzündet eine heftige Auseinandersetzung über Mittelschichteltern, die, wie ein bekannter Soziologe der Universität behauptet habe, angeblich in „Bildungspanik" geraten seien.

Nach dem Seminar. Claudia hat mich auf den Einsatz sogenannter reflexiver Schreibimpulse aufmerksam gemacht. Ob ich damit Erfahrung hätte. Sie denke da an Fragen wie „Was habe ich diese Woche über mich selbst gelernt? Wie

reflektiere ich? Wie kläre ich meine Gedanken?" Man könne auch Sätze vollenden, z.B. „Heute ist mir im Unterricht
positiv aufgefallen, dass…".

Gespräch auf dem Gang. Mein Kollege filmt die Studenten
bei ihren Unterrichtsversuchen und bespricht die Videos im
Seminar. So sinnvoll diese Methode auch sein mag, können
im Kontext dieses Scenarios auch heikle Situationen entstehen. Die Konfrontation mit dem eigenen Bild ist für fast
jeden befremdlich. Wieso blicke ich so angespannt? Warum sage ich in jedem zweiten Satz „sozusagen"? Bin das
wirklich ich, mögen sich viele Stundenten beim Anschauen
der Videosequenzen fragen.

Seminar. Hin und wieder arbeiten wir mit aktuellen Zei-
tungstexten, in denen Bildungspolitisches thematisiert wird.
Die Studenten tauschen sich in Gruppen zu einem bestimmten Text aus und halten gemeinsam fest, welche Inhalte für ihre weitere Praxis relevant sein könnten. Neben
der bloßen Zusammenfassung des Textes geht es z. B. um
Fragen wie: Was sind für sie die fünf wichtigsten Aussagen
des Textes? Welche Informationen sind für sie neu? Stimmen sie den genannten Informationen zu, oder betrachten
sie diese eher kritisch? Auffallend ist schon, wie wenig
manche Studenten über aktuelle schulpolitische Themen
wissen.

„Schade, daß nur noch wenige Männer Pädagogik studieren, bei mir sind es vier! Und Pädagoginnen sind notorisch
unfreundlich. Lieben sie überhaupt Kinder? In einer Statistik wird das bezweifelt. Sie gehen vor einem die Treppe
hoch und knallen einem die Tür vor den Latz. So etwas

sollte in der Schule geübt werden: Benimm. Eine Stunde pro Woche „praktische Lebenskunde..." (Kempowski, Somnia, Tagebuch 1991, S. 45)

14.12. Eine Praktikantin mailt: Hallo Herr Lerner, ich würde mich gern auf diesem Weg bei Ihnen nicht nur für die Betreuung während des Praktikums, sondern auch für die tolle Seminarleitung bedanken. Ich bin sehr gerne in Ihr Seminar gegangen. Vor allem aber möchte ich mich für Ihre Reflexion bedanken. Sie können unmöglich wissen, wie wichtig es für mich war, Ihre Kritik zu hören. Ich wünsche Ihnen ein schönes Jahr und hoffe Sie haben eine gute neue Gruppe an Praktikanten. Liebe Grüße Josephine.

FAZ-Lektüre, 4.1. 2014. Islamisten gewinnen in Hamburg immer mehr Einfluß auf dem Schulhof. Schüler werden beschimpft, wenn sie keine islamkonforme Kleidung tragen, Schüler anderer Glaubensrichtungen gemobbt. Schüler treffen sich zu spontanen Gebeten auf dem Schulhof, demonstrativ laut, und verweisen, zur Rede gestellt, auf die Religionsfreiheit. Es gebe Ärger wegen des Essens, des Sportunterrichts, der Gebetsmöglichkeiten an Schulen. Mädchen würden diskriminiert, auf manche Druck ausgeübt, ein Kopftuch zu tragen. Grundschülerinnen werde Sport, vor allem der Schwimmunterricht, verboten. Sogar die Lehrergewerkschaft scheint es nun zu bemerken: Wo Deutsche nur noch eine Minderheit sind, in Klassenzimmern und auf Schulhöfen bestimmter Viertel, gehe es ziemlich intolerant zu. Auch das weibliche Lehrpersonal und leistungsstarke Schüler seien Diskriminierung und verbalen oder tätlichen Übergriffen ausgesetzt.

Ob ich diesen Text nächste Woche einsetzen werde?

28.4. Ein erstes Kennenlernen der neuen Gruppe erfolgt diesmal in Form von Partnerinterviews: zwei bisher weitgehend Unbekannte finden sich und stellen sich gegenseitig vor. Mögliche Gesprächsaspekte sind Semesterzahl, Fächerwahl mit kurzer Begründung, pädagogische Vorerfahrungen z.b. in der Jugendarbeit, in der Arbeit mit Kindern, im Verein, Erfahrungen im Unterricht, Hobbies, Auslandsaufenthalte, Erwerbsarbeit im Studium.

Cafeteria. Nach der Sitzung komme ich ins Gespräch mit einer Studentin, die mir durch ihre kritischen Anmerkungen bereits auffiel. Sie fragt, ob Schulpraktika nicht eine gute Möglichkeit seien, universitäre Seminare oder Vorlesungen auf ihre Realitätsnähe oder -ferne zu überprüfen. Ich bin mir in meiner Antwort unsicher, da ich überzeugt bin, dass auch Praktika kritisch begleitet werden müssten, gerade bezüglich ihrer Wirkungen, die empirisch noch wenig untersucht sind. Dies verweise, so fährt die Studentin fort, auf die grundlegende Differenz von Theorie und Praxis, die ihrer Meinung nach auch nicht durch Praktika und die Begleitveranstaltungen aufgehoben werden könne. Dem kann ich nur zustimmen. Es sei wohl so, füge ich hinzu, dass weder Theorie noch Praxis sich durch die Kritik der jeweils anderen Seite sonderlich irritieren oder gar beeinflussen ließen.

Was ich in diesem Gespräch für mich behalte, ist die Tatsache, dass die mangelnde Wertschätzung, die der Lehrerausbildung seitens der Fächer bzw. Fakultäten oft entgegengebracht wird, sich auch aus der häufig anzutreffenden Meinung speist, sie trage wenig zur wissenschaftlichen

Reputation der Hochschule bei. Dabei sichert sie durch ihre mit der Anzahl an Studenten verknüpften Ressourcenversorgung häufig die Existenz ganzer Disziplinen an Hochschulen.

5.5. In der heutigen Sitzung konstruieren wir eine Konfliktsituation, wie sie häufig im Unterricht vorkommen kann. Nachdem die Studenten Fragen zum Fall erarbeitet haben, geht es in der Kleingruppenarbeit darum, erste Diagnosen zum geschilderten Fall zu stellen oder Hypothesen zu erörtern. Gemeinsam versuchen wir, Ursachen zu klären, Ziele zu definieren und Lösungsansätze zu bewerten. Es ist ein Versuch, der dazu beizutragen kann, nicht in „unreflektierte Rezeptologie" zu verfallen.

12.5. In einer weiteren Übung zur Auftrittskompetenz geht es um verhaltensspezifische Kriterien zur Beobachtung: Wie positioniert sich der Student vor der Gruppe, zentral oder unklar am Rand? Wie nimmt er Blickkontakt mit der Gruppe auf? Erfolgt die Vorstellung in einfachen, klaren Worten? Wie ist die Körperhaltung, wie wirken Stimme und Gebärdensprache, aufrecht und geerdet oder unsicher und verwaschen?

Lehrerzimmer. Gespräch über die Einführung eines „Praxissemesters". Die Mentorin, mit der ich seit langem gut kooperiere, warnt vor den Folgen eines solchen Vorhabens, bei dem die Schulen bisher überhaupt nicht einbezogen würden und es sehr fraglich erscheine, inwieweit es so zu einer Verbesserung der Lehrerausbildung komme. Sie befürchtet zudem eine Verschlechterung der Qualität des Unterrichts, den die Studenten erteilen, sowie eine Überforderung der Mentoren an den Schulen.

19.5. Vorbereitungen für die Unterrichtsplanung. Wir unterhalten uns über „Unterrichtseinstiege". Die Studenten nennen Beispiele aus ihrer Schulzeit und erörtern deren Funktion. Alexa betont die Kontaktaufnahme mit der Lerngruppe, Jens geht es um die Schaffung einer arbeitsfähigen Unterrichtsatmosphäre, andere wollen motivieren und Neugier für das Thema wecken.

26.5. Bei der Gestaltung von Unterrichtsgesprächen, eine für alle Praktikanten große Herausforderung, diskutieren wir, welche Fragen und Impulse sich nicht als Mittel der Lernsteuerung eignen. Die Studenten erwähnen Entscheidungs-, Doppel- oder Kettenfragen. Ich verweise auf Suggestivfragen nach dem Muster „Meint ihr nicht auch…?" und Füllfragen: „Hat das jetzt jeder verstanden? Sind alle da? Seid ihr damit einverstanden?"

Am Schreibtisch. Nochmal zum Verhältnis von Theorie und Praxis. 2001 empfahl der Wissenschaftsrat zur künftigen Struktur der Lehrerbildung:
„Hochschulausbildung soll die Haltung forschenden Lernens einüben und fördern, um die zukünftigen Lehrer zu befähigen, ihr Theoriewissen für die Analyse und Gestaltung des Berufsfeldes nutzbar zu machen und auf diese Weise ihre Lehrtätigkeit nicht wissenschaftsfern, sondern in einer forschenden Grundhaltung auszuüben." (Wissenschaftsrat 2001: Empfehlungen zur künftigen Struktur der Lehrerausbildung. Berlin S. 41)
Hat der Wissenschaftsrat dabei auch an die zeitaufwendigsten Aufgaben des Lehreralltags gedacht? An Korrekturen

und Notengebung, an Unterrichtsvor- und nachbereitung? Mir fällt dabei ein, dass z. B. Theorie und Praxis der Bewertung mündlicher Schülerleistungen noch kaum erforscht sind.

Wenn der Lehrer vor der Klasse steht und die Schüler ihn das erste Mal sehen, dann ist es eine Frage von wenigen Sekunden bis Minuten, dass Schüler einen ersten Eindruck vom Lehrer bekommen - hinsichtlich seiner Vertrauenswürdigkeit, seiner Kompetenz, seines Selbstvertrauens. Ich betone, dass dieser erste Eindruck die fatale Neigung habe, eine ganze Zeit anzudauern. Der erste Eindruck sei immer sehr nachhaltig. Dementsprechend sollte der Start in einer neuen Klasse wohlüberlegt sein. Das führt dazu, dass die Studenten konkrete Beispiele aus ihrer Schulzeit, aber auch aus der Uni benennen. Es wird viel gelacht und auch gealbert.

Auf dem Weg zur Uni. In den Lehrveranstaltungen als auch bei den anstehenden Praktika kann Praxisbezug mehr oder weniger begründet behauptet werden, ohne jemals nachgewiesen werden zu müssen. Mechanismen zur Überprüfung behaupteter Praxisbezüge existieren meiner Kenntnis nach kaum, empirische Evaluationen von Praxisbezügen werden aber zunehmend gefordert. Ersatzweise greift man dann gerne auf eine Befragung über die Zufriedenheit der Praktikumsteilnehmer zurück; daraus kann aber weder auf Relevanz noch auf reflektierten Transfer geschlossen werden.

Am Schreibtisch. Beim Lesen der Praktikumsberichte der Studenten erschrecke ich erneut über die sprachlichstilistischen Unzulänglichkeiten. Große Schwächen bestehen in Rechtschreibung, Zeichensetzung, Grammatik und der sprachlichen Ausdrucksfähigkeit allgemein. Kollegen in anderen Ausbildungssituationen bestätigen diese Beobachtung. Im Gespräch mit Freunden über mögliche Ursachen finden wir schnell Konsens. Es sei in erster Linie der intensive Gebrauch der neuen Medien, der Smartphones, SMS-und Whatsapp-Kürzel. Andere machen die katastrophale Rechtschreibreform in den 90ern verantwortlich. Ein ehemaliger Ausbilder sieht Versäumnisse des Deutschunterrichts in den weiterführenden Schulen. Und nicht zuletzt trage in den Grundschulen die Methode „Schreib, wie du sprichst" oder „Schreiben nach Gehör" ein gerüttelt Maß Schuld. Der Schreibunterricht verlange die verinnerlichte Grammatik, wenn Autonomie in Stil und Ausdruck erreicht werden soll. Es helfe wenig, wenn Kinder früh schreiben, ohne zugleich die Standards der Schriftlichkeit zu lernen.

„Ein allgemeines Merkmal der gegenwärtigen Schule: dass in ihr ständig alles unterbrochen wird. Ständig wechseln die Themen, nichts wird eingängig, ausgeruht, tief behandelt. Niemand lässt sich Zeit, alle schauen auf die Uhr. Auch die Lehrmaterialien machen diesen nervösen Eindruck. Sie halten keine Form der Zuwendung zu den Schülern durch, sondern sind immer um Abwechslung bemüht. Auf jeder Seite steht ein Kasten, der noch einmal etwas Besonderes mitteilt. Auf jeder zweiten Seite wechselt das Thema. Es ist, als ob den Schülern vor allem Multitasking eingetrichtert werden soll, die Fähigkeit, innerhalb kürzester Zeit zu anderen Formaten, Themen, Denkleistungen zu wechseln." (Kaube, S. 140)

Immer wieder höre und lese ich, dass Studenten der Germanistik oder Anglistik die Werke der Klassiker ihres Faches nur dem Namen nach kennen und dann wenig Gefallen daran finden, im Studium „Faust" oder „Hamlet" lesen zu müssen. Studenten der Geschichtswissenschaft verlegen Luther ins 19. Jahrhundert und im Gegenzug die Aufklärung in die Renaissance. Viele angehende Geisteswissenschaftler verfügen nicht mehr über die Fähigkeit, sich komplexere Texte systematisch durch Einbeziehung anderer Texte zu erschließen, kritisch auszuwerten, verschiedene Quellen zueinander in Beziehung zu setzen und am Ende zu einem begründeten Urteil zu kommen, das auch hinreichend sprachlich präzise formuliert wird.

16.6. Heute eine lange, kontroverse Diskussion über angemessenes Verhalten in den Schulen während der Praktikumsphase. Ähnlich der inzwischen zu allen möglichen Problemen wohlfeilen Ratgeberliteratur bietet das "Referat für schulpraktische Studien" den Studenten „Verhaltensregeln" an. Als Praktikanten seien sie in der Schule Repräsentanten der Studentenschaft. Ihnen wird nahegelegt, sich einzubringen, ihre Mithilfe anzubieten, kooperativ und hilfsbereit zu sein. Solche Tipps wecken gerade bei kritischeren Studenten Widerspruch, da sie sich nicht ernst genommen fühlen.

23.6. Über Unterrichtsbeobachtung. Ich weise erneut darauf hin, dass viele Dinge, die sie demnächst in den Klassen beobachten werden, ihre Vorgeschichte haben. Sie erleben und beobachten in der Schule oft sehr persönliche Dinge, mit denen sie verantwortungsbewusst umgehen müssen.

Ich lege ihnen nahe, sich während des Praktikums Aufzeichnungen zu machen. Das von mir empfohlene „Lerntagebuch" wird zwar positiv zur Kenntnis genommen - aber wer wird damit arbeiten? Ich empfehle ihnen, vor Ort Interesse zu zeigen, nachzufragen, wenn sie etwas nicht verstehen und mehr über die Hintergründe wissen wollen, aktiv am gesamten Schulleben und an außerschulischen Aktionen teilzunehmen. Wandertage, Konferenzen, Elternabende sind Augenöffner für das, was Schule ausmacht. Ich lege ihnen ans Herz, sich gegenseitig auch bei ihren Unterrichsstunden zu beobachten und die Beobachtungsergebnisse auszutauschen.

Mensa. Ein gläubiger Anhänger des Konstruktivismus meint mich darauf aufmerksam machen zu müssen, dass Schulpraxis in den „Schulpraktischen Studien" selbstverständlich nicht die Schulpraxis der Praxis sei, sondern, so klärt er mich auf, ein „in unterschiedlichen Beobachterperspektiven konstruiertes Modell von Praxis". Sie biete nicht die Praxis des beruflichen Alltags, sondern die „Praxis des seltenen Besuchs". Wenn „konstruktivistisch" argumentiert wird, fällt mir spontan dazu nichts Konstruktives ein. Mit welchen Argumenten könnte ich dieser Arroganz begegnen?

Unterrichtsversuch in der 6. Stunde im Jahrgang 5. Thema der Unterrichtseinheit: Die Schöpfung, Thema der Stunde: Einführung in die Thematik. In der Nachbesprechung geht es darum, Arbeitsaufträge für die Gruppenarbeit präzis zu formulieren und im Entwurf inhaltlich zu begründen, sich zu fragen, welche Verständnisschwierigkeiten auftreten können und wie man damit umgeht. Was bedeutet es in dieser 6. Klasse konkret, wenn Schüler „kreativ" werden sollen?

Biologie, Klasse 6. Thema der Unterrichtseinheit: Mikroskopie, Thema der Stunde: Die Wasserpest und das Entdecken der Chloropasten. Nach einer Phase zielgerichteter Arbeit läuft die Sache ein wenig aus dem Ruder: es wird deutlich unruhiger, Fragen der Lerngruppe häufen sich, ein Deckgläschen geht kaputt. Einige Schüler sind bereits mit ihren Zeichnungen fertig, andere haben noch nicht angefangen, eine Schülerin packt bereits ihre Mappe ein, einige laufen ratsuchend zur neben mir sitzenden Fachlehrerin. In der Reflexion der Stunde diskutieren wir, ob eine kleinschrittigere Planung dieser Phase zielführender gewesen wäre? Nach jedem der Schritte bestände die Möglichkeit, nachzufragen: Haben das alle verstanden? Wie weit seid ihr gekommen? Wo gibt es Probleme? Wie geht's nun weiter?

In den didaktischen Überlegungen hätte man näher auf mögliche Schwierigkeiten im Lehr-Lernprozeß - konkret: Probleme einiger Schüler im Bereich der Feinmotorik im Umgang mit den Mikroskopen - eingehen müssen. Auch im heutigen Unterrichtsversuch beobachte ich bei der Präsentation der Ergebnisse der Gruppenarbeit eine Fülle von Rechtschreibfehlern auf den Folien. Dazu ist die Schrift oft kaum lesbar.

In einer anderen Besprechung lobt der Mentor die gute Präsenz der Praktikantin, besonders die Wahrnehmung der Klasse durch ihr Blickverhalten und die freundliche und dezidierte Art, mit der Lerngruppe zu kommunizieren. In der Unterrichtssprache gelingt es, sich sprachlich auf das Niveau der Klasse einzustellen.

Gesamtschule, Klasse 7. Während der Partnerarbeitsphase wirft ein Schüler das Heft eines anderen auf den Boden und ruft vorlaut in den Raum. Dies dauert nur wenige Sekunden, aber evoziert eine langatmige Zurechtweisung durch die Praktikantin: „Wie oft habe ich schon gesagt..." ; „Das ist jetzt schon das dritte Mal, dass..." Die aufwendige Kommentierung weitet die Störung faktisch aus, anstatt sie zu dämpfen. Lernzeit geht verloren.

Reflexion von Unterrichts kann beginnen mit einem kurzen Abriss der Stunde , wie sie strukturiert war und was die Ziele waren. Man sollte darauf achten, nicht zu viel zu wiederholen, was schon im Unterrichtsentwurf und der der Sachanalyse erklärt wurde. Es geht um neue Erkenntnisse. Verlief die Planung effizient? Wurden die Ziele/Kompetenzen erreicht? Welche Schwierigkeiten gab es? Was hätte an welcher Stelle anders gemacht werden können? Wie klar waren meine Arbeitsanweisungen? Habe ich sinnvolle Fragen und Aufgaben gestellt? Wie gut war meine Stunde strukturiert?

Immer wieder erlebe ich Stunden mit Inhalten, die Erinnerungen an eigene Schulzeiten wachrufen. Heute geht es in der 8. Klasse Physik um den „Gasbrenner". Der Einstieg über ein Bild erfolgt originell und funktional. In der Gesprächsführung, besonders bei den Fragestellungen sollte der Student noch etwas mehr Geduld haben, auf Schülerbeiträge warten und nicht gleich Ergebnisse vorgeben. Die Konstruktion des Arbeitsblattes ist motivierend. Es gelingt, peu a peu und in angemessener Weise die einzelnen Abschnitte inhaltlich überzeugend zu gestalten. Dabei wird Vorwissen einzelner Schüler sinnvoll aktiviert. Die Unterrichtssprache ist klar, deutlich auf das Sprachniveau der Lerngruppe bezogen und zielführend. Die ruhige Art der Gesprächsführung trägt - in Verbindung mit der Beschriftung einer Folie - dazu bei, dass alle Schüler der Ergebnissicherung auf dem Arbeitsblatt aufmerksam folgen. Die Lerngruppe arbeitet gut mit.

30.6. Förderstufe. Eine Stunde zum Thema „Leben in der Steinzeit" in einer 6. Klasse. Die Arbeitsblätter für die sechs Gruppen sind sprachlich und inhaltlich für die Lerngruppe geeignet. Positiv in dieser ersten Gruppenarbeitsphase fällt mir die recht schnelle Formierung der Gruppen auf, die ein durchaus diszipliniertes Arbeiten ermöglicht. Die Praktikantin nimmt ihre Rolle in dieser Phase sehr gut wahr, sie klärt Fragen, gibt Hilfen. Ergänzt wird dies durch eine gute materiale und organisatorische Vorbereitung und die Bereitstellung von inhaltlich interessanten Zusatzmaterialien.

Problematisch wird die 2. Phase, in der die Gruppen wechseln und nun ihre Informationen austauschen sollen. In der Besprechung der Stunde fragt die Praktikantin nach Ursachen für die aufgetauchten Probleme. Die Mentorin verweist darauf, dass die Methode des Gruppenpuzzles eine lange Übungszeit und diszipliniertes Verhalten der Lerngruppe erfordere. Die Schüler, so fährt sie fort, benötigten entsprechendes methodisches Rüstzeug, z.B. die Kompetenz, Texte oder Antworten auf Fragestellungen sinnvoll zusammenfassen zu können, besonders aber die Fertigkeit, Wichtiges von Unwichtigem unterscheiden zu können.

17.9. Religionsstunde zum Thema „Stationen im Leben Jesu" in einer 6. Klasse. Bereits in dem mir zugemailten Entwurf zeigen sich Unsicherheiten. Die Planung ist oberflächlich, weil wichtige Fragen ausgeblendet werden: was kann ich in 45 Minuten an Zielen erreichen? Wo liegt der Schwerpunkt der Stunde? Ist der Text angemessen für die Lerngruppe? Wo könnte es Verständnisprobleme geben, und wie reagiere ich darauf? Welche Arbeitsform wähle ich in der Erarbeitungsphase? Welche Erfahrungen hat die Lerngruppe mit Gruppenarbeit? Wie setze ich die Gruppen zusammen?
Wie nicht anders zu erwarten, ist der Text für die leistungsheterogene Lerngruppe zu schwer. Begriffe wie „Steuerliste", „Statthalter", „Niederkunft" werden nicht annotiert bzw. durch den Lehrer erklärt. Hinzu kommt ein für die Schüler fremder und kaum nachvollziehbarer altertümlicher Sprachgebrauch („weh dem Menschen", „Lobpreis", „Blut des Bundes", „nach dem Leben getrachtet").

Wenn Studenten Arbeitsblätter an ihre Klassen verteilen, benötigen einige dafür drei Minuten, andere mehr als das Doppelte der Zeit. Jemand soll mal ausgerechnet haben, dass bei einem Lehrer, der jede Stunde drei Minuten vertrödelt, seine Schüler im Schuljahr geschlagene 80 Unterrichtsstunden verlieren.

16.10. Auswertungsseminar. Anhand nun eigener Erfahrungswerte aus den Praktika versuchen wir, Probleme bei der Planung, Durchführung und Reflexion von Unterricht aufzulisten. Die Aussage, dass Studenten oft oder nahezu ausschließlich das Schulbuch verwendeten und Inhalte unreflektiert übernähmen, stößt auf Widerspruch. Zustimmung findet dagegen, dass sie ihre Planungen an eigenen Schulerfahrungen ausrichteten, stark damit beschäftigt seien, ein Grundverständnis über die Fachinhalte aufzubauen, selten Lernziele bzw. Kompetenzen adäquat formulierten, „lehrerzentrierten" Unterricht bevorzugten und nicht immer sinnvoll ihre didaktisch-methodischen Entscheidungen begründeten.

Der Praxisbezug im Studium bleibe notwendig ephemer, weil die alltägliche Praxis eine Ereignisdichte und Kontingenz habe, die von keiner Ausbildung antizipiert werden könne, so Oelkers 1999 in einer Abhandlung. Erst die Berufspraxis selbst, institutionalisiert in Schule und Ausbildungsseminar, übe in die Praxis des Unterrichtens und Erziehens ein. „Handeln lernen könne man nur dort, wo es auch gebraucht wird", so Giesecke 1996.

Das Fachwissen einiger Studenten - besonders auffällig im Fach Geschichte - ist oft defizitär. Heute erlebe ich eine Geschichtsstunde in einer 7. Klasse mit dem Thema „Julius Caesar". Im Entwurf nur banalste Kenntnisse über Strukturen der römischen Republik, etwa über die Ämterlaufbahn. Entsprechend sind die Ergebnisse - gelangweilte Schüler, kein neues Wissen wird „konstruiert", es herrscht eher Verwirrung.

Einmal hat mich eine angehende Geschichtslehrerin tatsächlich gefragt, wann genau der 2. Weltkrieg eigentlich gewesen sei. Die mangelnden Geschichtskenntnisse der Schüler sind dann nicht weiter verwunderlich.

In der Empfehlung des Referats „Schulpraktische Studien" zu „Unterrichtsbesprechungen" heißt es:
„Nach einer selbständigen Reflexionszeit (mind. 15 Minuten) äußert sich zunächst der Praktikant zur Unterrichtsstunde: Er soll seinen persönlichen Eindruck von der Stunde und ihrem Verlauf, von der Lerngruppe und dem eigenen Tun in der Stunde darlegen. Wie ist er/sie in die Stunde hineingegangen, wie ist er/sie herausgekommen? Was war gelungen, was könnte man besser machen? Die Praktikantinnen werden gebeten, möglichst ohne vorschnelle Selbstbewertungen, die Situation aus der eigenen Perspektive zu rekonstruieren, um sie näherer Betrachtung zugänglich zu machen. (Eher kurz, nicht zu detailliert.) Diese Reflexion ist Ausgangspunkt des gemeinsamen Gesprächs."

Nach dem Lesen eines Aufsatzes über „Erfolgreiche Gruppenarbeit". Woher rühren gewisse Aversionen gegen Gruppenarbeit? Haben die Studenten schlechte Erfahrungen in ihrer Schulzei gemacht?
Im Internet, besonders auf den Seiten, die von den Vorteilen der Gruppenarbeit schwärmen, finden die Studenten Tipps und Anregungen. Ob sie allerdings für den Anfänger hilfreich sind, steht auf einem anderen Blatt. Da heißt es etwa, funktionierende Gruppenarbeit erfordere, dass die Schüler Gespräche führen, Ergebnisse festhalten, Wesentliches erkennen, Ziele festlegen können. Vergessen wird zu erwähnen, wie lange es dauert und wie anstrengend es ist, sich diese Kompetenzen auch nur ansatzweise anzueignen. Allein um Gruppen „günstig" zusammensetzen zu können, muss man die Lerngruppe über einen langen Zeitraum kennen.

Vielfältig sind die „handwerklichen" Voraussetzungen gelingender Gruppenarbeit. Ist der Arbeitsauftrag klar? Verwende ich gleiche oder unterschiedliche Aufträge? Welche Zeitvorgabe ist realistisch? Wie sollen die Arbeitsergebnisse gesichert und präsentiert werden? Habe ich Ergebnisse vorweggenommen oder Hilfen gegeben, die eine selbstständige Weiterarbeit möglich machen? Erfolgt die Präsentation der Arbeitsergebnisse interessant für die Lerngruppe, oder entstand Leerlauf durch zu viele oder zu lange Gruppenberichte? So erlebe ich immer wieder Situationen, wo es Schülern unklar ist, welcher Gruppe sie zugehören und wer wem welche Fragen stellt. „Ihr müßt Euch alle gegenseitig fragen", ist in diesem Kontext wenig zielführend. Ein Schüler beantwortet Fragen gleich schriftlich, ein anderer hat gar Leseprobleme beim Vorlesen der Fragen.

November 2014. Eine Mail aus dem „Referat für schulpraktische Studien: Lieber Georg, die Studierenden werden im Praxissemester, das ab Schuljahr 2015/16 erprobt wird, stärker in den Schulen eingebunden sein. Das erfordert neue Absprachen mit den Schulen, die nicht alle nur schriftlich ausgetauscht werden können. Da ich es nicht schaffen werde, diese Gespräche mit den Schulleitern bzw. deren Ansprechpartnern für Praktikanten selber zu führen, suche ich dafür eine Unterstützung. Wenn Du neugierig geworden sein solltest und das für Dich vorbehaltlich einer genaueren Klärung vorstellbar ist, dann freut es mich, wenn wir uns mal darüber telefonisch oder besser persönlich verständigen können. Ich kann mir eine Zusammenarbeit sehr gut vorstellen, falls das auf Dein Interesse trifft und Du im ersten Vierteljahr für eine vertraglich vereinbartes Mitwirken Zeit einräumen kannst.

Mit vielen Grüßen A.

Ich kenne den Gesetzesentwurf, in dem zwei curriculare Zielsetzungen, die Erweiterung der bis dahin erworbenen fachlichen, fachdidaktischen und pädagogischen Kompetenzen durch eigene, durch Schule und Hochschule begleitete Praxiserfahrungen sowie eine kriteriengeleitete Selbstreflexion im Hinblick auf die Eignung für den Lehrerberuf formuliert werden. Ich kenne die Expertise über die Einführung eines Praxissemesters in Hessen, in der vor einer Einbindung des Praxissemesters zu einem frühen Zeitpunkt des Studiums und vor „idealisierten Vorstellungen und gegenseitigen Erwartungen bezüglich dem Gelingen und der Intensität der erforderlichen Kooperation" gewarnt wird. Auf curricularer Ebene werden „sequentiell und curricular aufeinander bezogene Praxisphasen, die sich an der übergeordneten Zielrichtung der Entwicklung professionellen Lehrerhandelns orientieren und ihren spezifischen curricularen Beitrag leisten", gefordert. Ob das funktionieren wird? Ich bleibe skeptisch.

Seminar. Heute ist Alina mit ihrer „Auftrittskompetenz" dran. Es ist Montag, 1. Stunde, Klasse 9, Französisch. Der Mentor kommt etwas später nach, da er noch etwas kopieren muss. Alina soll die Lerngruppe begrüßen, sich kurz vorstellen, sagen, dass Herr Meier gleich kommt und schon mal die Hausaufgaben überprüfen. Als kleine Schikane habe ich eine Studentin gebeten, sich zu melden und Alina mit dem Satz „Es gibt keine Hausaufgaben übers

Wochende!" zu konfrontieren. Alina geht locker damit um, indem sie die Studentin bittet, das doch bitte in der Zielsprache zu formulieren.

2.12. Morgens erhalte ich diese E-Mail:
Hallo Herr Lerner!
Im Anhang befindet sich mein schriftlicher Praktikumsbericht. Bitte nicht bei der hohen Anzahl der Seiten erschrecken. Der Anhang ist dafür zuständig.
Vielen Dank für das tolle Seminar und die gelungene Praktikumsbetreuung.
LG K. Patrick

Am Schreibtisch. An Kriterien „guten Unterrichts" herrscht kein Mangel. Man müsste mal klären, wie sie im Unterricht konkret Niederschlag finden. Der Lehrer müsse die Klasse, „im Griff" haben, nütze die Unterrichtszeit intensiv für die Behandlung von Unterrichtsstoff, äußere sich klar und verständlich. Das klingt nicht gerade nach neuen Erkenntnissen. Interessanter wird es, wenn es darum geht, anspruchsvolle, auf Verständnis, Problemlösen oder Anwendung zielende Kriterien zu formulieren, Diagnosegenauigkeit zu praktizieren oder sich um eine „affektive Tönung der Lehrer-Schüler-Beziehung" zu bemühen.

Einmal sagt eine Praktikantin zur Lerngruppe: „Jetzt wird´s verzwickt, da müsst ihr eure Denkmützen aufsetzen!" Soll das ein stimulierender Impuls sein? Denkmützen? Wieviele Schüler dieser nicht nur ethnisch heterogenen Klasse verstehen das?

FAZ-Lektüre. In einer Berliner Grundschule müssen sich

Kinder sechs Wochen lang mit dem Thema „Kinderarbeit in Manila" beschäftigen. Am Ende bekommen sie die Aufgabe, das Gelernte in einem improvisierten Theaterstück darzustellen. Ein Schüler spielt den ausbeuterischen Kapitalisten, und weil er ihn zu überzeugend darstellt, wird er mit einer schlechten Note bestraft.

2.1. 2015. Jana schreibt:
Lieber Herr Lerner, hier meine Modulprüfungsbescheinigung! Herzlichen Dank nochmal für die gute Vor- und Nachbereitung des Praktikums.
Beste Grüße

Janas Offenheit und Kritikfähigkeit, ihr Einsatz für die Gruppe und ihre pragmatische Sichtweise haben mir von Beginn an imponiert.

Im Vera-3-Test im Schuljahr 2014/2015 sind die Ergebnisse für die Berliner Grundschüler verheerend. Die Hälfte der Drittklässler erfüllt nicht die Mindestanforderungen an die Rechtschreibung, wie sie die Kultusministerkonferenz festgelegt hat. Sie können, wie es im Kommentar des Instituts für Schulqualität (ISQ) heißt, gerade einmal „lautgetreu" schreiben. Schüler bringen Wörter also so zu Papier, wie sie diese hören, nicht aber, wie sie korrekt geschrieben werden.
Wie haben die Praktikanten lesen und schreiben gelernt?

12.1. Wir sehen einen etwa zweiminütigen Ausschnitt aus einem Film. Ein Schüler verspätet sich, der Lehrer maßregelt ihn, während er versucht, die Klassendisziplin zu wahren und mit dem Unterricht fortzufahren. Nun ist es Aufgabe der Studenten, die Situation zum einen aus der Sicht der Schüler, zum anderen aus der Sicht des Lehrers zu schildern und einen Lösungsvorschlag für den Konflikt des Zuspätkommens zu erarbeiten.

Evaluationsversuch über Grundprobleme der Planung und Durchführung von Unterricht, die immer wieder Anlaß zu bisweilen entmutigenden Reflexionen geben.
Es wird, wie es so schön heißt, „zu viel in eine Stunde gepackt". Bei Gruppenarbeit Schwierigkeiten der Zeitplanung. Die einzelnen Phasen zu lang, zu kurz oder garnicht erkennbar. Beobachtungen in Klassen, wie kleinste Anlässe zu nicht wieder rückgängigen Motivationsverlusten führen. Wieder steht das Thema der Stunde nicht an der Tafel, die dazu seit letztem Schultag nicht gesäubert worden ist.
Auch in dieser Stunde wird vergessen, das Vorwissen der Lerngruppe abzufragen. Das Schriftbild kaum lesbar, dazu Fehler im Tafelanschrieb. Das könne passieren, sagt später der Praktikant, man sehe, wenn man vor der Tafel stehe, den Wald vor lauter Bäumen nicht. Der Mentor unterstützt ihn: ihm als erfahrenen Kollegen würde das auch passieren. Es gäbe Schlimmeres. Da hat er ja nicht ganz Unrecht.

Wie oft stelle ich fest, dass beim Erstellen eines Tafelbildes die Struktur der Tafel in der Planung nicht bedacht wird. Liegt das daran, dass die Tafel als Medium veraltet wirkt im Bewußtsein der medienaffinen Studenten, die Whiteboard, Youtubeclips und Smartphones favorisieren? Habe ich in diesem Bereich Nachholbedarf?

Zum wievielten Male erhalten die Schüler Texte ohne Quellen- und Zeilenangaben? In der Reflexion erinnere ich

an die hilfreiche Technik des *Think, Pair, Share* als praxis-
bewährte Möglichkeit, mehr Schülerbeiträge zu evozieren.
Der Praktikant verteidigt sich, dass dann seine Zeitplanung
nicht mehr funktioniere, auch mangele es ihm gerade in der
Anfangsphase der Stunde an Geduld. Er werde daran arbeiten.

Schade auch, dass Bilder oder Karikaturen zu wenig
sprachlich-inhaltlich ausgeschöpft werden und das Gesehene erst beschreiben, dann analysieren und interpretieren
zu lassen. Oft fehlen den Praktikanten schlicht sachliche
Hintergrundinformationen.

Sich wiederholende Szenarien: Im Englischunterricht einer
8. Klasse reduziert sich das Unterrichtsgespräch auf das
typische Lehrer-Schüler-Pingpong. In der Präsentation der
Ergebnisse fehlt die Aufmerksamkeit der Restgruppen.
Wortschatzarbeit wird vernachlässigt oder ohne sinnvolle
Kontexte realisiert, Wortfamilien nicht beachtet. Ausspra-
cheschulung scheint für viele ein Fremdwort zu sein, die
Sprechaktivierung wird vernachlässigt, Texte werden ohne
Höraufttrag präsentiert.

In einem Fazit der Besprechung ihrer Deutschstunde faßt
die Praktikantin den Ertrag der Beratung sprachlich und
inhaltlich vorbildlich zusammen. Dazu formuliert sie zwei
Ziele für die eigene professionelle Weiterentwicklung, was
sie ändern, intensivieren, vermeiden möchte. Warum gelingt das nicht immer in einer solch entspannten Atmosphäre? Die selbstbewußten Studenten benennen auch Defizite,
kritisieren meine zu langen Ausführungen, wünschen sich
mehr konkrete Hilfestellung, suchen nach Rezepturen für

ihren Unterricht.

4.5. Wir unterhalten uns darüber, wie man das Thema einer Stunde „kompetenzorientiert" formulieren könnte. Also nicht „Das Gleichnis vom guten Hirten" sondern: „Mit Hilfe von Bildern erarbeiten Schüler in Partnerarbeit, was das Gleichnis vom guten Hirten mit ihrem Leben zu tun haben könnte." Ist das für den Planungsablauf hilfreich?

Wie kann man durch Stimmmodulation und Änderung der Lautstärke dem Unterricht eine gewisse "Spannung" verleihen? Als ich auf das Raumverhalten des Praktikanten eingehe und darauf hinweise, nicht an einer Stelle stehen zu bleiben, den Standpunkt zu wechseln, nicht statisch zu verharren, entgegnet er, dass ihm das wenig authentisch vorkomme, es sei nicht seine Art sich ständig zu bewegen.

Sehr überrascht zeigen sich Praktikanten, wenn ich sie auf die häufige Verwendung einseitiger Floskeln - besonders beliebt sind „okay", „so", „also" - hinweise. Einmal habe ich heimlich eine Strichliste geführt. Auch das berühmte „Lehrerecho" wird thematisiert. Schnell finden die Praktikanten heraus, dass Schüler sich dadurch nicht Ernst genommen fühlen. Häufig geht es auch um die Angewohnheit, jeden Schülerbeitrag gleich zu kommentieren.

Nebenraum Bibliothek. Nach dem Abschlußseminar Gepräch mit einigen Kollegen über Wahrnehmungen in Unterrichtsversuchen, besonders über immer wieder zu beobachtende Fehler. Warum lassen Studenten Arbeitsblätter oder Materialien nicht von den Schülern austeilen? Welche Wirkung hat es, wenn sie die Namen der Schüler nicht genau kennen, dass Hände in der Hosentasche Unsicherheit, Ablehnung, Verschlossenheit signalisieren können?

Schulpraktische Studien - eine neues Seminar hat begonnen. Jemand hat einmal eine kritische Reflexion der eigenen Unterrichtspraxis als eine „Kultur der Einlassung" bezeichnet. Ich erlebe oft Widerstände gegen „das ewige Reflektieren und Theoretisieren", viel lieber mögen Studenten das „Rezeptelernen", auch wenn ihnen bewußt sein mag, dass dies selten auf Dauer hilft.

Wie gehe ich mit Unterrichtsstörungen um? Das die Praktikanten immer bewegende Thema ist heute Gegenstand des Lehr-Lernversuchs. Den beiden Studenten gelingt es, viele Anregungen und Tipps zu geben. Doppelfragen und Mehrfachfragen seien zu vermeiden, man solle sich nicht für Selbstverständlichkeiten bedanken, nicht über die Unruhe der Kinder hinwegreden. Zielführend seien knappe, klare und eindeutige Anweisungen und Aufträge, man müsse erst den Arbeitsauftrag klären, dann das Arbeitsblatt austeilen. Wichtig sei auch in der Ansprache der Lerngruppe, „Ich-Botschaften" zu senden, z.B. „Wenn du mich ständig unterbrichst, muss ich immer wieder von vorne anfangen, das macht mich ärgerlich." Bei gravierenden Störungen gelte es cool zu bleiben, nichts persönlich zu nehmen. Eine bewährte Deeskalationstechnik sei es, mit humorvollen Bemerkungen die Lerngruppe zu verblüffen, indem man das Gegenteil von dem tue, was sie erwarten. Während ich die beiden unterrichtenden Studenten beobachte, denen es durchaus gelingt, die „Klasse" zu aktivieren und inhaltlich gute Beiträge zu evozieren, weiß ich, dass es im Umgang mit schwierigen Schülern keine Patentrezepte gibt. Jede Situation erfordert andere Maßnahmen, es gibt keine Garantie fürs Gelingen. Was gestern wirkte, kann heute wirkungslos sein.

Wenn wir über „Lerntagebücher" als mögliche Reflexionsinstrumente reden, stören mich bisweilen die den Studenten in diesem Kontext empfohlenen Fragestellungen. Sie erinnern nicht selten an pietistische Handbücher mit ihrem Hang zur Innerlichkeit, zur Seelenbefragung. „Was habe ich eben gemacht?" „Wie geht es mir nach dieser Seminarsitzung?" „Womit habe ich mich wohl gefühlt oder auch nicht wohl gefühlt?" „Womit hing das zusammen?" „Welche Gefühlsreaktionen auf Schülerinnen und Schüler kann ich bei mir feststellen?"
Allein die Frage „Was hat mich überrascht oder irritiert?" Wie sollen Praktikanten damit umgehen? „Irritierend, überraschend" ist für Berufsanfänger doch erstmal wohl alles!
Oder: „Was war schwierig und warum und wie ging es mir dabei?" Lassen sich so sinnvolle Reflexionen initiieren?

Seminar. Respektiert man die Selbstkompetenzen der Studenten und will sie fördern, sollte anstelle des Erteilens von Ratschlägen, Rezepten usw. Denkanstöße und Entscheidungsoptionen treten. Bei der Seminargestaltung ist auf eine auf den Einzelfall abgestimmte Balance von Anleitung und Selbstständigkeit der Studenten zu achten. Nur gelingt das nicht immer.

Seminar. Ich händige den Studenten als Fallbeispiel einen Text aus, in dem es um die Kommunikation zwischen einem Praktikanten und einigen Schülern geht.

Schülerin: „Hallo Herr Praktikant, kommt die Frau X.
heute nicht?"
Schüler: „Machen Sie heute wieder den Unterricht?"
Schüler: (sehr laut, fast schon geschrien)„Hallo Herr
Praktikant ... wie geht es Ihnen?"
Praktikant (laut gesprochen): „Danke gut.". So ... ehm ...
ja ich halte heute wieder den Unterricht und die Frau X.
kommt, aber ihr wißt ja, die kommt sowieso oft bißchen
später."

Auf die Analyse dieses Wortprotokolls hin folgt eine lebhafte und kontroverse Diskussion. Sie reicht von Aspekten
des Rollenhandelns in dieser Situation bis zu spezifischen
Erwartungen von und an Praktikanten, um schließlich auch
soziale Umgangsformen zu thematisieren. Wie kann man
es schaffen, Nähe zuzulassen und Distanz zu wahren? Natürlich stellt sich die Frage, ob die Studenten jemals solche
Situationen erleben werden, aber ausgelöst durch die dokumentierte Sequenz kann eigenes Handeln theoriegeleitet
- unter Bezug auf Rollentheorie oder das Problem der Per-
missivität - reflektiert werden.

Im heute eingesetzten *FAZ*-Artikel argumentiert Frau
Schmoll, dass, hätten am Ende alle das Abitur, es eben
nichts mehr wert sei. Dem können alle zustimmen, nicht
aber dem Vorschlag, ob eine einheitlich geregelte Oberstufe daran etwas ändern würde. Die Praktikanten bestätigen,
als Schüler genau gewußt zu haben, wo ein sehr guter Ab-
idurchschnitt am leichtesten zu erreichen war.
Sie argumentieren, dass aus Angst vor sinkenden Schülerzahlen viele Lehrkräfte ihr Niveau entsprechend anpassten.
Fast jede Schule folge da einer schulinternen Benotungs-

kultur. Züleyha meint, das ganze Dilemma werde noch verschärft durch die neueste aus England übernommene Unsitte, Abiturergebnisse in der Lokalzeitung öffentlich zu machen.

Nachbereitungsseminar. Freudiges Wiedersehen. Nach fünf Wochen Praktikum erlebe ich immer wieder das heftige Bedürfnis der Studenten, sich auszutauschen, von ihren Erlebnissen in den Schulen zu erzählen. Nach dieser Phase geht es dann um ein Resümee des persönlichen Lernertrags des Praktikums: Was weiß man jetzt mehr als vorher über Schule, den Lehrerberuf, Schüler, Unterricht und über sich selbst? Mit welchen neuen Erkenntnissen hat man Unterricht beobachtet, analysiert, geplant, durchgeführt, mit Schülern interagiert, ist man mit Schwierigkeiten umgegangen? Was sollte man, möchte man vor dem Hintergrund der Erfahrungen im Praktikum in nächster Zeit verstärkt lernen?

22.9. Unterrichtsversuch. In einer Phase der Stunde ist mir wiederum aufgefallen, wie schwer es der Praktikantin fällt, die Beiträge der Schüler aktiv wahrzunehmen, auch der Einsatz nonverbaler Kommunikation wirkt nicht authentisch. Schüler haben ein feines Gespür dafür.

25.9. Deutschstunde, Klasse 8. Auf Wunsch des Praktikanten sollen sich Arbeitsgruppen freiwillig bilden. Aber was geschieht? Leistungsstarke oder befreundete Schüler finden sich wie immer zusammen, unbeliebte Klassenkameraden sind nur 2. Wahl.

Im Anschluß an die Stunde, nachdem wir verschiedene Verfahren von Gruppenbildung diskutiert haben, betont der Schulleiter, dass seiner Beobachtung nach das immer wieder hervorgehobene positive Prinzip der Gruppenarbeit, dass stärkere Schüler schwächere unterstützen, im Klassenraum nur ansatzweise festzustellen sei. Als Schulleiter frage er sich manchmal besorgt, welche Diskriminierungserfahrungen bestimmte Schüler gerade auch in Phasen kooperativen Lernens erlebten.

Studenten neigen manchmal dazu, sich für die Unterrichtsbesuche die eher leichter zu händelnden Lerngruppen auszusuchen. Dabei, so argumentiere ich, gehe es nicht um pädagogische Schönwettershows in schulischen Komfortzonen sondern um den Umgang mit der schulischen Wirklichkeit.

Dass es Praktikanten in „schwierigen" Klassen schwerer haben als anderswo, stelle ich bei der Rückmeldung in Rechnung. In der Regel ist es aber fast an allen Schulen so, dass Praktikanten in solchen Lerngruppen eingesetzt werden, von denen man annimmt, dass sie „hospitationserfahren" sind. Die Schulen möchten sich nach außen ja auch von einer positiven Seite zeigen.

14.10. Abschlußseminar. Eine selbstkritische Studentin konstatiert, dass ihr selbstgehaltener Unterricht sie mit der aus ihrer Sicht bemerkenswerten und unerwarteten Erfahrung konfrontiert habe, dass sie beim Unterrichten, ohne dies bewusst zu wollen, ganz ähnlich agiere wie ein früherer Lehrer, den sie sehr schätzte.

Auch wenn Studenten sich im Einzelfall und zu Praktikumsbeginn nur zögerlich in die Lehrerrolle hinein bewegen, werden sie rasch mit den typischen Erwartungen, Ansprüchen, Gefühlen und Zumutungen, auch Aggressionen konfrontiert, mit denen Schüler Lehrern gegenüber auftreten. Sie erfahren sich selbst in Konfrontation mit der Schulklasse und mit der Unterrichtssituation als einem Ensemble sachlicher und sozialer Anforderungen. Die letztlich alle beschäftigende und leitende Frage umschreibt eine Studentin so: „Krieg ich das hin, was machen die mit mir, akzeptieren die mich?"

Clara hat das mal ironisch so formuliert: "Bin ich bereits eine respektable und kompetente Person oder nicht, bin ich schon groß und stark oder noch klein und dumm." Nicht nur im Zusammenhang mit sich selbst, aber doch hier besonders erfahren die Praktikanten im Praktikum auch Überraschendes und nicht selten sie stark Irritierendes.

Das Referat für schulpraktische Studien erwartet von den Lehrbeauftragten eine Evaluation der Seminare und Praktikumsphase. Dazu gibt es ein zweiseitiges Formular mit Skalierung und einigen wenigen offenen Fragen. Auf die Frage, wie die Studenten die Betreuung durch den Dozenten der Hochschule beurteilen, erhalte ich folgende Antworten:
„Sehr zufrieden, bei Fragen schnell geantwortet, gut strukturiert und organisiert, freundlich und ehrlich.
Es wurde immer schnell geholfen, wenn Fragen oder Probleme aufkamen, die Seminarstunden waren immer sehr gut und die Art des Dozenten ist einfach nur fördernd.
Unser Dozent war immer sehr freundlich und hat Wünsche und Anregungen der Studenten beachtet. Bei Problemen

konnte man sich immer mit ihm austauschen und auf einen guten Rat hoffen. Die Atmosphäre war immer sehr gut und ich war sehr zufrieden mit der Betreuung.

Mit meinem Dozenten an der Uni war ich sehr zufrieden. Die Seminare waren sehr lehrreich und haben mir Spaß bereitet. Er hatte immer hilfreiche Tipps und eigene Erfahrungen bereit, die teilweise sehr nützlich waren. Außerdem hat er die Gruppe sehr gut geleitet und ist auf alle Fragen eingegangen. Man konnte mit Problemen bzgl. Schule und Studium immer zu ihm kommen.

Mit der Betreuung durch Hr. Lerner bin und war ich sehr zufrieden. Schon im Vorbereitungsseminar schaffte er eine angenehme Atmosphäre. Während der Unterrichtsversuche im Praktikum war er sehr aufmerksam und gab in der Nachbesprechung ein umfangreiches und hilfreiches Feedback, das mir viele gute Anregungen zu einer eigenen Weiterentwicklung gegeben hat."

Positive Evaluationsergebnisse nimmt jeder gern zur Kenntnis. Leider sind die Fragestellungen der vorgegebenen Evaluationsbögen so konzipiert, dass sie im Wesentlichen Einschätzungen etwa zum Theorie-Praxis-Bezug nur mit Hilfe einer Notenskala von 1 bis 6 erlauben und wenig Raum zur Verfügung steht, eigene Meinungen sprachlich differenziert zu äußern.

Meine Erfahrungen und das Ergebnis vieler Gespräche mit den Studenten nach etwa zwei Jahren ähneln dem, was in empirischen Studien beschrieben wird. Studenten schätzen ihre Praxisausbildung als deutlich qualitätsvoller ein als die anderen Studienanteile, weil sie mit ihren Mentoren und Praktikumsbetreuern intensiv in kleinen Gruppen arbeiten können. Positiv ist auch, dass ein großer Anteil der Studenten zu Studienbeginn über pädagogische Vorerfahrungen verfügt. Arbeit in Sportvereinen, Betreuung von Gruppen während Freizeitaktivitäten erleichtern den Einstieg. Die wichtigste Frage vor ihrem ersten Praktikum ist die nach ihrer Eignung bzw. nach dem sicheren Auftreten vor der Klasse.

Bei ihrem Verhalten in der Praxis sehen die Studenten ihre größte Stärke im Aufbau einer positiven Lehrer-Schüler-Beziehung. Interessant ist, dass dieses gute Verhältnis nicht immer impliziert, schülerorientiert zu arbeiten, sondern den Schülern klare Anweisungen zu geben, um den Unterricht fachlich kompetent und übersichtlich zu strukturieren.

Für manche Praktikanten ist nach dem Praktikum das Studium nur noch lästige Pflicht. Sie fühlen sich durch das Praktikum angeregt, ihr Studium zu intensivieren. Sören will „möglichst schnell durch". Stefanie und Carla streben zusätzliche Qualifizierungsmaßnahmen jenseits des Studiums an. Annika möchte sich noch mehr mit „Inklusion" beschäftigen, Stella favorisiert Yoga, und Susanne will demnächst einen Rhetorikkurs belegen.

Wenn ich nach Effizienz und persönlicher Bedeutsamkeit der Studienanteile frage, ergibt sich eine eindeutige Rangfolge: Die Fachwissenschaft rangiert vor der Fachdidaktik, als letztes folgt die Erziehungswissenschaft, deren Brauchbarkeit nicht selten negativ bewertet wird. Immer wieder in Gesprächen mit den Studenten die Meinung, dass Hochschulausbilder als Theoretiker wenig für die Schulpraxis leisten können, da sie ja selber nicht dort tätig seien.

Der Mentor hingegen wird als jemand gesehen, der weiß, was in der Schule zu tun ist. Fühlen die Studenten sich von ihren Mentoren akzeptiert, hat das mehr Bedeutung als die Begleitung durch den universitären Betreuer. Das kratzt ein wenig an der eigenen Rolle.

9.11. In der heutigen Sitzung reden wir über die Schwierigkeit, eine kritisch-reflexive Einstellung zur eigenen beruflichen Praxis zu entwickeln. Alle sind einhellig der Meinung, sie stelle sich nicht von selbst ein und unter dem Handlungsdruck des alltäglichen Unterrichtens ganz besonders nicht.

Jana meint, sie müsse frühzeitig eingeübt und schon in der Ausbildung erworben werden. Schwierig sei besonders, sich selbst in der Lehrerrolle wahrzunehmen. Ohne Hilfe von außen sei ein Überdenken eigenen Verhaltens kaum möglich.

Untersuchungen zeigen, dass Studenten nach einer durchgeführten Praxisphase kein höheres Reflexionsniveau aufwiesen als vorher. Überzeugungen und Muster der Begründung für eigenes Unterrichtshandeln wurden nicht grundlegend verändert, die Begründungen waren lediglich ausgiebiger und differenzierter, bewegten sich aber auf demselben Niveau wie zuvor.

Ich berichte den Studenten von meinen Erfahrungen mit dem Ansatz der Aktionsforschung und stelle das Konzept des „reflektierenden Praktikers" vor. Reflektierende Praktiker verknüpfen Wahrnehmungen, Gefühle, Denken und

Handeln und nehmen eine kritische, kontextbewusste Haltung ein. Ihnen gelingt es, Theorie mit Praxis, biographische Erfahrung mit einzelnen Situationen sowie ihre persönlichen Sichtweisen mit den Perspektiven anderer zu verbinden. Durch das Nachdenken über das eigene Lehrerbild und die Gegenüberstellung von pädagogisch relevanten Theorien einerseits und schulischer Realität andererseits können Lernprozesse angeregt werden. Dabei geht es auch um das Hinterfragen bisheriger Vorstellungen, die aus der eigenen Schülererfahrung herrühren sowie besonders um eine Auseinandersetzung mit dem Rollenwechsel vom Schüler zum Lehrer.

23.11. Im Lehr-Lernvortrag zum Thema „Inklusion" agiert Annika sehr engagiert. Vehement verteidigt sie die Notwendigkeit inklusiver Schulen. In der Diskussion geht es dann hoch her. Wie könne Inklusion funktionieren in schwierigen Grundschulklassen mit Kindern, die nicht richtig Deutsch sprechen, einige davon verhaltensauffällig, eventuell traumatisierte Flüchtlingskinder, die auch besonderer Förderung bedürften, fragt Patrick, dessen Schwester Grundschullehrerin ist. Dennis ist der gleichen Meinung. Auf der Strecke blieben die paar normalen, unauffälligen, lernbegierigen Kinder, die einfach mitlaufen, weil man als Lehrerin keine Zeit für sie habe.

Inklusion sei eigentlich eine gute Sache, meint Isabel. Es gebe Kinder, da lohne es sich sehr, sie in der Regelschule zu integrieren, aber bei vielen Kindern sei das nicht möglich. Patrick ergänzt, dass es an manchen Schulen zwei Förderlehrer gebe, die die Kinder ein oder zwei Mal in der Woche aus dem Unterricht nähmen und mit ihnen gesondert Aufgaben übten. Das seien so eine Art Wanderlehrer, die von Schule zu Schule gingen und sich stundenweise einer Aufgabe widmeten, die sonst so nicht zu bewältigen sei.

Susanne kann Lehrer verstehen, die sagen: Bevor ich Förderpläne schreibe, dauernd runde Tische mit Psychologen und Förderausschüssen habe, lasse ich das Kind einfach mitlaufen und Mandalas ausmalen. Ein Inklusionskind bedeute einen Haufen mehr an Arbeit.

Auf dem Weg nach Hause, im Auto, und den vielen Gedanken, Anregungen und Kritiken nachhängend, frage ich mich nicht zum ersten Mal, ob Inklusion zu einer Spielwiese profilbedürftiger Politiker und ideologisch verirrter Pädagogen geworden ist. Ein neues pädagogisches Dogma.

Seminarraum. Beim Praktikumscheck stelle ich verärgert fest, dass einige immer noch nicht ihr pädagogisches Schwerpunktthema festgelegt haben. Dabei geht es darum, eine theoriegeleitete Fragestellung zu entwickeln, die in der Praxisphase zu untersuchen ist.

Als Beispiel habe ich angeregt, ein pädagogisches Problem, auf das man gestoßen ist, vertiefend zu bearbeiten. Das kann eine Besonderheit zum Inhalt haben, die die Schule bietet bzw. die sie auch im Interesse der Schule gerne bearbeiten wollen. Das können Erarbeitung von Materialien (Stationenlernen, Lernaufgaben) sein, aber auch Beobachtungen, Interviews mit einem Lehrer oder einem Schüler oder Befragungen zu einem aktuellen bildungspolitischen Thema. Immer soll die Bedeutung des Themas durch Abgleich und Berücksichtigung der aktuellen Literatur deutlich werden.

Wie kann es gelingen, störende Schüler in den Unterricht einzubeziehen? Wie gehen Schüler mit Ironie um? Einmal hat ein Praktikant Unterbrecher eingebaut, indem er einen Witz erzählt. Er rate dazu, Fenster zu öffnen oder gegenseitige Nackenmassage zu praktizieren. Ich schaue ihn ungläubig an. Ob er das ernst meine?

Reflexion von Unterricht: Ungünstig, so Elisabeth, sei das Auflisten von Verbesserungsvorschlägen. Zunächst gehe es doch um die Selbstwahrnehmung der Praktikanten als Unterrichtshandelnde und ihre Wahrnehmung der Lerngruppe. Der Mentor solle sich jederzeit einklinken, seine Eindrücke schildern und seinen „Heimvorteil" ausspielen: er kenne ja die Klasse in der Regel sehr gut, könne ihr Verhalten einschätzen und aus dieser Perspektive das Gespräch bereichern.

Jana ergänzt schmunzelnd, sie habe gehört, es gebe auch Mentoren, die wie die berühmte Glucke, die ihr Küken vor allem Bösen bewahren möchte, ihre Praktikanten gegen alles und jedes verteidige.

21.11. Mail. Sehr geehrter Herr Lerner, Anbei mein fertiger Praktikumsbericht, ich hoffe er entspricht soweit allen Kriterien. Ich möchte mich noch einmal bei Ihnen für die verlängerte Abgabefrist, so war es für mich wesentlich stressärmer und auch noch für die gute Betreuung während der Praktikumszeit bedanken. Ich habe mich sehr gefreut, dass Sie bei unserem Chorkonzert waren und werde Sie, bei Interesse auch gerne zu den nächsten Konzerte einladen! Viele Grüße, Stella

23.11. Sehr geehrter Herr Lerner, ich danke Ihnen für die schnelle Rückmeldung, für die gute Note und nicht zuletzt für das sehr freundliche Feedback - in Ihrer letzten Mail wie auch schon im Rahmen der letzten beiden Semester. Ich habe die Arbeit mit Ihnen auch wegen des großzügigen Informationsservices und der insgesamt sehr professionellen Anleitung immer genossen.

Ihnen auch alles Gute und viel herzhaftes Lachen für die nächsten Jahre!

Beste Grüße, Frederik

Literaturverzeichnis

Arendt, Hannah, Vortrag "Krise der Erziehung", den sie am
13. Mai 1958 in Bremen hielt, ZEIT

Beck/Boehnecke (Hg.), Jahrbuch für Lehrer, Rowohlt,
Nov. 1980

Brecht, B., Ballade von der Unzulänglichkeit
menschlichen Planens, https://www.lyrikline.org

Bude H., Bildungspanik – Was unsere Gesellschaft spaltet,
Hanser-Verlag, 2011

Bueb, B., Lob der Disziplin, https://www.faz.net/.../lob
-der-disziplin-von-bernhard-bueb-hic-haec-hoc-der
-lehrer-mit...

Michael Felten, Zwischen Spreu und Weizen, FAZ, 18.10.
2018

Feltkamp (Hrsg.), Unterrichtshilfen Berlin DDR 1973/74

Grell, J., Techniken des Lehrerverhaltens, Weinheim 1974

Giesecke, H., in: Neue Sammlung H. 2/2003, S. 255

Hedtke, R. „Das unstillbare Verlangen nach Praxisbezug
Zum Theorie-Praxis-Problem der Lehrerbildung am
Exempel Schulpraktischer Studien", in: Schlösser, H.-J.,
(Hg.) (2000): in: Wirtschafts- und berufspädagogische
Schriften, S. 67-91. Verlag Th. Hobein, 2000

Hesse, H., Unterm Rad, Suhrkamp 2007

Hesse, H., Ausgewählte Briefe, Suhrkamp 2000

Isokrates, https://www.aphorismen.de

Jünger, E., 70 verweht, Band 2, Klett-Cotta

Tenbruck, Friedrich H., Zur Kritik der planenden Vernunft,
Freiburg 1972

Kant, I., Über Pädagogik, Königsberg 1803

Kaube, J., Lasst doch mal alles so, wie es ist, FAZ
https://www.faz.net

Kaube, J., Ist die Schule zu blöd für unsere Kinder?
Rowohlt 2019

Kempowski, W. Spiegelinterview 2.4. 1979

Kempowski, W., Unser Herr Böckelmann, Bertelsmann
1990

Kempowski, W., Somnia, Knaus 2008

Kempowski, W., Alkor, btb 2001

Kilb, A., Das Ende der Kindheit. in: FAZ, 12.08.2005

Krebsbach-Gnath, Organisationslernen: Theorie und
Praxis der Veränderung, DUV 1992

Koch-Priewe, Grundlegung einer Didaktik der
Lehrerbildung. Der Beitrag der wissenspsychologischen
Professionsforschung und der humanistischen Pädagogik,
S. 149 f.

Krautz, J., Ware Bildung. Schule und Universität unter
dem Diktat der Ökonomie, Diederichs 2007

Kuhlmann, H., Klassengemeinschaft, Rotbuch 1975

Kutschke, J., Grabenkämpfe im Klassenzimmer – Über
die pädagogische Misere an unseren Schulen, FAZ, 31.
10 1998

Lortie, D. C., Schoolteacher: A sociological study.
Chicago, IL: University of Chicago Press, 1975

Melanchthon, Ph., "Rede über das Elend der Pädagogen",
1533

McCourt, F., Teacher Man, Pearson Education 2008

O`Neill,R.,https://www.theguardian.com/education/1999
/jul/14/tefl3

Paper des Referats „Schulpraktische Studien", Universität
Kassel 2012

Preuschoff, A., Gewalt an Schulen – und was dagegen zu
tun ist, Köln 1992

Seminar Heft 4/2007, S. 71 f., Schneider-Verlag

Tenorth. H.E., Bildungsexpertise, in: Merkur Oktober 2012

Terhart, in: Das große Stühlerücken. Eine Lehrergeneration, die Deutschlands Schulen jahrzehntelang geprägt hat, tritt jetzt ab. Wer wird sie ersetzen? In: Wiarda, J.M., ZEIT

Watson, J., Behavior, 1914

Weinert, F.E., (Hrsg.): Leistungsmessungen in Schulen, Weinheim und Basel, 2001, S. 27f.

Winkel, R., Der gestörte Unterricht, Bochum 1991

Wissenschaftsrat (2001): Empfehlungen zur künftigen Struktur der Lehrerausbildung. Berlin, S. 41